“十三五”江苏省高等学校重点教材（编号：2019-2-198）

体育赛事文化通论

王凯　李冉冉　汪逢生　编著

人民体育出版社

图书在版编目（CIP）数据

体育赛事文化通论 / 王凯，李冉冉，汪逢生编著
. -- 北京 : 人民体育出版社 , 2021（2025.2 重印）
ISBN 978-7-5009-5882-6

Ⅰ . ①体… Ⅱ . ①王… ②李… ③汪… Ⅲ . ①运动竞赛—文化研究 Ⅳ . ① G808.2

中国版本图书馆 CIP 数据核字 (2020) 第 204576 号

*

人 民 体 育 出 版 社 出 版 发 行
北京中献拓方科技发展有限公司印刷
新 华 书 店 经 销

*

710 × 1000 16 开本 16.25 印张 298 千字
2021 年 1 月第 1 版 2025 年 2 月第 3 次印刷

*

ISBN 978-7-5009-5882-6
定价：75.00 元

社址：北京市东城区体育馆路 8 号（天坛公园东门）
电话：67151482（发行部） 邮编：100061
传真：67151483 邮购：67118491
网址：www.psphpress.com
（购买本社图书，如遇有缺损页可与邮购部联系）

前 言 FOREWORD

“体育承载着国家强盛、民族振兴的梦想。体育强中国强，国运兴则体育兴”。近年来，我国体育事业、体育产业迎来了前所未有的发展机遇期。伴随国务院发布了《体育强国建设纲要》《关于实施健康中国行动的意见》等重磅政策文件，作为体育事业、体育产业核心支柱的体育赛事更是呈现加速发展态势：高端专业赛事全国风行，大众赛事需求加速爆发，赛事相关人才需求日益井喷。在产业融合发展时代，赛事的文化价值被不断强调，赛事的文化故事日益精彩，它与文化产业的一体化发展也在不断深化，成为重要的文化资产。在体育赛事竞争日益白热化的当下，赛事文化内涵的创新与提升是赛事吸引体育迷、体育媒体，活跃赛事活动的重要法宝。

本教材紧密结合体育赛事发展的时代背景，从文化角度切入体育赛事，为全国体育类高等院校或体育相关专业的本科生、研究生提供通往学习体育赛事通论性知识的进路，深化对于体育赛事文化内涵的理解，把握赛事发展的文化价值、文化脉络和趋势方向，从而更好地指导、服务于赛事相关实践。

内容和形式上的创新与突破，构成了本教材的特色。内容方面，本教材采用“总分”的撰写结构。第一章统领全书，主要内容分为三大模块：第一模块聚焦体育赛事内部重要的文化要素并做通论性介绍，即针对赛事的运动员要素、观众要素、服务者要素、场馆要素逐章介绍，方便学生建立起体育赛事文化的内部架构认知；第二模块聚焦主要关联领域，即体育赛事与政治、经济、社会（狭义）、媒介四大领域，促进学生用系统、联系的思维考察复杂的赛事文化实践；第三模块聚焦空间，即以体育赛事铺陈发展的空间为尺度，将体育赛事与城市、乡镇及全球化勾连，让学生渐进式地学习到体育赛事发展的空间发展特征及趋向。

形式方面，本教材紧跟教学场景的升级调整，积极适应新教育技术条件下学生学习手段和认知习惯的变化，在基础理论的讲解之外，注重以丰富的案例教学增强教材表达的丰富性，借助新信息技术手段，以多元的互动方法打破二维平面的教材，建立立体丰富、超链接的教材体系。例如，以二维码的形式帮助学生链接到我们的教材案例库中，用新颖的形式拓展教材的厚度，提升学生自我探究学习的能力。

本教材是集体合作的成果，历经数次修改。全书撰写提纲由王凯拟定，具体撰写分工是：第一章王凯、徐斌，第二章褚国香，第三章王凯、郭芝含，第四章阮威，第五章汪逢生、徐斌、郭芝含，第六章周宾宇、汪逢生，第七章、第八章汪逢生、王凯，第九章、第十章李冉冉、王凯，第十一章陈甜甜、李冉冉，第十二章王凯、徐晨忠、李冉冉。全书由王凯、李冉冉、汪逢生统稿，王凯定稿。

本教材在编写过程中，参考了大量文献资料，特向相关作者表示衷心的感谢！尽管行文中对于标注十分谨慎小心，但唯恐仍有疏漏之处，在此表示歉意。同时，由于体育赛事文化通论性教材的编写在国内比较欠缺，资料缺乏，且囿于编写时间紧迫及编写者水平所限，书中的缺点和错误在所难免，希望使用者和专家予以批评指正！

编写者

2020 年 5 月

目 录 CONTENTS

CHAPTER 01

第一章 体育赛事文化概述

学习目标：

- 掌握体育赛事文化的概念、分类。
- 了解体育赛事文化的演变。
- 充分认识体育赛事文化，掌握体育赛事文化的特征与意义。

体育赛事文化是与体育赛事实践相伴而生并相互促进发展的，是体育文化的重要组成部分。随着赛事的发展，体育赛事文化的广度和深度得到不断的拓展，体育赛事成为体育精神的重要载体和平台，承载着诸多正能量的内容。在内部形成了关联主体的文化；在外部与经济、政治、社会、媒介等的交织愈加广泛，与城市、乡村、全球也有着愈加深刻的关联。全面地了解、学习体育赛事文化对当今大学生的体育素养养成具有积极的意义，能够帮助个体或群体形成正确的体育价值观，促进学生公平、竞争、拼搏、进取等素养的养成。

第一节 体育赛事文化的概念与内容

体育赛事文化是体育文化的重要内容，体育文化在我国出现相对较晚，直到20 世纪 70 年代后期才引起人们的重视。体育文化在西方最早是一个身体文化（physical culture）的概念，后逐渐发展成为“涵盖整个体育运动领域的一种社会文化”。

一、体育赛事文化的概念

（一）体育文化

体育文化是一种客观存在，它属于一种社会现象，是社会文化的组成部分。体育文化的概念外延比较广泛，涉及理论、思想、行为等多种要素，体育自身蕴含的公平、公正、拼搏、协作等精神品质，都是体育文化的组成部分。体育文化是将人类体育运动产生的制度、精神等文化综合起来的一个客观存在。体育文化作为一种伴随人们社会活动产生的客观存在，与人们的社会活动有着密切的联系。卢元镇教授在《体育社会学》一书中认为，“体育文化是关于人类体育运动的物质、制度、精神文化的总和，大体包括体育认识、体育情感、体育价值、体育理想、体育道德、体育制度和体育物质条件等”。体育文化的含义包括：一是体育运动是一种文化现象；二是研究体育活动的文化背景，观察体育运动与文化的关系；三是考察体育运动的文化意义，确定体育在人类文化大系统中的地位；四是研究如何自觉地塑造具有独立形态价值的体育文化等。体育文化是一种综合性较强的文化形态，它在原始时期长期难以与宗教、教育、娱乐、医疗、军事等相分离，导致体育文化独立形态的缺失，也造成了其长期并未得到文化的全部承认，引起了诸多的误会。随着社会的发展，体育的疆域和影响力不断地提升，体育文化也越来越得到认同。体育文化的发展既能够丰富文化的内容，同时又能够更好地促进体育自身的发展。

（二）体育赛事

什么是体育赛事？从简单的字面上理解，“赛”具有竞争、竞技意义，“事”可以理解成活动，“赛事”两个字就可以理解为具备竞技意义的活动。在赛事之前加上“体育”两字，就可以将活动范围限定在体育领域，变成以技能表现为主的赛事活动。王守恒等（2005）认为，体育赛事是以运动竞技表现为核心，为公众所提供的体育活动产物，按照不同体育项目的规则及传统习俗等因素构建多样的体育赛事体系，市场前景巨大，同时对外界环境具有一定的影响。黄海燕等（2011）认为，“体育赛事是以体育竞技为主题，一次性或不经常发生，且具有一定期限的集众性活动”。

体育赛事涉及多个领域，分类标准多样。根据参赛主体可以分为参与型体育赛事（马拉松、自行车等赛事）和观赏型体育赛事（足球、篮球等赛事）；根据赛事规模可以分为大型、中型和小型体育赛事；根据体育赛事的影响范围分为全球性体育赛事、国际级体育赛事、国家级体育赛事、区域体育赛事等；根据体育赛事举办场地可以分为室内赛事和室外赛事。

（三）体育赛事文化

在现代体育发展的历程中，体育文化充分发挥其自身的优势，将体育赛事与体育活动艺术化及商业化，同时产生大量的文化衍生产物。如大型赛事的开闭幕式演出、比赛期间的啦啦操、电视或网络视频的体育赛事转播、体育新闻报道、体育电影、体育杂志、体育书籍等。体育文化丰富了体育衍生产物，同时推动体育市场的发展。体育赛事是体育发展最为活跃的部分，体育赛事富含多种文化结构，涉及精神、物质、制度等各领域。体育赛事文化是体育文化的核心组成部分，是国家文化体系中的有机组成部分，体育赛事文化是体育赛事的内在品质，承载着体育赛事的思想与灵魂。

体育赛事文化指的是组织实施体育赛事的实践过程所创造的物质和精神财富的总和，是从体育赛事的筹备到体育赛事结束的时空中，对社会、经济、制度、精神等要素产生影响的文化形态的总和。既包括体育赛事本身所产生与发展的文化，也包括与外部环境交叉融合所创生的多元文化形态。体育赛事文化是人类的一种重要文化活动，蕴含着丰富的文化内涵，能够潜移默化地影响体育赛事参与者的具体行为，影响广大民众的体育意识、体育态度、体育行为，体育赛事能够向社会传播正能量，影响和教育社会大众，使其成为宣传和弘扬先进文化的重要平台，同时，体育赛事文化的建设有利于向国际社会展示和输出本国优秀传统文化、提高在国际体育舞台上的地位。

二、体育赛事文化的内容

体育赛事文化是在筹办体育竞赛及其组织实施过程中产生的物质、制度与精神成果的总和，包括体育赛事的物质文化、制度文化和精神文化三个方面，这三个方面是体育赛事文化的主要内容。

（一）体育赛事的物质文化

依据物质文化的定义，体育赛事的物质文化则是体育赛事实践过程中所产生的物质财富的总和。体育赛事物质文化依照类别主要包括以下几方面：①体育赛事的场地、场馆建筑文化；②体育赛事的竞赛器材文化；③体育赛事的服装文化，如工作人员服装、志愿者服装、运动员服装、颁奖服装、球迷服装等；④体育赛事视觉系统文化，如体育比赛出版物、形象景观、标志等；⑤体育赛事的特许产品文化，如体育赛事纪念品等；⑥体育赛事网络信息技术文化等。

（二）体育赛事的制度文化

体育赛事的制度文化包括体育赛事的基础理论和规则系统两部分。体育赛事的基础理论体现为一种意识形态文化，体育赛事的规则系统体现为一定的意识形态文化和社会心理文化的结合体。能为社会治理服务的体育赛事制度文化，被称为内在性体育赛事制度文化或正统化体育赛事制度文化。赛事制度文化在宏观层面是指体育赛事的管理体制及运行机制，微观层面是指筹办体育赛事的各项管理规章制度。从横向看，可以分为办赛制度和竞赛规则；从纵向看，包括办赛制度的演变和竞赛规则的演变，论述办赛制度或竞赛规则的演变过程、思想缘起及特点等。

（三）体育赛事的精神文化

体育赛事的精神文化是相对于人类所创造的物质文化而言的。所谓精神文化是指属于精神、思想、观念范畴的文化。它是人类在从事物质文化基础上产生的一种特有的意识形态，是各种意识观念形态的集合。体育赛事的精神文化就是指在体育赛事实践过程中产生的属于精神、思想、观念范畴的文化。体育赛事的精神文化主要由体育赛事理念、体育精神、体育道德及体育审美等组成。体育赛事的思想体系、宗旨、口号、格言、主题歌曲、宣传片、礼仪、人物故事、相关电影与文学等均属于体育赛事精神文化范畴。

第二节　体育赛事文化的演变

体育赛事文化与体育赛事的产生和发展相伴相生，具有较为久远的历史，发轫于原始社会的祭祀活动，历经数千年的发展走到了今天，古希腊和中国在赛事发展中均具有重要的地位，大致经历了缘起、古代、近现代和当代几个阶段的发展，体育赛事文化呈现出多元化、综合化、商业化、传播化等态势。

一、体育缘起——祭祀活动

中国传统体育萌芽于原始氏族社会，成形于奴隶社会，发展于封建社会。原始氏族社会虽还没有真正的体育，但是在生产劳动、军事活动、教育活动、娱乐与祭祀活动及原始医疗活动中都出现了体育的萌芽。夏商周至秦朝时期，中华民族文化已基本形成，其特点是：传统思想已基本形成；社会及政治体制已具雏形；青铜器和铁器先后出现，经济上已脱离渔猎畜牧生活，进而步入农业社会；文字已足够日常所需，教育已成为一项社会专业；度量衡统一。这一时期的文化对奠定中华文化的基础具有重大历史意义。据古代民间传说的记载和文物证明，我国在夏朝以前就有了带有体育性质的生产劳动和军事训练等。夏、商、西周时期，相继出现了乐舞、武舞、射礼、田猎、手搏、跑跳等竞技运动项目，出现了以射箭和驾车为主要项目的学校体育，出现了独具特色的养生体育实践和简单的养生思想。从总体上来看，中国古代的体育基本上是沿着军事训练、医疗养生保健和娱乐这三条线索发展的。据《吕氏春秋·古乐篇》记载："昔陶唐氏之始，阴多，滞伏而湛积，水道壅塞，不行其原，民气郁阏而滞著，筋骨瑟缩不达，故作为舞以宣导之。"即后来的"消肿舞"。《诗经·大序》中记载："情动于中而行于言，言之不足，故嗟叹之，嗟叹之不足故永歌之，永歌之不足，不知手之舞之，足之蹈之。"

春秋时期是我国传统体育发展的一个高潮，经济文化的发展和频繁的战争促进了体育的发展，一些著名的传统体育项目如武术、蹴鞠、秋千、飞鸢、投壶、棋类、导引、踏青、竞渡、登高舞龙、驱傩等都已经出现（图 1-1、图 1-2）。

图 1-1　古代射箭图

图 1-2　广胜寺壁画“打球图”

祭祀，是一种信仰活动，源于天地和谐共生的信仰理念。据现代人类学、考古学的研究成果，人类最原始的两种信仰一是天地信仰，二是祖先信仰。天地信仰和祖先信仰产生于人类初期对自然界及祖先的崇拜，由此产生了各种崇拜祭祀活动。当人类开始使用工具打猎、开荒，利用火种驱赶野兽、取暖，人们对自然就产生了无比崇拜。许多原始部落信仰太阳，从内心虚幻火神，比作现实的太阳，为表达自己的虔诚进行一系列的祭祀活动。在祭祀和拜日仪式上，燃起篝火，手握木棒或白羽毛围着火堆跳起各种舞蹈，以象征新太阳的诞生，祭祀过程中的篝火、仪式、祭司等物质、制度及精神是原始部落在信仰产生过程中的衍生物（图 1-3、图 1-4）。

图 1-3　祭祀活动

图 1-4　狩猎图

二、古希腊体育赛事文化

公元前 5 世纪，古希腊人在祭祀和收获的季节常常举行带有浓厚宗教色彩的盛大祭礼竞技赛会，并为之举行各种演说和游艺活动，目的是希望本城邦的守护神给予本城邦人们以幸福和健康。所有宫廷贵族、知名人士、平民百姓都到场观看或参加，热闹非凡。起初这些活动都是分散的、不定期的，后来随着社会的发展，一些祭礼赛会形成一定规模，并固定下来形成希腊体育赛会，即早期的体育赛事。

（一）希腊著名赛会

众多希腊赛事中知名度较高的当属四大赛会，分别是以祭祀众神之父宙斯为目的的“奥林匹克竞技赛会”、以祭祀太阳神阿波罗为目的的“皮提翁竞技赛会”、在科林斯的伊斯玛斯南部举行的以祭祀海神波赛冬为目的的“伊斯玛斯竞技赛会”、在阿加利城邦的尼米亚山谷举行的以祭祀大力神赫拉克勒斯为目的的“尼米亚竞技赛会”。除四大赛事外，希腊还有一个特殊的赛会，那就是为祭祀妇女们的保护神宙斯之妻赫拉的“赫拉竞技赛会”。这五大赛会中，最著名的便是祭祀宙斯的“奥林匹克竞技赛会”。

（二）古希腊特色的奖励机制

古希腊拥有当时相对较高的文明及强大的军队，这主要得益于希腊人先进的竞赛组织模式。在以祭祀为主要目的的体育赛会的影响下，希腊人建立了身心发展理念、团结友谊的奥林匹克精神，体育赛会不仅带给希腊人精神上的满足，同时参赛运动员会获得丰厚的物质奖励。如公元前 6 世纪雅典城邦就给奥运会优胜者以 500 德拉克马（drschma）的奖金（1 德拉克马当时可买一只羊），接着普列塔涅翁城邦规定，优胜者的每日三餐都由政府供给并免除其一切税金。正如著名诗人平达所说的那样：“胜利者由于自己的功绩而终身享有愉快的安宁，这种无边的幸福是每个凡人最高的企望。”特别是在奥林匹亚竞技赛会上的优胜者如果连续三次获得奥林匹克运动会上的橄榄枝花冠，就会由当时第一流的雕刻家用大理石或者青铜为其塑像，并将塑像放在宙斯神殿周围，让勇士们永远守卫在宙斯神像的身旁，因为他们认为优胜者是宙斯神的宠儿。

（三）古奥运会的特色

1. 神圣使命——神圣休战

古奥运会不仅是对神灵及胜利的崇拜，同时也富含着古希腊人民公平竞争、和平友谊的精神，在这一思想的影响下，古奥运会产生了神圣的使命——神圣休战，在《奥林匹克文化教程》一书中对神圣休战有这样的描述：

在祭祀盛会举行之前，奥林匹亚所在的伊利斯城邦必须选派 3 名经过严格挑选的纯希腊血统的运动员，在宙斯神殿的“圣火坛”前，接过希腊少女经过宗教仪式用凹凸镜点燃的太阳火炬，跑遍整个城邦，传谕联合城邦的告示，并宣布奥林匹克竞技会即将举行。神圣休战一经宣布，整个伊利斯城邦便成为宗教圣地，禁止任何军事行动，也禁止携带武器进入。通往奥林匹亚的所有道路畅通无阻，任何人不得阻拦，否则就是违背神意。在休战期间，禁止执行死刑。这就是著名的古希腊“奥林匹克神圣休战”。

2. 衣着特殊——赤裸参赛

古希腊哲学家普利纳说：“全身赤裸是希腊人特有的习惯。”衣着对他们来说只是一件松散的附属品，不拘束身体，可以随心所欲地在任何地方脱掉，绝不会有像今天人们所顾及的那种带有羞耻的感觉。斯巴达时期，青年女子运动时也差不多是全裸的，有时仅穿一件极短的衣裙，而杜利安的少女则时常赤裸着身体参加运动。她们并不认为这样是对神的不敬，反而认为只有这样才能得到神的祝福，神才会高兴，所以她们的一切运动都满怀着虔诚的态度，而没有一丝淫秽的成分。在马其顿统治希腊的时期，就是像亚历山大这样的帝王，当他东征大流士，经过小亚细亚时，也和同伴在阿喀琉斯墓地的柱子周围裸体舞蹈，以表示对远古英雄的敬仰之情。

3. 阶级分明——禁止女性

在古希腊，女性与奴隶一样社会地位极其低下。重大的体育赛会制度中对于女性和奴隶有着明确的禁止规定，女性除了赫拉竞技赛会之外禁止参加一系列的赛会，违犯者将要受到法律制裁甚至处以死刑。直到公元前 268 年，第 128 届古代奥运会，才设有了女子项目。

三、中国古代体育赛事文化的发展

中华文明源远流长、博大精深，孕育了多样的体育赛事文明，创造着灿烂的体育赛事文化，这在不同的历史发展阶段皆有充分的表现。

早在旧石器时代中晚期我国就出现了石球，石球中包含的体育游戏、体育娱乐性质为后来发展演变成为相关体育赛事活动创设了基础。根据目前的考古发现，在距今约 10 万年的丁村人文化遗址中第一次出现了较为规整的石球，后来在距今约 4 万年前的许家窑人文化遗址中出土了 2000 多个石球。根据考古学家的研究，这些石球应是装在被称为“飞石索”的器械上的一种狩猎工具，但同时也具有很强烈的游戏性和娱乐性。

新石器时代晚期，随着体育活动中竞技性、展示性体育活动增多，体育赛事文化得到进一步发展。原始人的巫术和宗教行为中包含了大量的体育活动和竞技运动，在宗教性的舞蹈戏剧表演中，那些狩猎射箭，格斗摔跤等实践活动被程式化和仪式化，最后积累发展为一种独立于宗教之外的教育手段与体育方法。

先秦时期的体育赛事活动及赛事文化进一步体系化和体制化，内嵌于学校教育及政治文化中，成为其中重要环节之一。如先秦贵族学校中的“四术”包含了射礼与舞蹈，“六艺”中更有礼、乐、射、御四类教学内容与体育密切相关；同时，西周时期的射箭活动已经发展成为以“射礼”为形式的大规模竞赛活动。

进入封建社会时期，我国体育赛事实践及文化则进一步勃兴。自三国两汉时期以来蹴鞠就在民间十分普及。它分为两种形式，一类是观赏性的蹴鞠表演，另一类是竞技性的蹴鞠比赛（图 1-5）。隋唐经济和文化的繁荣及中外密切的交流推动了我国古代体育赛事进一步发展。在唐代，上流社会中掀起了击鞠的热潮，民间则开始普及蹴鞠。宋、元、明时期城市经济与市民文化的勃兴带来了市民体育的兴盛，中国古代体育由此进入了一个新的发展阶段。在宋朝是中国古代蹴鞠发展的黄金期，同时兴起了诸如相扑等民间竞技运动。在封建社会末期，清王朝的建立使几千年以汉文化为主体的古代体育受到了冲击，一些传统体育项目如击鞠、蹴鞠等相继衰落以至消失，但同时也带来了一些新的体育活动项目。直至 1840 年鸦片战争为止，中国古代体育赛事已经发展演变为一个较为稳定的传统文化体系，成为灿烂的中国古代文明的有机组成部分。

鞠城铭

［东汉］李尤

圆鞠方墙，做象阴阳。

法月衡对，二六相当。

建长立平，其例有常。

不以亲疏，不有阿私。

端心平意，莫怨其非。

鞠政由然，况乎执机！

汉代宫苑内校阅的足球竞赛图

汉代训练军队的足球竞赛图

图 1–5　汉代蹴鞠场地及竞赛图

四、近现代体育赛事的发展

从 11 世纪到 19 世纪，欧洲资产阶级的快速发展，出现了席卷欧洲的三大思潮——文艺复兴、宗教改革及启蒙运动，涌现出“近代学校体育之父”夸美纽斯、卢梭、孟德斯鸠、伏尔泰等一大批教育家、思想家。经过三大思潮的传播，近代体育思想逐渐进入学校，并开始向社会实施，在德国、英国、法国等欧洲国家已经形成一定的规模，其中德国体操、瑞典体操和英国户外运动为近代体育的发展打下了坚实的基础。近代体育本身具有一定的科学性、国际性，但仍受到经济、政治和文化发展的制约。正是资本主义的发展和工业革命的完成，资本主义民族国家的形成，以及三大思潮以来欧洲思想文化的发展，造成了近代体育的广泛实施具有强烈的民族主义和军事色彩。

欧洲的三大思潮，为现代奥林匹克运动的兴起奠定了思想基础。19 世纪末普法战争后，法国效仿英美的强国之路，提出教育救国、体育救国。顾拜旦的奥林匹克理想是这个时代的具体表现。他不仅充分表达了体育强国的思想，同时通过体育赛事的举办，继承古奥林匹克运动会的和平理念，缓解社会矛盾，转移社会注意力。1889 年 7 月，在巴黎召开的国际体育运动代表大会上，顾拜旦首次公开了用现代形式复兴奥运会的设想。1894 年 6 月 23 日，顾拜旦与 12 个国家的

79 名代表决定成立国际奥委会，并商定于 1896 年在雅典举办首届现代奥运会，以后每 4 年举办一次。在此基础上，奥林匹克经过一百多年的历程，形成了以《奥林匹克宪章》为代表的思想理论体系，奥林匹克运动会及选拔赛作为活动制度，组建权威的国际奥林匹克委员会，在各承办地建设奥林匹克物质设施，形成了现代奥林匹克文化体系。

五、当代体育赛事方兴未艾

当代体育赛事的发展愈发活跃，在现代科技进步尤其是电视转播技术的发展推动下，当代体育赛事文化的发展也愈发活跃，形态愈发多样，体育赛事的社会融入度也不断地提升，形成了多元的体育赛事文化体系。城市营销时代的到来，体育赛事产业的迅速发展，体育传媒的飞跃更是促进了体育赛事文化的繁荣。

赛事的项目和形式不断扩张。在赛事类型上，各类大型综合性体育赛事、单项体育赛事不断发展，职业体育赛事方兴未艾，群众性体育赛事愈发多样，参与人群和利益相关主体不断增多。近年来，以足球世界杯、奥运会为代表的大型体育赛事热潮不断；在我国，以中国男子篮球职业联赛（China Basketball Association，CBA）、中国足球超级联赛（Chinese Super League，CSL）等为代表的职业体育赛事不断发展；以马拉松、自行车赛事等为代表的群众性体育赛事快速井喷。

赛事的价值不断提升。根据 2019 年的评价数据，全球体育赛事价值榜排名第 1 的是足球世界杯，其品牌价值高达 327 亿美元，是全球最具影响力的体育赛事；排在第 2 位的是欧洲杯，品牌价值为 218 亿美元；排在第 3 位的是一年一度的欧洲俱乐部赛事——欧洲冠军联赛，品牌价值为 179 亿美元；英超以 173 亿美元排在第 4 位；西甲以 118 亿美元排在第 5 位；美国超级碗以 42 亿美元的价值排在了第 6 位。奥运会排在第 8 位，其品牌价值为 41 亿美元。从以上数据我们能够看到职业体育赛事价值的地位。

赛事的功能不断拓展。体育赛事最早用于祭祀、军事训练等功能，随着经济社会的不断发展、全球化进程的推进，体育赛事的经济功能、政治功能、文化功能不断彰显，更成为城市营销、国家营销的重要手段。一项赛事的举办常常能给当地带来多方面的价值提升，包括有形影响和无形影响。

第三节 体育赛事文化的价值与具体分类

体育赛事文化既是体育赛事发展的结果，又是促进体育赛事更好发展的重要内容。赛事文化既是对赛事本身文化的继承与发展，又在不断地扩展着赛事的影响力范围。随着时代的发展，赛事的疆域在不断地拓展，尤其是在以电视为代表的电子传媒发展以后，体育赛事由赛场范畴扩展到屏幕，推动了赛事及其文化的极大发展，形成了赛事内部要素、外部环境和空间场域的多维文化集合。

一、体育赛事文化的价值

如果说人类原始的体育比赛是一场简单的崇拜仪式，那么今天的体育赛事则是一场无可厚非的文化盛典。在社会发展中，体育赛事的文化影响是多方位、多层次的，体育赛事已成为文化传播的重要途径，各种不同文化形态对体育赛事的强烈渗透使得体育赛事的价值不仅在政治、经济等领域得以体现，其文化价值也日渐凸显。

（一）体育赛事文化提供个体情感的“休息时间”

体育赛事构建了这样一个积极作用于个体心理机制的价值世界——通过赛场这一精心营造的空间场域，赛事迷与他们敬仰的英雄共同感受胜利的喜悦、失败的沮丧及歇斯底里的狂欢。特别是当下，融合了越来越高级传播技术的体育赛事，更是把赛事满足人们感官体验、情绪体验的功能推向极致，给人们带来生理和心理的震撼。各种新兴的传播技术让体育赛事文本被快速地复制和传播，大量的民众被纳入赛事文化的狂欢中。在这种场合下人们无拘无束地宣泄现实中紧张压抑的情感，忘记了往常束缚人们交往的金钱、地位、声望等藩篱，嘶喊、尖叫的观众角色可以消除他们作为父母、员工等角色的压抑，此刻体育是唯一通行的语言。人们借助体育赛事构成一个人们认知理解的新的社会文化系统，在通过其对世界进行认知和感悟的同时，汲取其中内含的价值观念。这是一个“花钱看比赛”的时代，当体育赛事成为一个社交活动中谈论的高雅话题，当人们试图沉溺于貌似异乎寻常的体育文化实践中，个体的心理机制已为体育赛事价值观念的传递打开大门。

（二）体育赛事文化促进个体行为规范

体育赛事转移了人类本能的攻击欲望。康罗·洛伦兹（Konard Lorenz）在其最具影响力的著作《攻击与人性》当中暗示，体育能给人提供一种精神发泄的经验，从而成为转移人类极具破坏性的攻击本能的发泄方式，并在体育场上毫无伤害地宣泄出来。有学者从社会生物学角度对体育行为根源进行研究指出，人类天生具有类似于运动欲望的行为欲望，如战争等暴力行为，需要通过这种欲望的排遣来维持自身心理和身体的平衡。人类的暴力行为和社会被视为相互构成的关系，因为没有一种形式的教导能像体育赛事这样直接要求人们有意识且负责任地控制自己的“暴力”行为。体育赛事以竞技运动为核心，而体育竞技正是暴力原型最具说服力的一种现代身体表现形式，即以暴力的隐喻形式保持一种新的社会平衡和实现友好的媒介。正是在体育赛事直接而剧烈的身体对抗中，运动员的身体和心灵得到良好的培养和检验，观众在寻求感官刺激的同时接受了潜移默化的教育。体育赛事通过对人类攻击本能的制约和排遣在规范和优化人的生命存在方面彰显价值。

（三）体育赛事文化促进社会价值整合

文化学者余秋雨先生曾在其《何谓文化》一书中对“文化”给出了这样的定义：“文化，是种包含精神价值和生活方式的生态共同体，它通过积累和引导，创建集体人格。”孙美堂指出：“价值是一种人文现象、文化现象，价值只有在具体的文化系统中才显现为价值。”体育赛事提供给人们一个社会生活和情感交互作用的共同空间。体育赛事提供一个价值整合的空间和平台，它将零散、疏离的来自不同种族、阶层、性别、年龄和文化的人汇聚到一起，这一群体参与比赛的过程也是个体间在行为方式上相互作用、彼此影响的过程，也是人的价值思维方式同构的过程。根据社会阶层理论的基本原理，不同阶层与社会地位的交往将有利于整个社会的融合。这就决定了体育赛事的特殊使命。台湾作家龙应台在诠释“文化的力量”时曾使用了“社会共识体验营”这样一个概念，她认为在一个公园里听乐团演奏悲怆“江河水”纪念死难同胞的人群，或者是在一个图书馆里聆听一场诗歌朗诵的人群，其实是在进行一场仪式，人们在这样的“社会共识体验营”里认识彼此，建立共同的价值观。世界杯期间，那些赛场内外涂满油彩的球迷，他们肤色各异、发型怪诞、举止特立就仿佛部落中主持祭礼的祭司，他们的行为在崇尚理性的现代社会显得如此另类，但他们只是在参与一次上亿人参加的称为“世界杯”的隆重仪式。

（四）体育赛事文化促进社会文化认同与交流

在体育赛事中，文化认同、价值意识整合的发生是通过群体的共同参与来完成的，在共同的赛事组织形式、制度、语言及其他象征符号中，个体间相互作用，理解和体验其他成员的意见、思想，产生同类价值意识，群体文化成为整合不同个体意识进而形成同类价值意识的重要黏合剂。然而一个社会群体的生存和发展，按照相同的价值目标进行互动，除了群体的组织状况外，个体的文化规范和同类价值意识也非常重要。体育赛事的文化张力在一个广阔的运动场、一场以体育竞赛为主题的文化活动中、一场万人瞩目的比赛中得以彰显。在这里，个体的经验不是孤立的，而是共同的集体的经验，孤立的个人因而产生归属感。体育赛事将本来封锁孤立的经验变成共同的经验，塑成公共的记忆，从而增进了相互的理解，凝聚了社会的文化认同。在全球化程度与日俱增的地球村中，借助现代媒介，体育赛事的价值意识得到广泛的延伸，体育赛事中所强调的对文化差异的认同和理解及公平公正精神使其成为一条增进国际团结的纽带，加深了世界各地人们对同属一个国际社会的认同，人们的价值意识同构和整合度提高，一种全世界和全人类的文化价值意识得以形成。在这种共同的文化认同中增进着不同国家、民族的交流与理解。

二、体育赛事文化的分类

科学有效的分类，有利于我们进一步认识事物的本质，对事物的发展具有重要意义。为了更好地促进人们对于体育赛事文化的理解，更全面地呈现体育赛事文化，本教材从三个维度来划分体育赛事文化：一是体育赛事内部要素文化，主要包括运动员文化、赛事观众文化、服务者文化和场馆文化；二是体育赛事与外部环境文化，主要包括体育赛事政治文化、经济文化、社会文化和媒介文化；三是体育赛事的空间文化，包括乡镇维度的赛事文化、城市维度的赛事文化和全球化维度的赛事文化。本教材也将从这三个维度来阐释体育赛事文化的具体内容。

（一）体育赛事的内部要素文化分类

1. 运动员文化

运动员是体育赛事的参与主体，是赛事文化的灵魂和核心塑造者。运动员作为体育赛事的参赛主体伴随赛事的发展，文化内容不断丰富。运动员所包含的肢体语言、精神、服饰等要素，逐渐形成了特有的运动员文化。运动员文化由以下几点组成：以肢体语言形成的身体文化；运动员衣着服饰形成的服饰文化；运动员坚持不懈、团结合作等运动表现精神形成的精神文化；运动员对外界的影响所形成的偶像文化；运动员团队竞赛形成的团队文化。运动员精神传播速度快、范围广、受众大，例如，中国女排不畏强敌、顽强拼搏、永不言弃的女排精神，对内成为一种精神时尚，成为各行各业学习的精神力量；对外也向世人展示了中华民族强大的精神面貌。

2. 赛事观众文化

体育赛事观众，简单来说就是观看体育竞赛活动的人群，主要包括赛场观众和媒介观众。随着电视、互联网、新媒体等技术的发展，体育赛事观众突破了传统的现场约束，媒介为赛事带来了传播的便利性，吸引了更多的媒介人群，提升了赛事的影响力和商业价值。观众对赛事具有重要的意义，具有同质性、变动性等特征。观众是运动员肢体语言的欣赏者，是体育赛事经济的重要组成。原始社会观看祭祀、巫术活动的人们可以看作最早的体育观众。随着时代的变迁，祭祀、巫术等原始活动慢慢转化为带有宗教色彩的体育活动，逐步在一些区域形成特有的以体育竞赛为观赛内容的体育活动，观看的人群成为真正意义上的体育赛事观众。体育赛事观众文化，指的是以体育竞赛表演为观看内容，个体或群体产生的观众理念、行为及因此所形成的关联文化的集合。

3. 服务者文化

（1）教练员文化

教练员是多角色选手，不仅扮演单一指导训练的角色，还需要扮演多个角色：教练员是运动员竞技天赋的发现者、竞技技能的启蒙者、竞技体能的锤炼者、竞技智慧的开拓者、竞技心理的造就者、竞技灵感的点悟者、竞技潜能的挖掘者、竞技制胜的谋划者、竞技合力的组织者、竞技困难的破解者、竞技作风的历练者、竞技陋习的终结者、竞技品德的雕塑者、竞技灵魂的铸就者、竞技失败饱受指责的承接者、竞技成功幸福享受的身后者、在役生活保姆式的管理者、喜怒哀乐的知情者、世界观人生观价值观形成的引领者、学会做人做事学习自省和处世言行的教育者、成才目标的规划实施者、人生之路的阶段性铺就者、胜过养育自己子女的奉献者。因此，教练员在赛事发展中也形成了具有显著身份特征的赛事文化内容。

（2）裁判员文化

在运动竞赛过程中，担任裁判这一职位的人员，依据竞赛规程和竞赛规则对运动员（队）成绩、胜负及名次进行评判。在比赛过程中，裁判员水平的高低会直接影响运动员技战术水平的发挥，直接影响比赛结果。裁判员不仅是比赛秩序的维护者，还是体育比赛精神的传达者，是赛场的法官。为了公正，许多国际比赛会从参赛双方之外的国家选聘裁判。裁判在比赛过程中公平、公正进行执裁，形成了裁判员的文化内容，并成为赛事文化的重要内容之一。随着科学技术的发展，体育比赛的过程中逐渐增加录像回看、视频裁判及赛后的裁判报告等一系列措施，不断提升裁判的客观性，帮助裁判做出公正判罚。

（3）志愿者文化

联合国定义志愿者为“自愿进行社会公共利益服务而不获取任何利益、金钱、名利的活动者”，具体指在不获得任何物质报酬的情况下，能够主动承担社会责任、奉献个人时间并做出助人乐施行动的人。体育赛事志愿者是指在体育组织或志愿者组织的招募下，不求回报地奉献自己的时间、精力及能力，在赛事实施的过程中担任相应岗位的人。体育赛事志愿者文化指的是以体育赛事志愿者为核心，衍生的志愿者理念、行为、观念等产物的文化形态的总和，属于客观存在的现象。在不同的政治、经济、文化背景下，人们对志愿者文化的理解会有所差异，但是自愿、无偿、奉献始终是志愿者的核心观念，也正是如此，志愿者文化在体育赛事文化传播过程中是必不可少的。

此外，在服务者文化中还包括队医、赛事工作人员等赛事相关人群所形成的文化。

4. 场馆文化

建筑是人类物质文明和精神文明的产物。建筑本身就是一种文化，该文化的价值就是社会文明价值。建筑的格调和责任，是一个社会总的生活模式、生活水平和生活情趣的写照。体育场馆本质上就是建筑的一种，因此体育场馆被视作城市或国家体育发展的历史见证者，同时作为体育文化标识被世人熟知。体育场馆文化存在巨大的开发潜力，许多国家已将体育场馆作为打造体育文化展示体系的核心。如巴西里约热内卢的马拉卡纳体育场，被国际足坛誉为“世界第一足球场”，是“足球王国”巴西国家文化的象征，是世界“足球遗产”，成为著名的文化、体育和旅游中心。中国的“鸟巢”和“水立方”更是“人文奥运”的杰作，成为奥林匹克精神、奥林匹克文化与中华文明、东西方人文思想与和谐精神在体育领域相互丰富与发展的象征。

（二）体育赛事与外部环境文化分类

1. 体育赛事政治文化

体育赛事与政治有着密切的关联，“政治文化，就是一个国家中的阶级、团体和个人，在长期的社会历史文化传统的影响下形成的某种特定的政治价值观念、政治心理和政治行为模式”。政治文化也可以理解为以政治为核心产生的理论、观念、行为等。体育赛事政治文化是体育赛事因自身属性所具有的政治关联特性，如赛事成为和平年代的“没有硝烟的战场”（如“1980 年莫斯科奥运会、1984 年洛杉矶奥运会成为华约和北约两大组织‘冷战’的角逐场”）、“体育竞赛能够凝聚民心”“体育赛事能够激起爱国热情”等，都彰显了体育赛事的政治关联性，尤其在当下体育赛事不断增多的背景下，体育赛事能够促进人们的体育参与，促进国民身心健康，促进健康中国、体育强国等的实现。

2. 体育赛事经济文化

体育赛事经济的概念，大体可以分为广义的概念和狭义的概念。广义的概念指因体育赛事的举办而形成的赛事与举办地经济领域间发生的相互作用及其结果，包括赛事对举办地经济直接和间接、长期和短期的影响等。凡是与举办地经济相关的影响，均可以包含在内，如体育赛事的媒体价值、体育赛事对城市的营销作用等。狭义的概念指由于体育赛事的举办而引发的举办地基础设施投资、宾馆餐饮消费、商业贸易等需求的变化（这种需求的变化直接给赛事举办地带来了新的消费），并通过直接效应和乘数效应对举办地的产出、收入、就业水平等经济指标产生的影响，其核心是体育赛事给举办地带来的新消费。体育赛事在举办中与当地经济产生了多层维度的联系，并形成了赛事的经济文化体系。

3. 体育赛事社会文化

体育赛事的举办会与当地社会产生多层次的互动，尤其是大型体育赛事的举办。伴随着大量人流、物流和信息流在时间和空间聚集，体育赛事举办地的社会环境系统会在外界各种“流”的注入和影响下，从相对均衡的状态转向失衡状态。体育赛事的举办会给社会带来巨大的改变，既有正面又有负面影响。正面影响包括提高城市形象、带动地方就业、推动城市精神文化建设、提升居民生活质量等；负面影响包括破坏生态环境、扰乱居民生活、安全隐患、恐怖袭击等。体育赛事的社会文化，简单来说就是体育赛事举办的过程中对举办地所产生的社会影响和举办地对赛事影响的文化总和。

4. 体育赛事媒介文化

媒介文化指的是大众媒介传播过程中所产生的社会影响形成的一种文化形态，是依附于媒介传播的一种客观存在。在体育赛事发展的历程中，体育赛事在实践过程中显现的于社会、于群体、于个人的正向功能受到大众的一致认可。这种正向功能或影响主要是通过大众媒介传播实现的，比如巴西世界杯开幕式上，巴西战舞、芭蕾舞等多种带有巴西本土色彩的表演，向世界展示了巴西特有的民族体育文化，“自然、人民和足球”的主题设计表达出巴西人与自然和谐发展的理念。同时媒介所制作的各种体育赛事节目，也形成了独特的体育媒介文化内容。

(三) 体育赛事的空间文化分类

1. 乡镇体育赛事文化

乡镇是我国最基层的行政机构。它一头连着城市，一头连着农村，在农村乃至整个国家经济社会发展中发挥着基础性作用，是党和政府联系人民群众的纽带。在按行政划分的乡镇空间地域范围内举办的体育赛事，在实施过程中所产生的物质、精神及制度对乡镇影响的文化形态总和，即为乡镇体育赛事文化。随着乡村振兴战略、全民健身战略的实施，乡镇体育赛事不断增多，乡镇体育赛事以乡镇为载体，承载了诸多的乡村文化和农业文明，形成了独特的乡镇体育赛事文化内容。

2. 城市体育赛事文化

社会科技水平的不断提高，人类劳动生产力的效率也在不断提高，生产力剩余逐渐产生人类分工，城市就是这一背景下的产物，是为了满足人类自身的生存需求及发展需要建立起的人工环境。它不仅包括物质的建设，还包括人类文化的沉淀。体育与城市文化的相融，产生了城市体育文化。城市体育文化是指“人类各种体育元素在城市时空中汇集、融合、升华后的，被世人认同的，具备较高竞技艺术水准的人体动态肢体符号体系，以及物态符号的总和”。体育赛事文化作为体育文化的子系统，实质上就是体育赛事举办所在城市所有相关的体育赛事要素的文化形态的总和。

3. 全球化体育赛事文化

全球化为我们所熟知，它的主要表现是资本、人员、制度、文化等要素无国界地在世界范围内流动。其中文化的全球化是本土文化与外来文化的融合，体育赛事文化作为文化中的子系统，我们可以这样认为，体育赛事文化的全球化是不同空间地域的体育赛事文化相互交流的一种现象，也可以看作文化依附于体育赛事全球化进行传播，与不同国家的体育赛事文化进行交流，比如网球的四大满贯、欧洲冠军杯、足球世界杯等全球化体育赛事。其在世界范围内形成了各种层次的文化交流与建构（图 1-6）。

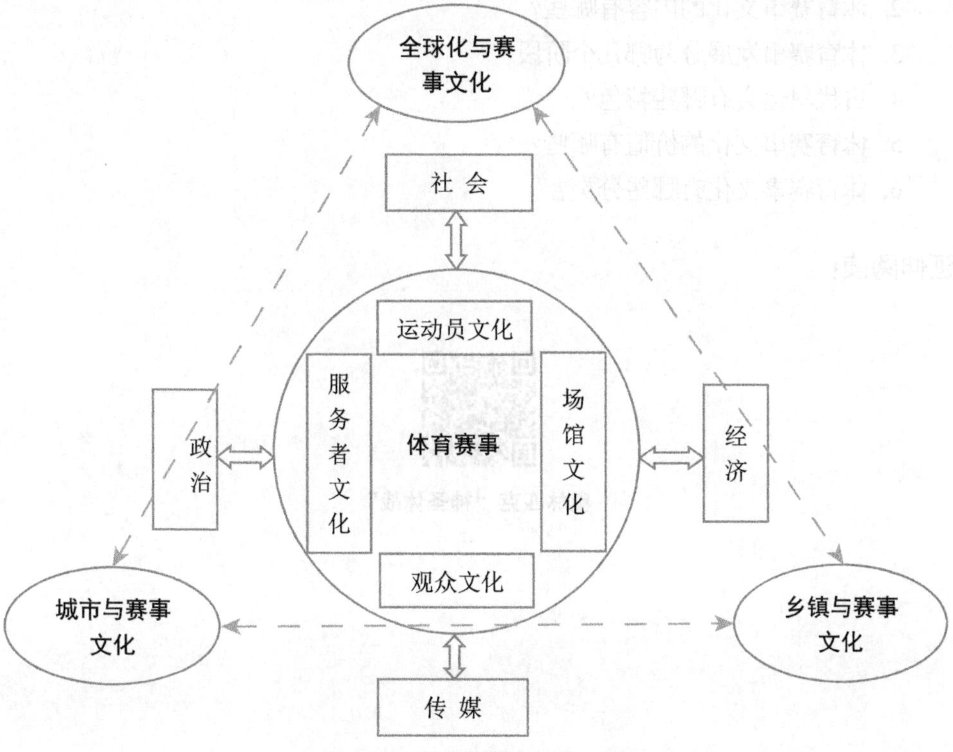

图 1-6　体育赛事文化体系图

本章小结

体育赛事文化是体育赛事发展各类相关主体实施关联活动所形成的物质文化、制度文化和精神文化的总和，自赛事产生以来便与关联领域相互作用，追着历史的车轮走来并不断发展。体育赛事文化包括赛事本身的文化，涉及运动员文化、服务者文化、场馆文化、观众文化等，这些是体育赛事得以实施开展的基础要素；包括经济、政治、社会、传媒等关联文化，这些文化是相关领域与体育赛事相互作用的过程中形成的，提升了赛事的价值意义；还包括城市、空间、全球化等大空间文化，通过相应领域的勾连，形成了体育赛事不同维度和层次的文化形态，丰富着体育赛事的内涵和外延，推动着体育赛事的持续发展。

思考题

1. 体育赛事文化的概念是什么？
2. 体育赛事文化的内容有哪些？
3. 体育赛事发展分为哪几个阶段？
4. 古代奥运会有哪些特色？
5. 体育赛事文化的价值有哪些？
6. 体育赛事文化有哪些分类？

延伸阅读：

奥林匹克“神圣休战”

CHAPTER 02

第二章 体育赛事的运动员文化

学习目标：

- 熟悉运动员文化的类型。
- 了解运动员身体文化的演变。
- 了解运动员服饰文化的特征。
- 掌握运动员精神文化的内涵、类型与意义。
- 掌握运动员的偶像文化及运动员偶像文化的影响。
- 掌握运动员团队文化的内容与时代意义。

运动员是指从事体育运动的人员，分为职业运动员和业余运动员。职业运动员是指将某项体育运动作为自己的工作和事业的人员，即将从事体育运动作为自己谋生手段的人员。业余运动员是指本身有自己的工作，利用业余时间从事某项体育运动的人员。职业运动员（专业运动员）是体育赛事中的主体，也是本教材关注的主要对象。体育运动是以身体为基础的运动，运动员是体育赛场上的主角，他们借以身体展示打破语言、民族、宗教、地域、意识形态等障碍，实现大众之间无碍交流与传播。体育赛场上，运动员并非单纯地为个人而战，他们是国家的代表，是民族的符号，是文化的载体。本章重点呈现体育赛事中运动员的身体文化与服饰文化、运动员的精神文化、运动员的偶像文化和运动员的团队文化四个方面的内容。

第一节 运动员的身体文化与服饰文化

身体是人类赖以存在的物质实体，离开了这个实体，无论是高超的技能，还是高尚的道德情操，都无法向世人表达，身体即媒介。一方面，人类利用感知觉从外界获得信息；另一方面，人类又借用四肢百骸将自己的想法传输给外界。体育运动是以身体为基础的运动，体育赛场上运动员借用身体的移动、跳跃、奔跑、弯曲等姿势规范的、艺术的完成某项运动动作，给予观众娱乐欣赏的价值。运动员的身体并非仅仅指他们健美的身材，更有它的精神价值和文化符号意义。

《圣经》中记载，亚当夏娃偷食禁果之后，拥有了智慧与羞耻之心，摘无花果叶以遮蔽裸露的身体，自此人类有了服饰。虽然只是神话传说，却也说明服饰是伴随着人类心智成熟而诞生的。运动员的服饰除了遮身护体之外，更融合了运动项目的特点、规则与赛事的文化，更好地为着装者提供服务，具有独特的文化特征。

一、运动员的身体文化

身体从生物学角度定义，是指包括人在内所有生物的整个生理组织，常用来特指躯体。身体具有多层属性，通常人们将身体与肉体（与精神相对）混为一谈，视身体为外在躯壳，这是身体的物质属性。人是符号性的动物，人类的性别、种族、民族、阶层是以身体表征为最直观的区分，而人类的自我塑造与建构，又是通过肢体活动完成可视化表达、传递信息，这证明身体本身具有文化属性。身体具有个体性的同时具有社会性，每个人有自己独特的文化价值观，而人作为群居动物，个人的文化价值观的形成又深受时代文化、世俗文化的影响。身体受文化的规训，着装修饰、人际往来、审美观念、艺术创作、消费行为等都受文化习俗的潜在影响。反之，个体一系列的行为又将直接或间接地推动文化变革。文化塑造身体，身体同时塑造文化。身体文化作为偏正词组，其含义是指一种以身体为表达工具、展示个体社会行为的一切表现形式及其所产生的活动产品。它有静态与动态之分。静态的身体文化如体貌、文身、塑像等；动态的身体文化如舞蹈、体育运动等，运动员的体态特征、运动姿势是身体文化形态的典型代表。

群体的不同注定身体文化具有时空差异性，而不同的历史也铸就了不同的身体文化。以下将从历史、艺术、哲学的角度，梳理运动员的身体文化演变过程。

（一）古希腊、罗马时期

从人类留下的文化遗产中不难发现，古希腊是一个崇尚体育运动的国度。古希腊公民几乎人人都是运动员，苏格拉底认为“从体育训练的角度看，任何一个公民都不能是业余级选手”。《伊利亚特》第二十三卷，阿喀琉斯为祭奠好友帕特罗克洛斯的牺牲，举行了一场竞技比赛。书中详细描述了战车比赛、拳击、摔跤、竞跑、双人持械搏斗、铁饼、射箭等诸多竞技项目。在描述比赛的过程中，更多的笔墨着重描写运动员的身体，如比赛前的宣言“我是无敌的拳手！……我将撕裂对手的皮肉，捣碎他的骨头！”，比赛中的意外“扑倒在轮圈旁，擦烂了手肘、嘴唇和鼻孔，额头上，眉毛一带，摔得皮开肉绽……”，赛后的获奖感言“我的膝腿已不太坚实，亲爱的朋友，我的脚杆也一样”。而在《奥德赛》第八卷中，为了欢迎奥德修斯，法伊阿基亚人特意举办了一场竞技比赛。国王阿尔基努斯的儿子说道：“对活着的人们，没有什么能比凭自己的腿脚和双手争来的荣誉更为隆烈。”史诗中对于身体的书写，其背后蕴藏着深厚的文化密码。首先，结实有力的身体是其他一切的基础。运动员依靠力量和熟练的运动技巧，赢得丰厚的奖品和荣誉；其次，运动员在竞技比赛中塑造正直、坚毅、机智、勇敢、公平等人格，实现了自由意志和个性力量的完美结合；再次，优秀的运动员多是神之子，是英雄的后裔，他们以保护公民为荣，竞技场的胜出者是如同神一般的英雄；最后，体育运动是暴力行为的转换器。体育比赛中虽然充斥着身体对抗、荣誉竞争、胜负抉择，但在比赛中，消解了杀戮和仇恨。

体育运动并没有伴随希腊城邦衰落而衰落，而是随着罗马帝国崛起内容更为丰富。罗马皇帝奥古斯都、尼禄等都对古希腊体育运动情有独钟，古希腊体育运动也慢慢演变成罗马皇权崇拜。此外，古罗马时期体育运动不再具有群众性，人们更欣赏职业运动员，群众成了罗马竞技场和角斗场的观众，体育运动也由此增添了更多的娱乐性和表演性。斯巴达克斯是古罗马时期最著名的角斗士，史书记载他拥有强壮的身体、良好的教养和聪明的头脑。沦为奴隶后，他被送到卡普阿的角斗学校。公元前 73 年，他率领 70 名角斗士逃出学校，发动了震惊整个国家的“斯巴达克斯起义”。直到公元前 71 年，斯巴达克斯在战争中牺牲。斯巴达克斯作为一名角斗运动员，因其奴隶起义成为历史性人物，被卡尔·马克思赞誉为“古代无产阶级的真正代表”。

古希腊罗马时期，对于运动员身体并非只有赞誉，也存在诸多的批判声音。古希腊悲剧大师欧里庇得斯在他的剧作《奥托吕科斯》中讽刺食量大的运动员为“嘴的仆人”和“胃的奴隶”，并认为“希腊弊端甚多，最糟糕者当数那帮竞技运动员”。柏拉图虽然自身是优秀的竞技运动员，但在他的《理想国》《斐多篇》等著作中，一再贬低身体（肉体），赞扬心灵。他认为人的身体具有欲望需求、情感需要、秩序要求三类运动，而这三类运动都将会引诱人走向堕落。人的灵魂同样存在欲望灵魂、激情灵魂、理性灵魂，而理性灵魂是人存在的关键点，引导人向善。体育身体文化与哲学中的身体观密不可分，除了基督教的冲击之外，或许正是古希腊哲人“灵魂论”的哲学思想，为体育运动在中世纪的衰微埋下了种子。

（二）中世纪时期

在公元 200 年左右，早期的基督教神学家和哲学家德尔图良在其《游戏论》一书中，从历史角度论证了古希腊罗马竞技运动为对魔鬼的崇拜；从道德伦理角度论证体育运动因容易唤起强烈感受，让人陷入狂欢中，失去理智，违背基督教保持内心平静修养规定，以此否定体育运动的价值。而伴随基督教的兴盛，张扬身体文化的体育运动越发受到打压，大约在公元 4 世纪末，古代奥运会终止举办。“运动”成为一个忌讳的词语，在《中世纪词典》中，其概念为“参照‘游戏’，特别是‘球类游戏’”。中世纪主要体育运动是骑士比武。尽管顾拜旦认为“高贵的骑士精神是一切耐力和纯竞技活动的基础”，然而骑士比武在当时也是被压制的。在 1130 年，基督教以伤害性命、让灵魂遭遇巨大危险为由，颁布第一道骑士比武禁令，直到 1316 年，禁令才被彻底废除，其目的是为十字军东征做准备。基督教对竞技运动的忌讳，也致使运动员职业的衰微。虽然我们在威廉·菲茨斯蒂芬笔下可以看到 12 世纪末伦敦城市青年进行射箭、赛跑、摔跤等体育锻炼，但只是消磨时光的休闲娱乐。而中世纪的英雄史诗《尼伯龙根之歌》中，勃艮第国王巩特尔为娶冰岛女王布伦希尔特，必须与女王进行掷石、跳远、掷标枪三项竞技比赛。体弱多病的巩特尔请来英雄齐格弗里德帮忙，最终娶到了冰岛女王。史诗中的勃艮第国王巩特尔完全没有荷马史诗中统治者魁梧健硕的身姿，而英雄齐格弗里德是为了娶巩特尔的妹妹才愿意帮忙，他也丧失了荷马史诗中英雄正直、公平等美好品格。中世纪时期，在基督教神权的统治下，身体属于附属地位，体育运动被压制，身体文化丧失了活跃表达。

（三）近代时期

随着人文风气的高涨，人们对于身体的态度发生了变化。人文主义者发现身体并非像基督教所认为的那样——身体是罪恶与恐怖的栖息地。拥有高尚灵魂的人，是“披着肉体外衣的上帝”。人们开始歌颂身体的美，复兴古希腊罗马文化，体育地位不断提高，人们开始热心体育运动。“健全的精神寓于健全的身体”，体育被写进校规、列为课程，成为宫廷礼仪，推动运动医学的兴起，体育具有重新打造身体的功能。这一时期，奥林匹亚竞技比赛被重新发现，古希腊抒情诗人品达的《奥林匹亚颂》被重新编辑、多次印刷、翻译成多种语言。在1896年第1届现代奥林匹克运动会举办之前，近代的欧洲许多国家都举办过奥林匹克运动会。例如，在16世纪中叶，维琴察市成立了“奥林匹克学院”，并举办过奥林匹克比赛。近代时期，已经有许多项目出现了运动规则，并伴随欧洲印刷术的发明而传播到欧洲各国。这些运动规则的出现，一方面推动了运动项目的标准化，另一方面也规训了运动员的身体。

从哲学上看，哲学家米兰多拉虽然在《论人的尊严》中已经肯定了肉体的价值，人可以通过自由意志把自己塑造成理想的自我。但真正认识到身体“有我”存在的是笛卡尔。笛卡尔从理性出发，借鉴怀疑者的经验，从“普遍怀疑”到“我在怀疑”，最终逼出一个为世界真实性奠基的“我”。而这个“我”并非是理性与感性统一的，而是身心分离的——一个是无肉体的思维，一个是无思维的肉体。近代的哲学观虽然肯定了身体的存在，却是借用理性取代神性，理性成为新的支配力量。身体摆脱了神权的压制，却没有从理性中获得解放，身体依旧未获得自由释放。

（四）现代时期

体育自19世纪下半叶起，实现日新月异的发展。义务教育的普及，体育成为学校必修课。最早起源于英国绅士的体育协会，随着城市化进程的提高，也在欧美的各个社会阶层蔚成风气。运动员身体具有了商业价值，优秀的运动员是最好的招牌，他们的画报常被这些体育协会拿来做广告。1901年欧根·桑多在伦敦举办了第1届国际肌肉展示赛，以直接展示运动员健美的肌肉，开创了竞技体育的一种经营模式。而在2012年伦敦奥运会上，美国跑步运动员尼克·西蒙斯拍卖自己左肩皮肤广告位，最终以11000美元的价格拍卖给汉森道奇创意公司。2016年他又在网上拍卖了自己右肩膀皮肤广告位。这算得上是将运动员的身体商业价值发挥到了极致。尼克·西蒙斯认为他的行为是对体育赛事中“荒谬规则”的挑战，也是一名“跑者控制自身宝贵空间的另一个例子而已”。西蒙斯的行为暗示着“人不该把身体禁锢在规则的条条框框中，而是应该仅仅用在争取利益上”。这种行为，与其说是争取身体主权，不如说是消费主义文化的变相表现。

法国哲学家让·鲍德里亚在他的《消费社会》等一系列书籍中对于体育运

动及体育消费行为进行了批评。广告作为现代“最出色的大众传媒”，实际上“伪造了一种消费总体性”。由宁泽涛等代言的阿迪达斯广告《由我创造》中，似乎穿上了阿迪达斯，你就可以打破常规，心随身动，活出多彩人生。这不过是一个消费神话想象。如果“身体的发现首先都要经过物品”，那真正被解放的不过是“购物的冲动”，而非身体。身体与物品同质，身体成为了“最美丽的消费品”。在大众传媒文化下，一方面，我们看到新闻报道利用运动员的身材作博人眼球的报道，如《宁泽涛近况：不急找工作，大吃大喝不发福，身材完美笑容灿烂》；另一方面，运动员匀称的身姿、发达的肌肉在报刊、镜头中反复出现，又形成了一种身体文化霸权，仿佛体态偏胖就代表着不健康。

与让·鲍德里亚同时代的法国社会学家皮埃尔·布尔迪厄对于体育的影响更多持肯定立场。尤其在他的《男权统治》一书中，认为从事体育运动让女性身体“从为他人的身体变成为自己的身体”。现代时期女性体育运动发展证明了这一点。1896 年第 1 届现代奥运会禁止妇女参加，斯坦玛塔·拉维瑟以完成当时的奥运项目马拉松赛的形式反对这种规定。1900 年举办的巴黎奥运会允许女性参加了一些项目，英国人夏洛特·雷纳格尔·库珀成为了现代奥运会第一个女冠军。1973 年两位网球运动员——比利·简·金（女）与波比·里格斯（男）上演了一场“性别之战”，比利·简·金的胜利证明了女性在竞技运动方面并不比男性差。同年，在金的影响下，美网成为了第一项实现“男女同酬”的大满贯赛事。2019 年美国女足卫冕世界杯冠军后，全场观众高呼“Equal Pay！（同薪同酬）”。体育运动让女性身体获得肯定，但是正如布尔迪厄担心的那样，“如果女人像男人一样行事，她们就有丧失‘女性’必备特征的危险”。从 20 世纪至今，关于女性运动员“男子气”和性取向的问题从未间断过讨论。此外，冲浪、沙滩排球、体操等女性着装很少的运动项目大受欢迎的现象，也说明女性在争取身体解放过程中虽然取得了很大进步，却同时增加了被男性观赏的危机。在双重的矛盾下，女性运动员的身体该如何自我认知及塑造？引用 2019 年德国女足反性别歧视宣传片中的一句话：“我们欣赏的对象，是清楚自己要什么的人，我们的榜样，就是我们自己。”现代奥林匹克运动会的举办，提高了体育的地位，甚至有媒体认为“运动已成为一种新的宗教”。而哲学上，从尼采开始，身体逐渐走出屈辱，走向光亮。运动员的身体文化，在现时代实现了真正的感性与理性的完美契合与彰显。

（五）中国运动员身体文化史的变迁

在中国的文化中，身体是一个重要的关照对象，《尚书》中提到“慎厥身”，《孟子》写到“国之本在家，家之本在身”。而先秦“尚武”精神也让身体实现了“挺立”，掌握六艺——礼乐射御书数（其中射、御直接与体育相关）——是成为君子的前提条件。但中国古代历史上却并未出现职业性运动员。随着儒学成为独尊显学，魏晋时期玄学兴起，中国哲学关于身体的理论逐渐走向“身心二分论”，身体逐渐被冷落。身体再次复归是清末时期，“东亚病夫”的屈辱，“强国保种”的期望，使体育的功能在东西方文化的交融下被重新发现。

20世纪的中国，长期经受内忧外患，个人的命运与国家的命运交织相融。不论是在体育报道还是与体育相关的创作中，对于人物形象的刻画都带有英雄色彩和典型性。他们的人生经历被程式化书写，被集体话语“绑架”。例如，郭小川在他的报告文学《小将们在挑战——记中国乒乓球队》（1965年）写道：“我们之所以连篇累牍地叙述了乒乓球队的发展过程和它的主要成员的情况，目的是想说明，这个集体是真正的集体，这个集体的许多成员，是真正的先进的人。”然而，许多运动员牺牲了正当的个人利益，用来维护“集体利益”，这种行为在一定程度上束缚了运动员的身心发展。

改革开放之后，中国人的思想观念日益解放。体育制度不断改革，体育报道中一味宣扬集体主义的报道相对淡化。2007年大阪田径世锦赛后，刘翔接受采访时说：“只有我自己才能打败我自己，所以说我都是在跟我自己比。”只言片语，暗示了刘翔非凡的身体天赋，他参加比赛的目的是追求快乐，享受自我挑战。作为中国乃至亚洲第一位进入国际网球名人堂的选手，李娜的成就有目共睹，她对举国体制的公然质疑——不要说我为国争光，我是为自己——彰显了她特立独行的个性，她富有叛逆性的言论被媒体反复报道。大众传媒迅猛发展，一方面打造“体育明星”，另一方面又不断消费“体育明星”。特别是21世纪以来，媒体对运动员的报道，印证了让·鲍德里亚的观点。

二、运动员的服饰文化

“中国有礼义之大，故称夏；有服章之美，故谓之华。华、夏一也”。服饰之于华夏，不仅是人类最基本的生活要素之一，而且与礼仪并重，具有立国之本的意义。服饰的发展史，是人类文明史的一个侧影。人类将其生活习俗、审美趣味、宗教信仰、价值观念等沉淀于服饰当中，形成了独特的服饰文化。服饰文化是人类身体文化的衍生物，与不同的民族、不同时代的物质和精神文明紧密相连。运动员服饰文化是服饰文化中的一部分，是指运动员参与竞技比赛时穿戴的衣着和配饰经过历史发展积淀下来的物质、制度和精神文化的总和。运动员服饰文化，伴随体育运动的发展和科技的进步，影响了人类的审美情趣，改变了社会思潮，推动了科技发展。

（一）运动员服饰文化的演进

服饰的产生、演变、发展伴随着人类活动的需要而演进。运动员在竞技比赛中对于服饰有着天然的功能性要求，因此，在运动员服饰的雏形期就具备适应竞技需求的功能性特征。据荷马史诗记载及克里特岛米诺斯文明遗址壁画佐证，当时已经有盛大的体育竞技赛事。壁画上参加斗牛竞技的勇士身着胯裙，胯裙的长度仅到大腿，并配有宽的金属腰带和护腕，其结构非常适合斗牛这项竞技运动（图 2-1）。胯裙的色彩明丽，设计简洁，突出了运动员身体的曲线美及肌肉美。到古希腊城邦时期，人们将锻炼有素、肤色亮泽作为美的标准。在泛希腊运动会场上，运动员都以裸体的形式参加比赛。这种借用裸体来表现身体美的方式，被人们用雕塑、彩绘等多种形式记录下来（图 2-2）。

图 2-1　克里特岛米诺斯文明遗址中的壁画（局部）

图 2-2　古希腊双耳罐上的图饰

体育运动虽然经历了一段漫长时期的压制，但为了技能训练或强身健体，在近代时期，针对某种体育活动的服饰已经被设计出来，如马术服、击剑服等。到 19 世纪末，随着体育运动项目的迅速增加及参与人数的增多，人们意识到运动服饰专业性的重要，为不同的运动项目设计专门的服饰，如游泳、网球、棒球等都有了专用服饰。不过这些专门的运动服饰有着显著的生活服饰烙印，如当时的泳装还包括贴身衬衣和短袜。

进入20世纪，随着体育项目、赛事比赛的不断增多，对于运动服饰的功能性要求越来越高。运动服饰如何更适应各项运动，协助运动员提高成绩，逐渐成为运动服饰设计与制作的基本理念。以20年代的滑雪服为例。滑雪服被设计为连体式紧身衣，衣领较高、裤腿较瘦，衣服设计整体呈流线型，以减少滑雪时的阻力。帽子为盔型，戴得很紧，手套、靴子、腰部等都有良好的保暖功能。其设计从理念到实践上开创了现代运动服饰功能化先河。滑雪服的设计与制作，也打破了长期以来服装性别差异的惯例。60年代至70年代，人造纤维的生产，推进了运动服饰从功能需求的满足向感观上表现运动与着装和谐美的发展。80年代以后，竞技运动发展达到了非常高的水平。体育赛事不仅是良好的外交平台，同时是各国展示国家实力的舞台。科技性成为了这一时期运动服饰设计、制作的理念之一。澳大利亚斯皮多公司为其国家队设计了Fastskin泳衣，是通过电脑扫描450名优秀运动员的身体，依据他们的身体尺寸制成人体模型，经过反复实验，模仿鲨鱼皮肤的原理制成的泳衣。Fastskin系列泳衣，帮助澳大利亚游泳队在多届奥运会上取得了优异成绩。而运动员绚丽性感的运动服饰，不仅展示了运动员的个性，同时也是提高赛事上座率和收视率的法宝。

在漫长的发展史中，运动员的服饰在设计与制作中趋于功能化、科学化和时尚化。而由此形成的运动员服饰文化，也呈现出独特的文化特征。

（二）运动员服饰文化的特征

《墨子》一书指出，人穿衣服的目的是“适身体，和肌肤，非荣耳目而观愚民也”。实用、遮羞是服饰的基本功能。而应用人群的独特性，致使运动员服饰文化具有规范性、时代性、民族性、科技性、审美性等文化特征。

1. 规范性

在现代奥运会早期竞技比赛中，对运动员着装并没有规范要求。1896年第1届现代奥运会上，在同一场比赛中，可以看到运动员有穿长衫的也有穿T恤的，有的运动服上带有国旗等标志，有的什么标志都没有。伴随运动项目规则的制定与完善，体育赛事制度的成熟，对运动员着装从年龄、色彩、尺寸到着装方式等都有了细致规范的要求。如《体操项目竞赛规则要点》对于运动员的着装规定：

比赛时，运动员要穿规范的体操服，全队着装要统一。在鞍马、吊环、双杠和单杠比赛中，参赛运动员必须穿长裤、体操鞋（或袜子）。男子运动员在自由体操和跳马比赛中可以穿短裤，也可赤脚。在所有比赛中运动员都要穿背心。女子运动员不得穿过小过露和透明的体操服，不佩戴珠宝首饰。所有的运动员必须佩戴号码。如有违反，将被扣除相应的分数。

运动员服饰的规范化，利于将选手所代表的国家或地区区分开来，便于评委打分，利于比赛顺利进行，方便观众更好地欣赏比赛。

2. 时代性

运动服饰因时代经济、政治、思想、文化的变化而变化。一方面，运动员的着装受时代的束缚。在古希腊时代，健美的身体被认为是人的体力与智力和谐发展的表现。所以他们在竞技场上选择裸体方式进行比赛。但在繁文缛节的维多利亚时代，即使从事网球比赛这样剧烈的运动，男运动员仍需要穿着带有绑腿的灯笼裤、长袖衬衫、西装、头戴礼帽参加比赛；女运动员也必须遵循规矩穿着白色的紧身胸衣，在长裙里面套着衬裙，头戴礼帽参加比赛。另一方面，人是服饰客观存在的主体，人对服饰的需要是服饰发展的前提，运动员服饰为不断满足运动员职业的需求随时代而变迁。1919 年苏珊 · 朗格伦身穿上身无袖下身短至小腿的百褶裙，赢得温布尔登网球锦标赛决赛冠军（图 2–3）。媒体争相报道了这场“球场上的裸腿之战”。裙子短未必一定能赢得比赛（在网球界流传一条短裙定律，认为裙子越短越能得冠军），但女运动员对战服长短的抉择权，证明了时代的进步。

图 2–3　苏珊 · 朗格伦，温网女子冠军

3. 民族性

文化是人类群族的一切群族社会现象与群族内在已有精神的既有、传承、创造、发展的总和。每个族群都具有独特的文化气质，文化具有深刻的民族烙印。一名运动员，在竞技赛场上，他既是为自己而战，同时也是代表着一个国家、一个民族，运动员服饰上的国旗是最明了的标志。运动员服饰设计也反映出鲜明的民族性特征。各国国旗的设计本身就浓缩了各民族文化的精华，国旗的色彩和图案是运动员参加体育赛事时使用最广泛的设计元素。除了对国旗元素的借鉴之外，一些具有民族标志性的元素和服饰特色也被应用到设计中。如 2008 年北京奥运会，德国代表团在运动员的休闲 T 恤上设计了一条龙并用汉字写着“谢谢北京”等字样；瑞典代表团将女运动员入场礼服设计为旗袍样式，男运动员的则是中山装。龙、织锦、太极等元素，也常被应用到中国运动员服饰设计中（图 2-4）。民族文化强烈的感染力使得运动员服饰中的民族元素成为一种标志性符号，人们因此而记住这个民族，从而提升民族的形象和地位。

图 2-4　北京奥运会中国代表团领奖服

4. 科技性

体育是一门科学，现今在体育竞技比赛中，已经不仅是运动员运动天赋的比拼，也是各国经济实力、科技水平的较量。从某种程度上说，高科技运动服饰正在助力运动员向“更高、更快、更强”的目标迈进。科技通过改善运动服饰的性能，增加生理舒适度，减少损害，保护运动员身体，调节运动员心理，降低运动阻力，提高运动员成绩。如耐克与刘翔的合作款“Nike Zoom Superfly G5 LX”，将原先的橡胶大底换成了全新的碳纤材质底板，搭配 Phylon 中底，足尖处运用

“锁定”系列高科技，帮助刘翔创造了12.88秒的110米栏世界纪录。除了耐克之外，阿迪达斯、新百伦、李宁等越来越多的运动品牌加入到运动服饰高科技研发中，力图尽可能扫除服饰对比赛成绩的阻碍。高科技运动服也带来一些负面影响。鲨鱼泳衣协助运动员缔造了一个又一个奇迹，仅2009年游泳比赛就有43次新纪录诞生。面对世界泳坛的巨大争议，为了比赛公平，国际泳联宣布从2010年开始，在正式比赛中禁止使用高科技泳衣。

5. 审美性

消费社会中，身体的价值被空前的重视，身体俨然成了一种消费品，身体审美的过程也是消费的一部分。如今，在体育赛事中，激烈的竞争能够给观众带来酣畅淋漓的快感体验，运动员的着装也是观众关注的焦点。体操、跳水、花样滑冰等表现难美性的体育项目，艺术表现力强，具有较强的观赏性。运动员在选择服饰时，会将服饰美与身体美完美结合，突出身体的轮廓与灵动，衬托动作的自然与优美。运动员服饰因其良好的视觉效果，对于提高赛事上座率和收视率都有较好的效果。2017年，网坛名宿莎拉波娃在禁赛15个月后，身着一袭镶满施华洛世奇水晶的裙子亮相美国网球公开赛，缔造了美网新的上座率。在网球比赛中，女性运动员的着装早已成为了一道亮丽的风景（图2-5）。维纳斯·威廉姆斯的黑色蕾丝裙，赛琳娜·威廉姆斯的猫女装，阿利兹·科内特的半透明网球服，让观众在享受体育竞技的同时，又如同欣赏了一场时装秀。个性十足的比赛服，能迅速抓住眼球，成为焦点，被大众所熟知。而运动员知名度的提高，也扩大了其运动项目的知名度。网球这项运动从“贵族运动”逐渐成为一项时尚、前卫的大众运动，运动员个性时尚的运动服饰发挥了重要作用。

图2-5 网球裙

第二节　运动员的精神文化

所谓精神，就个人而言是指人的外形所呈现出来的活力，即生命力。从哲学角度来讲，“精神”是指“同物质相对立，和意识相一致的哲学范畴，是人的意识、思维活动和一般心理状态的总称”。从文化学角度来看，“精神本是对形体而言，文化的基本精神应该是对文化的具体表现而言”。文化在结构上由浅到深可划分为物质文化、制度文化、精神文化。精神文化包含民族性格、思维方式、价值观念、道德情操、宗教信仰等因素，精神文化是文化最核心、最精髓的部分。体育文化汲取世界各民族、国家的智慧与才能，凝集全人类的思想道德。从这个角度出发，体育精神作为体育文化的核心部分，具有普适性。精神又具有民族性，它依靠物质、活动等表达出某特定人群共同认可的价值观和信念。运动员作为体育场域的核心，他们是体育精神、民族体育精神最好的诠释者。

一、体育精神

因为思考角度和理解方式不同，不同的学者对于体育精神的理解也不尽相同。费孝通认为，所谓体育精神实质上就是指人的精神，其内涵包括公平竞争、运动家风度、团队精神。卢元镇则认为，奥林匹克精神是一种理想，是公平竞争的光辉典范，是一种人道礼让的精神，也是人战胜自我的海格里斯精神。黄莉认为，体育精神是指“人们在体育实践活动中形成的，以健康快乐、挑战征服、公平竞争、团结协作为主要价值标准的意识、思维活动和一般心理状态。体育精神的内涵主要包括人本精神、英雄主义精神、公平竞争精神和团队精神”。体育精神是体育文化的灵魂和精粹，是人类的价值追求、高尚品格和理想的反映。对于专门从事体育运动的运动员来说，他们是体育精神的缔造者、实践者和传承者，他们身上所体现出来的体育精神主要包括人文精神、职业精神、公平竞争精神、挑战创新精神和团队精神。

（一）人文精神

人文精神是对人类生命的关爱，是对人权的尊重，是对人类自身价值的肯定，是一种普遍的人类自我关怀。体育的动机是为了改善人的身心，发掘人的潜力，强化人类的自身发展。不管是男女老少，都有权享受体育带来的裨益。但在很长一段时间，人们对于女性参与体育竞技运动存在歧视。1967 年的波士顿马拉松比赛场上，凯瑟琳·斯威策以女扮男装的身份参加比赛。在比赛的过程中，她的身份被赛事工作组人员发现，对她进行了驱逐（图 2-6）。最终她在男友和教练的保护下完成了比赛，用时 4 小时 20 分钟。但直到五年后，她才被官方认可。能够参加那一年的马拉松比赛，她也成为世界上第 1 位公认的正式参加马拉松比赛的女性运动员。自凯瑟琳·斯威策之后，越来越多的女性参加到马拉松赛事中，到 20 世纪 80 年代，女性马拉松迈入突飞猛进的时代（图 2-7）。运动员自主自愿参加比赛，挑战比赛中各种困难，赢得荣誉和尊严。她们在实现自身价值的同时，也在不断为同胞们争取权利、自由和尊重。

图 2-6　凯瑟琳·斯威策比赛中被驱逐（1967 年波士顿马拉松）

图 2-7　凯瑟琳·斯威策的影响

而在比赛过程中，运动员之间互相理解、尊重、友爱，亦是人文精神的体现。顾拜旦认为奥运会必须要每 4 年举行一次，其目的就是给全世界的青年们提供一次“愉快的、亲兄弟似的聚会机会”。《奥林匹克宪章》将奥林匹克精神定义为：“每一个人都应享有从事体育运动的可能性，而不受任何形式的歧视，并体现相互理解、友谊、团结和公平竞争的奥林匹克精神。”体育是世界上唯一一项能吸引几乎各个国家都参与的活动，在比赛的过程中，彼此交流沟通，消除误解与偏见，实现异质文化间的交流，也促进了民族之间的团结。

（二）职业精神

职业精神具有强烈的职业特征。职业精神对于运动员而言是指长期从事竞技体育的群体，利用专业技能获得合理报酬，反映所在职业的性质和特征的道德、观念及价值取向。执着奋斗是运动员职业精神的基础。一分耕耘一分收获，运动员取得的成绩和荣誉，是靠他们严格自律、不懈追求、奋勇拼搏换来的。如中国篮球运动员胡雪峰，从1999年到2016年，他一直效力于江苏男篮，是中国篮球的传奇后卫。他的整个篮球生涯也一直在和伤病作斗争。2001年胡雪峰被查出髌骨韧带完全撕裂，医学专家认为他“今后将再不能出现在球场上了”。2002年遭遇膝关节韧带撕裂，他收到了“可能提前结束职业生涯”的诊判。但胡雪峰凭借顽强意志重回球场，并迎来了自己的职业巅峰，成为CBA历史上第一个打出“四双”的球员。体育竞技的魅力在于运动员赛场上的顽强抗争精神，即使面对再强大的对手，也不会轻易放弃。2006年世界男篮锦标赛，中国在32进16的比赛中迎战欧洲劲旅斯洛文尼亚队。这场比赛打得异常焦灼，直到比赛还剩5秒钟，斯洛文尼亚队内线还打进一球，中国队落后2分。但中国队并没有放弃，王仕鹏带球一路狂奔，三分出手，哨响球进，上演了最后的绝杀。进取奉献是运动员职业精神的最高追求。从事竞技体育，不仅要奉献自己宝贵的青春年华，还要承受高负荷训练，饱受伤病的折磨。但出于对职业的热爱，运动员依旧不断挑战自我、超越自我。

运动员的职业精神，除了赛场上的能力表现，更重要的是他的态度。足球巨星C罗常年如一日地坚持科学健康的饮食、良好的生活习惯、勤勉的训练。他的身体肌肉占比达到50%，体脂率从未超过7%。正因如此，他在33岁的职业“高龄”还能踢出2.38米的倒钩高度。荷兰球星范德法特谈到C罗时说：“他非常职业，第一个抵达训练场然后最后一个离开，这就是为什么他拥有如此伟大的成就。”

（三）公平竞争精神

公平竞争是体育赛事能够顺利进行的前提，离开了公平竞争，体育比赛将陷入无序状态，人将无法在体育比赛中获得基本的尊重与权利，无法实现自我超越和身心和谐发展，更不用说维护友谊、促进世界和平与进步。运动员公平竞争精神是指，在体育赛事活动中，运动员个人或团体，以自觉遵守体育规则为前提，自由、民主、诚信、公正地进行体力、智力、技术等较量，获得相应的利益并承担相应的责任。

为保障公平竞争精神在体育竞技中落实，首先运动员要有规则意识。体育规则具有权威性，它能确保运动员站在同一起点上进行比赛，尽可能净化一切不轨行为，并对“非法”行为作出惩罚。其次运动员要有诚实守信意识。诚实守信是体育竞技参与者基本的道德伦理要求。但在利益的驱使下，有些运动员铤而走险，选择非正当手段提高成绩。最普遍的行为就是使用兴奋剂。兴奋剂摧残了运动员的身体，亵渎了体育精神，严重违背了公平竞争的竞技原则。为此，相关机构一旦发现运动员服用禁药，会毫不迟疑给予禁赛、取消参赛资格或名次等惩罚。

运动员公平竞争精神，还包括自由民主意识。体育不分国界，不同性别、年龄、民族、四肢健全或残疾的人都可以参与到体育竞技中来。运动员在规则规定范围内，可最大限度地发挥自主选择权。每个运动员都有追逐梦想的权利。2012年，71岁高龄的日本马术运动员法华津宽参加了伦敦奥运会。为了备战比赛，他甚至一年多没有和妻子团聚。远动员可以选择参加比赛，同时也拥有放弃比赛资格的权利。2019年国际泳联世锦赛中，为备战接力赛，徐嘉余退出200米仰泳赛。除了自由选择权之外，运动员在比赛中还拥有民主权。每位运动员都享有参与与退出、选择与被选择、解释与申辩等民主权利，而他们的比赛过程及评分也是在公开透明的环境中进行的。正因为如此，体育竞技比赛的整个过程也被视为民主程序的典范。

（四）挑战创新精神

对于运动员而言，参与体育运动的目的不仅是锻炼身体、愉悦身心，更是为了挑战人类的极限，开发人类的潜力，证明人类的能力。以男子100米赛跑为例。在20世纪50年代，医学界曾预言：10秒是人类的极限，是不可逾越的大关。而在1968年第19届墨西哥奥运会100米决赛中，美国选手吉姆·海因斯跑出了9.95秒的成绩，粉碎了曾经的预言。2012年伦敦奥运会上，牙买加选手博尔特跑出了9.63秒的成绩，刷新了人类在100米赛跑项目的世界纪录。“更高、更快、更强”，是运动员们终极的奋斗目标和追求。为了实现这个目标和追求，运动员不断在动作难度、高度、力度等方面创新。体操项目是我国传统的优势项目，我国的许多体操运动员都拥有以自己名字命名的体操动作，如“吊环李宁摆上”“李小鹏跳”“程菲跳”等。虽然有些动作如“和雪梅自由操空翻”“吴佳妮高低杠腾跃”“莫氏空翻”等因为难度系数过高，出于对运动员安全的考虑被禁止使用，却也证明了人类身体的无限可能性。

（五）团队精神

团队精神指的是某个团队成员为了实现某些特定目标，通过长期的磨合、调节矛盾，形成的共同的价值取向和行为风貌的总和。运动员的团队精神是指运动员在竞技训练中或比赛场上为了实现共同目标，与队友、教练员尊重彼此、协同合作、追求共同发展所体现出来的精神文化风貌。每个人都有自己独特的性格特征，运动员之间要彼此尊重个性差异，在训练的过程中了解队友性格及技术特点，选取优质的搭档，取长补短、优势互补，实现最大效益。共同的目标追求让运动员为团队荣誉而战，增强了运动员的士气和凝聚力。为了实现共同目标，队员之间相互鼓励、学习、合作，甚至会牺牲自己的个人利益，确保团队取得最佳成果。如果没有团队合作精神，即使将一流的运动员组合在一起，也未必能够取得优异成绩。2004 年雅典奥运会，美国男篮集结了阿伦·艾弗森、蒂姆·邓肯等一票巨星组成"梦六队"，被视为夺冠热门球队，但在半决赛中却输给了队员合作更强的阿根廷队。自此之后，美国国家男子篮球队开始重视团队精神建设。为了备战 2008 年奥运会甚至找到了约翰逊等前辈对国家队球员进行爱国教育，提高他们的归属感及团队凝聚力。甚至还打出了"不拿金牌，就是失败"的口号。自北京奥运会至今，美国国家男子篮球队已经实现了奥运会三冠王。除了与队友的合作，运动员与教练员之间的合作也是至关重要的。2018 年俄罗斯世界杯夺冠热门阿根廷队同样派出了豪华阵容，但队员与主教练桑保利在战术上出现了严重分歧，致使阿根廷队止步 16 强，提早出局。

团队精神是团体中所有成员理想信念、价值追求、道德品质的集中表现，如果缺乏团队精神，一个团队也就失去了向心力，成员就失去了归属感，致使目标难以完成。

二、中华体育精神

运动员身上也展示了不同的民族体育精神。中华体育精神是中国体育精神的精髓，是中华民族精神和体育精神借鉴融合的智慧结晶，中华体育精神随时代进步而不断完善。中华体育精神作为概念被提出，可以追溯到 1996 年第 26 届亚特兰大奥运会。在这届奥会上，中国取得了 16 金、22 银、12 铜的优异成绩。随后，时任《中国体育报》总编辑的张振亭邀请 6 名资深记者撰写了《祖国至上——论中华体育精神》等 6 篇文章，将中华体育精神概括为：祖国至上，敬业奉献，科学求实，遵纪守法，团结友爱，艰苦奋斗。同年12月，在全国体委系统领导干部论文报告会暨2010年体育改革与发展战略研讨会上，时任国家体委主任的伍绍祖作了与“中华体育精神”内容一致的总结发言：“第一，我们要继承和发扬祖国至上的精神。第二，我们要继承和发扬敬业奉献的精神。第三，我们要继承和发扬科学求实的精神。第四，我们要继承和发扬遵纪守法的精神。第五，我们要继承和发扬团结友爱的精神。第六，我们要继承和发扬艰苦奋斗的精神。”2000年，谢琼桓在他的文章《中华体育精神是全民族的精神财富》中将中华体育精神概括为“为国争光、无私奉献、科学求实、遵纪守法、团结友爱、顽强拼搏”。2007年时任体育总局局长刘鹏将中华体育精神升华为“为国争光、无私奉献、科学求实、遵纪守法、团结协作、顽强拼搏”。2013年习近平总书记在会见全国体育先进单位和先进个人代表讲话中引用了中华体育精神的内容，他强调“广大体育工作者在长期实践中总结出的以‘为国争光、无私奉献、科学求实、遵纪守法、团结协作、顽强拼搏’为主要内容的中华体育精神来之不易，弥足珍贵，要继承创新、发扬光大”。中华体育精神如同一座灯塔，为我国体育健儿们明确了奋斗方向。

（一）为国争光

爱国主义是中华民族的优良传统，运动健儿们本着“祖国培养”“祖国代表”的意识，让国歌在体育赛场奏响、国旗在赛场上空飘扬，成为了奥运健儿不懈追求的梦想。为国争光，也成了我国运动员奋勇拼搏的力量源泉。正是这份深厚的精神传统，运动员在赛场上会自觉地维护祖国的形象。2018年孙杨在雅加达亚运会上取得了200米自由泳冠军，在颁奖升国旗仪式中，升到一半的中国国旗突然掉落。等国歌结束后，孙杨径直走向现场负责人，坚定地反复强调希望主办方重新升一次国旗，最终主办方完成了他的要求。孙杨以自己的行动维护了国家荣誉。为国争光精神，肯定了运动员个人价值，将个人的荣誉与国家的荣誉相连，同呼吸，共命运，凝聚了人民共识，促进了人民团结。

（二）无私奉献

竞技体育的目的是最大限度挖掘和发挥人体力、智力、心理等各方面的潜力，追求运动技术的高峰、刷新成绩纪录。然而这并不是轻而易举就能实现的，运动员必须经过长年累月枯燥的训练才有可能有所收获。运动员为了取得优异成绩，为国争光，他们放弃了普通人的生活，小小年纪就离开父母，到体校或运动队接受专门训练。而长期的过度运动又让他们满身伤病。2018 年苏炳添在国际田联世界挑战赛马德里站男子 100 米短跑决赛，跑出了 9.91 秒的成绩，追平亚洲纪录的同时也刷新了黄种人的纪录。但由于速度太快，加上马德里高温天气，比赛结束后，苏炳添扶着栏杆不停地干呕。为了更好地准备比赛，运动员长期进行封闭式训练。有些运动员为了训练，也耽误了自己诸多的人生大事。许多运动员在退役之后，选择以教练的身份回归体育行业，为国家继续培养人才。他们将自己的一生无私奉献给了中国体育事业。

（三）科学求实

从本质上讲，竞技运动是对人生理和心理能力极限的探索，每进步一点点，都是极其艰难的，往往需要科学的辅助。从外形上看跳水服设计非常简单，实际上暗含着强大的科学技术。为了符合压水花需要，中国的跳水服专门设计了导流条排水。面料上还有一种 TPU 压迫性材料，是为了适应转体动作而专门设计的。20 世纪 60 年代中期，国家体委在借鉴学习解放军练兵用的郭兴福教学法及大松博文的“魔鬼训练法”的基础上，提出从难、从严、从实战出发、大运动训练的“三从一大”的科学训练原则。这一原则对于我国运动员 50 年来在竞技体育中取得优异成绩发挥了重要的指导作用。科学的训练方法能够更好更快地培养运动员，帮助运动员延长运动生涯，筛选优质运动员，制订合理的比赛方案。科学在体育中的应用，是对体育运动的理性思考和理论升华，而这些理论又会应用到具体的体育实践中，促进竞技体育的发展。

（四）遵纪守法

中国是一个讲究法治的国家，遵纪守法是社会主义公民的基本道德规范之一。而体育“告诉人们遵守规则，发挥人类最大的能力而又无损健康的肌体”。法令至行，公平无私，遵纪守法是体育保持生命力的基石。体育在各项运动、各类赛事中都有着详细的比赛规则、纪律要求，如体操、举重等项目对于运动员体重都有严格的要求，运动员在饮食上就不能随心所欲，为了符合赛事的标准，必须遵守教练等人员的训练计划。而且各项比赛都有各自的裁判制度，赛场上运动员只有尊重裁判的判罚，才能保证比赛顺利进行。而当出现误判或不公正判罚时，运动员同样可以依据法律法规提出申诉，维护自己的利益。运动员在运动竞技中履行遵纪守法精神，是个人思想水平和道德修养的表现，是对竞争对手的尊重，也是维护体育赛场纯洁、公平竞争的保障。

（五）团结协作

我国一向重视竞技体育的团结协作意识，“举国体制”“全国一盘棋”已经形成共识，指引我国竞技体育迅速发展。“夺标育人”是我国竞技体育人才培养的本质追求。“育人”是运动员培养的核心，是“夺标”的基础。运动员的成才离不开教练员和领队的精心培养，离不开队医、营养师的悉心照顾。运动员配合教练等人科学的训练计划、健康营养饮食、积极的康复训练，在技术能力上不断进步。运动员也离不开队友的配合与支持。在柔道等项目中，为了更好地进行实战训练，队员们之间过招，给彼此做陪练。而在赛场上，默契合作也是取得优异成绩的重要保障。

（六）顽强拼搏

“体育是对紧张的肌肉训练的自愿并习惯的崇拜，训练的目的是获得进步和从事冒险的能力。这里有五个概念：主动、坚持、紧张、追求完善、藐视可能发生的危险”。顽强拼搏精神是对这五个概念的浓缩提炼。竞技场上运动员顽强拼搏不是有勇无谋地蛮干，也不是有谋无勇地退缩，而是行为勇敢，意志坚强。悉尼奥运会上，占旭刚在排名第四的不利情况下，奇迹般地挺起了207.5公斤这个自己从来没有举起过的重量，实现“大逆转”，蝉联举重77公斤级项目的奥运冠军。顽强拼搏精神源于中国女排的崛起，是指百折不挠、永不言弃的意志。2019年世界女排联赛香港站决赛，中国队在开局0:2落后的情况下，一口气连赢三局，以3:2终结了此前面对意大利六连败的尴尬纪录，再次续写了传奇，阐释了顽强拼搏精神。

第三节 运动员的偶像文化

古今中外，人类历史文明进程的每个时期都伴随着偶像及偶像崇拜。从缘起上看，偶像及偶像崇拜的产生，源自人类的自我关照。这种关照既与人类的自我认同、情感诉求有关，也与人类的从众心理有关。偶像是被人类塑造出来的，他的形象并非一成不变，而是因时代和人类诉求、信仰、思想观念的不同而改变。人类崇拜偶像，而崇拜又会带来一系列的影响。

一、偶像及偶像崇拜的源起与相关概念

无论对个人还是社会而言，在他的成长过程中，偶像并非是可有可无的存在，而是必要存在。恰如李力研所说："没有明星的足球犹如没有领袖的乌合之众，犹如没有月亮的漆黑之夜。"

（一）偶像及偶像崇拜的源起

1. 自我认同

自我是指个体对自身生理状况（身高、体重、五官轮廓等）和心理状态（爱好、性格、理想等）的个人认知意识。作为人格形成和发展的重要条件，如果个体没有自我意识，就很难获得发展，认识世界。在心理学家罗杰斯看来，自我分为"现实自我"和"理想自我"两个层次。"现实自我"是指个体已存在的感知、对自己意识流的意识。"理想自我"代表个体最希望成为的自我概念、理想概念，即个体的自我期许或他人对我们的期望的那个个体，理想自我决定着一个人的个性和行为。个体只有在两个自我和谐的情况下，才能健康成长。认同一词同样有两层含义，第一层是同一性，即 A 和 B 的相同或同一；第二层是独特性，是指在时间跨度中的一致性和连贯性。由此可见，自我和谐即自我认同。个体在实现现实自我到理想自我和谐发展过程中，往往会经受很多考验。"人类在自我认同出现障碍时，往往希望借助于外力或者是外物的支撑来帮助实现自我认同"，偶像及偶像崇拜就产生了。

2. 情感诉求

情感诉求是偶像及偶像崇拜产生的另一个重要原因。"对偶像的渴求（可能）是从我们最隐蔽的本能本性中涌现出来的一种激情，一种不为任何外在影响所动的情欲，它或许比人类个体的爱更深沉和强烈"。这种激情和情欲源于人类对自然的敬畏。原始社会时期，面对自然灾害人类几乎束手无策，甚至不如一株植物。植物经历狂风暴雨之后依然完好无损，甚至愈发葱郁。人类并不知道这与植物生长本性有关，总觉得植物拥有一种与自然抗争的神奇力量，于是就将植物作为崇拜对象。原始部落的图腾和大量的民俗记载印证了人类的植物崇拜情结。人类把植物作为自己的崇拜物（偶像），当面对自然灾害时，人们会到它生长的

地方祈祷或寻求庇护，消除心中的恐惧、疑虑；当五谷丰登的时候，人们又会举行社稷活动，与神灵（崇拜物）分享丰收的喜悦，祈祷神灵（崇拜物）庇佑，明年继续有好的收成。

蒙昧时代，人类会向偶像寻求情感诉求，现代社会，情感诉求依然是人类偶像崇拜的重要原因。社会高速发展加速了社会流行也加剧了人类的不安定性，尤其是在情感方面，人们很难在现实中找到自己的理想型。但公众人物光鲜外表、健康向上、功成名就等特质，恰恰满足了他们的内心幻想，成为他们的情感寄托。他们往往会对这些公众人物进行持续关注，羡慕、敬佩、依赖等心理促使他们想要成为这些人物或者将其“据为己有”。随着情感的加深，这些公众人物就成了偶像，而持续关注他们的人被称为粉丝（fans）。粉丝亲切地称偶像为“老公”“弟弟”“女儿”等，俨然他们就是一家人。粉丝会自发挖掘偶像的资料，帮偶像公关宣传。因为付出了金钱或时间，偶像成功似乎也离不开粉丝的支持。偶像在公众场合也会发自肺腑地感谢粉丝的支持，仿佛是粉丝缔造了一个功成名就的人物，他们也将会成为如同崇拜者一般的人物。无论是在竞技赛场上，还是影视剧中，这些公众人物用躯体感动着观众的躯体，为观众创设了宣泄、释放情感的契机。

3. 从众心理

偶像及偶像崇拜的产生也与人类从众心理特征有关。从众心理是指个体在群体的影响或者压力下，无意识地顺从群体选择，或者有意识放弃、违背自己的意愿，与群体保持言行一致的现象。个体生活在群体中，必然会经受群体压力。群体压力包括规范压力和信息压力。群体之中有约定俗成的一致性行为或规则，作为个体只有随大溜，否则就会被视为异类，这就是规范压力，我们所说的入乡随俗就是如此。而信息压力是指当个体融入群体或社会时，发现自己对一些信息根本不知道或者了解太少，从而产生压力焦虑，自觉或迫使自己接受信息输送者给予的信息，成为群体中的一员。出于随大溜和不甘落后的心理，粉丝往往会把崇拜公认的偶像作为一种时尚，并以此获得群体认同感和归属感，因此就有了“粉丝团”。

（二）相关概念界定

偶像一词总是与明星一词紧密相连。明星在古代一是指太阳系八大行星之一的金星，二是指交际场中有名的女子。在现代明星是指在某个行业领域具有出色表现和影响力的人物，泛指演员、歌手、运动员等。偶像在《现代汉语词典》中的解释是：用木头、泥土等雕塑的供迷信的人崇拜的人像，比喻盲目崇拜的对象。这个解释带有片面性，百度百科给出了更为全面的解释。百度百科将偶像解释为为人所模仿的对象。偶像可以分为三类，一类是自然物，如太阳、月亮；一类是人造物，如明星；另外一类是思想物，如神仙。偶像在现代词语中的意思是指被追捧的艺术家、作家、娱乐圈艺人等在某些方面有一技之长的人。含义是仰慕的对象。偶像是被追求、被崇拜的对象。

对比两个词语的含义，明星和偶像在现代汉语中是同义词。我们浏览信息时，那些具有高超运动技能、在竞技体育领域获得优异成绩、具有一定影响力的运动员、教练员等就被称为体育明星或体育偶像。在本文中，体育偶像（明星）特指那些偶像（明星）型运动员。是偶像就有一定的崇拜者，这些崇拜者有一个统一的名称——粉丝，又俗称为追星族。粉丝一词根据英语单词 fans 音译而来，意思为“迷，狂热者，狂热仰慕者”。随着粉丝文化的发展，粉丝根据追星程度和目的不同，又分为铁粉、死忠粉、脑残粉、亲妈粉、后妈粉、黑粉、伪粉等诸多类型。而粉丝仰慕偶像，在追星的过程中，对偶像产生的羡慕、欣赏、信任、依赖等情感表达及其相应行为，被称为偶像崇拜。所谓体育偶像崇拜是指特定个体或群体，对具有高超运动技艺、在竞技体育领域取得优异成绩、拥有一定影响力的运动员、教练员产生的欣赏、钦佩、赞美、羡慕、信任、敬佩、尊重等情感表达及其相应的行为。人类因某种心理或精神诉求而崇拜偶像，又在崇拜偶像的过程中进行诸如献祭、吟诵、塑像、制作海报等一系列行为活动，就形成了偶像文化。

不管是原始社会以动植物、雕塑、虚拟人物为崇拜对象的偶像，还是如今以公众人物为崇拜对象的偶像，偶像都不是天生的，而是人造的。

二、运动员偶像形象的塑造

竞技体育的诞生与偶像崇拜紧密相关。据记载，约公元前 776 年，古希腊神话中的大力神赫拉克勒斯为祭祀宙斯，在位于伯罗奔尼撒半岛的奥林匹克举行了一场盛大的竞技运动会，这就是古代奥林匹克的诞生。而“奥林匹克竞技会的获胜者既被当作王又被当作神；人们在城市公共会堂为获奖者举行盛宴，给他戴上用橄榄枝做成的花冠——就像宙斯本人的花冠，还向他抛撒树叶，就像人们对待树的精灵或绿叶中的人一样。最后，他回到自己所在的城市，人们给他穿上紫色王袍，并让他坐着白马马车穿过墙壁的缺口。在他们死后，人们通常把他当作英雄崇拜”。由此可见，古代奥林匹克的诞生与人类原始崇拜密不可分。人类为了祭祀神灵举行运动竞技会，而竞技场上的胜出者，拥有最强壮的身体，被视为如同宙斯一般。因为竞技运动，英雄获得了与神灵同样至尊至诚的崇拜，成为人们心中的偶像。古希腊的体育偶像，带有浓厚的神化色彩。今天我们再看古希腊雕塑时，会发现古希腊的神和古希腊的运动员们同样是裸体的，他们身段匀称，肌肉饱满、健美，甚至连美神维纳斯的雕塑都具备这些特点（图 2-8、图 2-9）。

图 2-8　断臂的维纳斯（古希腊 · 阿历山德罗斯创作，现藏于卢浮宫博物馆）

图 2-9　掷铁饼者（古希腊 · 米隆创作，复制品现藏于罗马国立博物馆等地）

到了古罗马时期，随着竞技运动从群众性走向职业性，体育成为观赏娱乐性活动。竞技明星不可避免被打造出来。据记载，当时一名叫司寇普斯的赛车运动员，虽然仅活了27岁，但获得过2048次胜利，被视为弗拉维王朝最成功的运动员。在他短暂的一生中，凭借赛车比赛，为他赢得了无数表彰、金钱和礼物。这些体育明星为他们的关注者插上了幻想的翅膀，他们的事迹被用铭文、颂歌、纪念雕塑等形式流传下来。到古罗马时期，人们已经在崇拜体育偶像时将神和人分离开来，他们崇拜的是实实在在的竞技运动员。

中国近代体育伴随着西方列强对中国的侵略而兴起。西方极端的民族主义和优越感，将中国视为“黄祸”“东亚病夫”。民族危机感、“强国保种”的期望使人们重新认识到体育的价值，开始发展体育事业。但因时代背景的原因，这一时期各阶层精英人士的命运都与国家命运紧密交织，如“亚洲球王”李惠堂。1936年他带领中国球队征战柏林奥运会，在赛前淘汰赛中，中国队迎战足球大国英国队。上半场比赛进行到10分钟时，李惠堂凌空一脚将球踢进了球门，但被裁判判为越位。不公平的待遇让中国队员士气大挫，最终以0:2负于英国队，无缘参加柏林奥运会。没有强大的国家作为后盾，即使在以公平竞争为精神的奥林匹克竞技场上也会遭遇不公平对待。而李惠堂更是一个爱国主义者。欧洲各国曾多次向他伸出橄榄枝，他都一一拒绝，并说：“我要保持业余球员的身份，继续为中国队和香港队效力。”1941年香港沦陷时，他拒绝了为日寇踢球。汪伪政府以高官厚禄聘请他，他也不为所动。李惠堂是一名足球运动员，他更是一名爱国英雄。

这种英雄式塑造运动员形象的手法，一直延续到新中国成立后。1960年中国登山队成功登上珠穆朗玛峰顶峰，《体育报》刊载了三篇关于登山队员的文章——《登上世界最高峰的英雄——王富洲》《昔日的奴隶 今天的英雄——记藏族登山队员贡布》《舍己为人的登山英雄刘连满》。虽然三名登山队员的人生经历不同，但文章都采用了今昔对比方式，描写新中国成立前，他们生活疾苦，新中国成立后，在党的关爱下摆脱疾苦，过上了新生活。三篇文章的结尾都不约而同地表达了对党和国家的热爱、感激之情。这一时期体育健儿的形象被塑造成党和国家的好儿女，他们将体育视为革命，自己如同冲锋陷阵的革命战士，他们甘愿为集体牺牲个人利益，个人的命运就是国家的命运，他们是革命式体育英雄，是人民群众学习的榜样。

明星一词正式出现在中国体育媒体是1979年。1979年12月28日，《体育报》刊登了《愿体坛明星滚滚来 为祖国争光 为民族争气》的文章，并对“明星”一词做了解释：“英文以‘star’称文学艺术和体育界成就卓著和技艺出众的人。”当天的社论也刊登了《明星赞》一文，认为明星一词本身没有阶级性，无产阶级也可以有自己的明星。并认为“中国体育走向世界，为国争光，归根结底，要靠人才，要出明星”。而关于塑造运动员偶像、标榜个性形象的媒介报道，是进入新世纪之后才出现的。

中国迈入 21 世纪后，在诸多方面为运动员偶像化创造了条件。首先是改革开放。改革开放推动了中国经济的发展，使中国迈入了商业社会、消费社会。改革开放也解放了国人的思想，人们追求个性解放、新颖、标新立异的事物。其次是网络时代的到来和大众传媒井喷式发展，让信息全球化、普及化，真正实现了秀才不出门便知天下事。再者是中国体育事业的高速发展，2008 年的北京奥运会，引发了全民关注体育的热潮。而迈入千禧年之后，中国更是诞生了一批具有世界级影响力的运动员。如第一位获得奥运会 110 米跨栏冠军并创造 110 米跨栏世界纪录的“亚洲飞人”刘翔；第一位以状元秀身份入选美国职业篮球联赛（National Basketball Association，NBA，后文都用简称 NBA 代指）并入选奈·史密斯篮球名人纪念堂的姚明；亚洲首位两项大满贯单打冠军得主并入选国际网球名人堂的李娜等。媒体在报道他们时，除了优异的成绩，也塑造了他们独特的人格魅力，如刘翔的桀骜不驯、姚明的沉稳幽默、李娜的率真爽朗。

2016 年里约奥运会关于傅园慧和宁泽涛的报道，预示着运动员偶像形象的塑造正在走向多元化。“洪荒少女”傅园慧因表情包迅速走红网络，“国民老公”宁泽涛虽然在里约奥运会没有取得好成绩，但凭借帅气的形象赢得了一大批粉丝接机及众多媒体的关注。对于运动员偶像，人们似乎摆脱了“唯金牌论”，媒体报道，除了关注他们的成绩之外，更关注他们有趣的个性和良好的外貌。并且随着体育与娱乐的融合发展，越来越多的明星参加综艺节目，综艺节目又挖掘了运动员偶像鲜为人知的另一面形象。如张继科，赛场上他是霸气十足、打法狠辣的王者，综艺节目中他是一个说话慢条斯理、安静随和的大男孩。另外，运动员本身具有一定的主观能动性，伴随着微博、抖音等自媒体平台的兴起，运动员偶像也通过发微博、录视频、做直播，让大家更全方位地了解他们。

运动员偶像伴随着竞技体育的诞生而诞生，从最开始的原始崇拜发展为对真实运动员的崇拜。现代媒体介入体育，拉近了运动员与受众的距离。运动员的形象也从最初拟神化、脸谱化、功能化发展为今天的个性化、多元化。

三、运动员偶像文化的影响

偶像作为被崇拜者，他们是粉丝心中的榜样，影响着粉丝的人生观、价值观。而运动员职业的特殊性，让体育偶像不仅具有本体意义，更具有象征意义。他们是一个项目、一支球队的代表，也是一个国家、民族的象征。运动员偶像文化所生发的影响，除了影响自身和粉丝之外，还对体育事业发展、国家形象传播等方面具有重要意义。

（一）运动员自身发展

在我国，运动员一旦成为偶像，国家和社会、媒体都会为他们提供较为广阔的发展平台和丰厚的经济回报。2016 年里约奥运会国家给予每位冠军 20 万元人民币奖励，而奥运获奖运动员所在的省市地方政府也会给予相应的奖金及房产等。运动员偶像也成为各大品牌的青睐者，纷纷邀请他们做广告代言人。自 2016 年后，我国的体育综艺节目层出不穷，许多运动员都被邀请参加综艺，特别是自带粉丝量的运动员偶像，更是各大综艺的宠儿。即使已经退役的李小鹏、郭晶晶等人，也因为综艺节目重新出现在大众视野，并且迅速收获大量粉丝。运动员参加综艺节目，不仅增加了经济收入，扩大了影响力，也为运动员退役后的再就业开拓了一条出路。

运动员成为偶像之后，对自身发展有积极影响，同时也有消极影响。首先，是媒体对其过度消费。商业利益驱使下，媒体除了关注运动员赛场上的表现，更是深挖运动员爱情、婚姻、家庭，满足消费者的窥探欲。但对运动员及其家人来说却带来了很多不便和伤害。其次，正如足球名将德尔·皮耶罗所说："一个人也好，一支球队也好，不可能年年成功。"即使是取得过优异成绩的偶像型运动员也会面临比赛失利的情况。但体育偶像毕竟是靠实力和成绩赢得关注，如果他们连自己的本职工作都做不好，就会面临媒体和大众的诟病。傅园慧在 2016 年获得里约奥运会季军，实现了中国在奥运会上仰泳奖牌"零"的突破。赛后采访时，傅园慧夸张的表情、幽默风趣的回答，让她在两天内增加了 300 多万微博粉丝。但自里约奥运会之后，傅园慧并没有再取得傲人成绩。2019 年光州游泳世锦赛上，傅园慧 50 米仰泳排名第 9 无缘决赛，被质疑上综艺节目太多影响了训练。傅园慧无奈回应：努力了，可能是我不适合游泳。其实在 2018 年短池游泳世锦赛上，傅园慧就被拍到双臂有明显的血痕，赛后采访时她回答说这是为了激励自己能够取得好成绩的惯用方式。一时的失利就被无情地猜忌指责，过度的关注让运动员承受了巨大的压力，影响了运动员的身心健康。最后，运动员是粉丝心中的偶像，但他们也是普通人，有欲望追求，也会犯错误。在一篇纪念北京奥运会十周年的文章《北京奥运会冠军的十年，我们统统都猜错》中揭露多名运动员被查出兴奋剂违规，取消了北京奥运成绩，金牌被收回，也因此断送了自己的职业生涯。

（二）文化教育

偶像崇拜常被视为一种特殊的社会心理现象，是亚文化的一种，普遍存在于青少年之中。运动员偶像的正面形象塑造，对青少年的成长教育有着积极影响。体育偶像在赛场上不畏强敌、顽强拼搏的体育精神点燃了青少年对生活及学习的热情，激励他们克服学习生活中遇到的困难。同时，体育偶像公平竞争、遵守秩序、遵守赛事规则、尊重对手、热爱祖国等良好的道德行为也引导着青少年养成良好的行为习惯。而体育偶像热衷于公益事业，如姚明在汶川地震后第一时间捐款，并创立姚基金，聚焦乡村地区青少年健康成长事业。体育偶像的行为也加强了青少年的社会责任感。体育偶像也影响着他们的职业梦想。网坛常青树纳芙拉蒂洛娃在她还是一名小学生时，迷恋上了澳大利亚网球明星罗拉沃尔，并被他独特的打球方法所吸引。纳芙拉蒂洛娃说："这个人就是我要去效仿的，以前和现在还没有一个女子能像他这样打球，而我要试一试。"怀着对偶像的崇拜，纳芙拉蒂洛娃成为了一名网球运动员，并缔造了自己的传奇。

另外，在消费社会中，体育迷热衷于以消费自己崇拜的体育偶像们消费的商品和生活方式来向偶像致敬，通过效仿的方式拉近与偶像的距离。而大众传媒为了赢得更高的关注度，除了塑造运动员正面形象之外，也会大肆挖掘他们的花边新闻，有时甚至"丑化"运动员形象等，对青少年体育迷产生了拜金、虚荣、低俗等消极影响。此外，竞技体育运动以身体对抗为手段，以竞争超越为目的，体育中包含的暴力因素在漫长的演进中并没有彻底消失，竞赛场上的暴力冲突也给青少年解决问题的方式带来消极影响。

（三）体育事业发展

在体育事业发展方面，体育偶像带来的影响，首先，体育项目的普及与发展。容国团的胜利曾经让中国少年人手一拍，让乒乓球发展成"国球"；李娜获得冠军之后，网球这项在中国算得上是冷门的项目也发展成为了一门大众娱乐休闲健身项目。其次，体育偶像也是一个项目、一支球队的代表。正如世界足坛流传十几年的一句话"有了马拉多纳的阿根廷队就是世界冠军，没有马拉多纳的阿根廷队什么都不是"。没有了体育偶像的球队就失去了观赏性，赛事的上座率和收视率都会大幅度降低。最后，从某种程度上讲，体育赛事本身就是一场真人秀，而体育偶像是吸引受众的重要资源。2017 年国家乒乓球队与腾讯体育联合推出了“地表 12 强”世乒赛国乒直通赛。比赛集结了张继科、马龙、丁宁、刘诗雯等国乒男女队各 12 名最好的球员，而总教练刘国梁更是与昔日巨星张怡宁、王励勤等组建了 12 人的超豪华解说阵容助兴。数据统计显示，比赛期间，在线观看量超过 6000 万，在社交媒体上，“地表最强 12 人”话题量达到 6.7 亿，赛事总覆盖率达到 7.7 亿。现场门票更是在 72 秒内售空。体育偶像也推动全民健身事业的发展。越来越多的人们投身到健身中来，通过体育锻炼增强免疫力，预防疾病。而全民健身事业的发展，也带动了国内体育装备制造业、体育培训业、体育用品业、体育科技的发展。

体育偶像对体育事业发展也有消极影响。体育偶像的不良行为，会使其所专职的项目受挫。始于 2009 年的中国足球腐败案，就有多名效力于国家足球队的球员被抓并判刑。他们的行为让球迷大呼伤心，致使中国足球出现了一段低迷时期。

（四）国家形象

美国前总统克林顿曾这样评价姚明：姚明就是一个符号，对于中国国内来说，他展现出一种民族骄傲，对于国外人来说，他展现出民族自强。体育偶像是一个国家综合实力的象征。现代体育竞技比赛不仅是比拼运动员的天赋，更是一场科技比拼。体育成绩与国家的经济水平、政治稳定、科技发展等紧密相关。体育偶像象征着国家体育的新形象。体育赛事是各国形象展示的舞台，成为世界各国认识、了解、消除误解的渠道。体育形象在很大程度上影响着国家形象的认知。近年来，随着中国体育事业的飞速发展，中国不断在国际赛事中占据奖牌榜前列，更是实现了许多“零”的突破。而李娜、丁俊晖、柯洁等非体制内运动员在国际比赛上取得的成绩，向世界展示了多元并包的中国体育新形象。体育偶像的品质也传递着一个国家的民族品格。如姚明，2002 年火箭前队员巴克利在节目中放言：“姚明就是个菜鸟，只要他单场得到 19 分以上，我就当众亲驴屁股！”这种不屑和侮辱的言论，引起了极大轰动。但姚明得知之后幽默地回答说：“那我就天天都拿 18 分吧！”事后不久，姚明就通过努力训练拿到了单场 20+的分数。当面对记者挑衅询问他为何中国十几亿人里，找不出 5 个能打好篮球的人的时候，他微笑着回答：“美国 3 亿人，怎么找不出一个打乒乓球好的运动员？”在姚明身上，展示出中华民族不卑不亢、自立自强、善良包容的民族品格。

当然，体育偶像不端的行为，也会损害国家的形象。如 2019 年光州游泳世锦赛中，澳大利亚女运动员沙·杰克药检呈阳性，被澳大利亚媒体称为“绝对的灾难”。

第四节　运动员的团队文化

团体赛是体育竞技赛场上基本的比赛形式之一，参加团体赛的运动员在比赛过程中离不开与团队成员的配合。事实上，参加个体赛的运动员，比赛场上同样离不开团队的支持。长跑奥运冠军王军霞就曾说：“我一定要记住团队，记住他们……把这一切化为力量和动力，向着目标努力。如果我成功了，托起我的，是无数有名的和无名的巨人的臂膀！”运动员的成长、成才与成名，离不开团队的培养。团队文化是一个团队的灵魂，为团队提供了物质基础、制度保障、行为规范和精神指引。团队文化在发展过程中不断完善建设，在建设过程中需要遵循相应的原则。运动员团队文化承担着运动队的培育人才等功能。

一、运动员团队文化的相关概念

团队是一个管理学术语，不同的学者对其有不同的定义。美国著名管理学教授斯蒂芬·P·罗宾斯将团队定义为：团队是一种为了实现某一目标而相互协作的个体所组成的正式群体，并以是否存在团队成员之间积极的协同配合为标准将工作群体和工作团体区分开来。我国学者王瑞东则认为，真正意义上的团队是指同时具备核心领导、阳光下的共同利益和目标追求、以荣誉感为核心的文化、牢固的情感纽带、共同的失败及成功历练和竞争对手六个要素的组织。综合而言，团队是指个体因为工作或生活娱乐等需要聚集在一起，为了完成共同的目标，实现共同的利益，制定相关规则制度，成员之间互帮互助，协同共进，在长期合作中建立起归属感等情感的特殊群体。体育团队从广义上讲是指个体为了参加体育活动或体育比赛而组成的群体，包括专业运动队和俱乐部、业余运动团队和俱乐部等。狭义上的体育团队是指以提高国家或地区的竞技体育水平，培养竞技体育人才，在竞技体育比赛中获得优异成绩为目标，长期从事专业训练和比赛的群体，特指专业运动队和俱乐部。专业运动队和俱乐部培养的是职业运动员，是体育团队的高级阶段，也是体育团队的典型代表。本节所涉及运动员的团队是指狭义上的体育团队。

一个健全的团队应该具备如下条件：一是具备一定的规模；二是团队成员关

系良好；三是适合的领导者和管理者；四是目标明确；五是完善的团队文化。团队文化是一个团队的灵魂。团队文化是一个团队在发展过程中，成员之间通过磨合、磋商形成的工作方式、思维习惯、行为规范、价值观念等物质文化和精神文化的总和。本文所涉及的运动员的团队文化是指专业运动队或俱乐部在培养职业运动员的过程中，建设的训练场地、设计的队服、队徽、队歌等物质文化，以及团队成员共同的价值信仰、精神风貌、道德准则等精神文化的总和。团队文化是一个团队的重要资本，对整个团队建设提升、成员的兴趣爱好都有导向性、渗透性的影响。

二、运动员的团队文化建设

团队文化并非一成不变，随着团队的发展，团队文化也在不断完善。好的团队文化有利于团队内部建立和谐的人际关系，营造良好的工作氛围，增强归属感，提高凝聚力和士气，促使团队成员为共同的利益和目标持续奋斗。文化是在长期的积淀中形成的，良好的团队文化需要持续的建设。

(一) 团队文化建设的内容

团队文化推动着团队的创新和发展，是一个团队综合实力的重要体现。根据文化及团队文化的定义，团队文化分为物质文化、行为文化、制度文化、精神文化四个层次，团队文化建设也是紧紧围绕这四个层次展开的。

1. 物质文化

物质文化是团队文化的有形载体。专业运动队一般具备训练场地、比赛场地、体能康复训练设备、美化设施及其他活动场地等硬件设施。训练场地是运动员主要的活动场地，训练场地器材设备的优劣直接关系到运动员训练质量的好坏。体能康复训练设备对运动员的生活、营养、身体恢复进行科学指导，有助于预防或治疗运动员在训练、比赛中造成的伤病。比赛场地的设施、主色调、灯光等都会影响运动员比赛场上的发挥及观众观看比赛的情绪。圣安东尼奥马刺队之前没有自己的主场馆，一直借用主要为足球比赛设计的阿拉莫穹顶体育馆打比赛，其糟糕的视线和巨穴式的感觉让马刺队成员和球迷都不太满意。1999 年马刺队拿到 NBA 总冠军后，通过政府公投为马刺队修建了 AT&T 中心球馆。AT&T 中心球馆采用了多项高科技技术，为球队比赛创造了良好环境，更为球队减少了近80%的维护费。场馆细心地为球迷提供了最便利的设施，包括丰盛的美食和专门为残疾人提供的设备。球迷表示在这里看球，感觉“看马刺比赛每晚都是种享受”。

为了营造良好的团队氛围，发扬团队的精神文化，促进团队的可持续发展，团队同样需要重视软实力的文化建设。建设图书室，帮助运动员提升知识文化水平；建立档案室和荣誉奖品陈列室，增强团队的荣誉感。在网络信息时代，建立体育团队网站同样是非常重要的，体育团队网站可以帮助团队提高知名度、扩大影响力。而队名、队徽、队歌、队服更是浓缩了一支体育运动队的历史文化和精神。中国男子篮球职业联赛（简称CBA）自1995年成立，共有20支球队。由于出售冠名权是CBA球队一项主要收入来源，导致球队频繁更换名称，仅2018年联赛开打之前，就有8支球队更换了名称。卖冠名权虽然获得了经济收入，却严重挫伤了CBA球队文化产业。2019年姚明代表CBA公司发布了“CBA 2.0品牌升级计划”，并承诺在2021赛季开始前完成所有球队的队徽升级。到目前为止已经有9支球队确定了名称和队徽（图2-10）。队徽设计结合了球队所在省市的本土文化和球队原先已有的文化，具有鲜明的个性。为了推广CBA全新的队徽设计，CBA与Sneaker Con球鞋嘉年华合作，生产系列周边产品，将CBA从体育圈推广到潮流圈和时尚圈，扩大知名度和影响力，丰富了球队文化。据调查统计，CBA这次改革建设赢得了大众的认同和满意。

图2-10　“CBA 2.0品牌升级计划”推出的北京紫金勇士队等9支队伍的全新队名及队徽

体育团队的物质文化建设满足了队员日常训练、比赛、身体恢复等需要，也通过队徽、队歌等展示了一个体育团队的历史文化和精神文化，为团队文化建设提供了基础保障。

2. 行为文化

体育团队的行为文化包括运动员行为文化、教练员行为文化和团队整体行为文化。

作为团队的主要成员和团队文化建设的重要参与者，运动员的行为表现是团队文化最直接的展现。运动员的行为主要包括个人行为与团队人际关系行为。运动员的个人行为既体现了个人的道德修养，也代表了团队整体的精神面貌。而队友之间良好的人际关系，更是为队员之间协同发展创造了有利条件。特别是对于明星队员，他们是赛场上主要得分手，也是关注的焦点，在团队中具有核心和领导作用。一名优秀的明星队员，不能仅关注自己的场上表现如何，还要积极地帮助队友提高技能，提升团队战斗力和组织威力。勒布朗·詹姆斯作为克利夫兰骑士队的明星球员，连续四年带领球队闯进 NBA 总决赛。尤其是在 2017—2018 赛季，在骑士人员动荡、挫折不断的情况下，带领骑士队一路闯到最后，最终获得该赛季总决赛亚军。

教练员是团队的组织者和管理者，是训练过程中直接的领导者。每个人都有独特的个性，教练员会因材施教，以不同的训练方式培养运动员。会根据各个运动员自身优势安排他们在球队中的位置，发挥最大的作用。这是教练员责任心、事业心、敬业精神的体现。教练员通过对运动员关心爱护，赢得彼此信任，有利于运动员积极主动参加训练，营造良好的团队氛围。教练员的一言一行会潜移默化地影响运动员的行为举止。国家排球队队员张蓉芳就曾说：“袁伟民教练的威慑力，对整个队伍的凝聚力，对队员的感情投入，对我来讲影响非常大。”

良好的团队文化氛围是由团队成员共同营造的，体育团队也不例外。一支完善的体育团队，成员除了运动员、教练员之外，还包括管理人员、后勤保障人员和科研人员等。他们的行为在团队文化及团队文化健康发展中具有不容小觑的作用。管理者的领导风格、个人素养、兴趣志向直接影响体育团队的未来发展。而后勤保障人员和科研人员的优劣也会影响人才的流动。篮球明星沙奎尔·奥尼尔在他的自传中讲到自己当初在热火队受伤后因为庸医的治疗，让他觉得自己的职业生涯即将断送，最终他选择转会太阳队。

3. 制度文化

制度文化是团队为了团队管理和发展，适应社会的需要，要求成员共同遵守的、按一定程序办事的规范体系。制度文化是物质文化、精神文化的中介。物质文化是制度文化的前提，制度文化是精神文化的基础和载体，而行为文化是制度文化实施效果的表现。竞技体育是一项非常重视规则意识的活动，不仅每个项目具有详细的运动规则，而且针对赛事、运动员、裁判员、观众、场地设施维护都有相应的规章制度。而一个有组织有纪律的团队离不开团队文化的维护。体育团队的规章制度是在体育团队的建设过程中制定出来的，主要包括组织人员管理制度、场馆管理制度、运动训练和竞技管理制度、生活管理制度等。体育团队的规章制度为团队选拔人才、队员之间公平竞争、团队物质文化建设提供了保障。一个团队不在于制度的多少，而在于制度是否合理，对成员产生什么样的影响。对于运动员来说，体育团队要不断完善公平公正的竞争制度和奖惩制度，这样有助于调动运动员的积极性，提升运动员能力，选拔人才，促进团队运动员新老更替，持续发展。

4. 精神文化

团队精神文化是团队在一定的社会环境、制度规范、意识形态下经过长期实践形成的精神成果和文化理念。体育团队的精神文化主要包括团队目标、团队精神等。

团队目标是团队成员共同发展奋斗的方向，明确的目标能够调动成员的积极性。团队目标可分为团队共同目标和个人目标。体育团队的共同目标就是培养优秀的运动员，展示中国新形象，为祖国争光。个人目标又因团队成员职责的差异而各有不同。运动员的个人目标通过训练不断提高技术能力、心理承受力，实现自己的理想，维护团队荣誉。团队共同目标和成员个人目标并不冲突，团队目标是个人目标的最高追求，而个人目标是团队目标实现的基础。

正如一个国家一个民族的强大离不开凝聚人民的精神文化一样，一个团队的强大也离不开精神文化的凝聚。强大的团队精神能够促使成员在思想情感上相互理解、相互信任；在行动上相互协作、相互支持。团队精神是体育精神的基本内容之一，但对于不同的运动队又有属于自己团队的体育精神。中国国家乒乓球队的精神是“胸怀祖国、放眼世界、为国争光的精神；不屈不挠、勤学苦练、不断钻研、不断创新的精神；同心同德、团结战斗的集体主义精神；胜不骄、败不馁的革命乐观主义和革命英雄主义精神”。而中国国家女子排球队的精神是“无私奉献精神；团结协作精神；艰苦创业精神；自强不息精神”。不同体育团队的团队体育精神体现了不同团队成员的价值观、理想信仰追求。体育团队精神文化建设不仅要有明确的目标，更要与时俱进，不断丰富团队精神文化。

（二）团队文化建设的原则

体育团队文化建设是一个长期而持续的过程，建设中应遵循民主性、针对性、开放性、生成性原则。

1. 民主性原则

民主性原则是体育团队文化建设最基本的原则。团队本身是一个群体，在体育团队文化建设的过程中，通过采取有效的形式发挥成员的主动性，成员建言献策，发扬民主，倾听成员的意见和建议，有助于创造关系融洽的工作环境，发挥成员的作用，挖掘他们的潜力。

2. 针对性原则

在体育团队中，运动员的性格、训练水平、年龄各不相同。在思想教育、技能训练、文化学习等方面，教练等团队领导者和管理者应根据团队成员性格、训练水平、年龄差异采取不同的策略和措施。体育团队文化建设只有适应了运动员发展需要，才能发挥文化的各项功能，取得事半功倍的效果。

3. 开放性原则

开放性原则促使团队文化在物质、制度、精神上不断更新，紧跟时代发展，形成先进的团队文化。体育团队文化在建设过程中，会互相借调运动员，增强团队之间的交流与合作；也会以引进外援、外籍教练、国外先进技术或方法、送运动员去国外运动队比赛等形式，改善提升运动员或运动队的能力，促进团队文化的建设。

4. 生成性原则

体育团队文化本着开放性原则，会在建设过程中不断涌入多种文化。对于这些不断涌入的文化，不应全盘吸收，而是有所选择。体育团队文化建设既要汲取优秀的历史文化，吸收当今文化的精华，同时还要融合国外文化，形成新的、动态发展的体育团队文化。而对于体育团队文化中的非物质文化，也要通过书面文字、LOGO、衍生产品等生成有形的物质文化，丰富团队文化的内容，扩大团队文化的影响力。

三、运动员的团队文化功能

（一）育人功能

体育团队是实现“夺标育人”竞技人才培养追求的基本平台。体育团队文化的育人功能一方面体现在对运动员的正式教育。一个优秀的体育团队，不仅要求运动员自身有运动天赋，更要为挖掘和发展运动员的天赋创设条件。完备先进的硬件设施为运动员创造了优质的训练环境，教练员因材施教挖掘运动员的潜力，提升他们体力、智力、心理等各方面的能力，而健全的文化知识学习帮助运动员提升道德修养。另一方面，团队的文化环境和条件会对运动员产生潜移默化的文化熏陶和影响。

（二）规范功能

体育团队文化有各种明文的规章制度，规范着运动员的行为。此外，团队文化本身就具备规范性，它体现了全体成员共同的价值观、理想信念和道德准则。也就是说，团队文化具有潜在的一套行为准则，这套行为准则并非是强制性的，而是一种软实力的“约束”。这种“约束”来自运动员对团队的归属感、荣誉感的强大感应。正是在制度文化和团队文化软实力的规范下，运动员才养成了良好的规则意识，避免在赛场上出现让球、假摔等丑闻。规范功能有利于维系运动员的感情，确定认知标准，维护团队的形象。而团队明确的目标，也利于帮助运动员找到自己的角色定位，树立奋斗目标。

（三）调节功能

现代竞技体育比赛是对运动员技术能力、心理素质、文化素养的综合考验，而政治因素、商业因素及传媒技术的介入也增加了运动员在比赛时的干扰因素。团队文化对于运动员的教育和熏陶，促使运动员具备良好的思想水平、心理承受能力及文化水平，帮助他们正确看待这些干扰因素，并将干扰因素转换成有利于比赛发挥的正面因素。而团队中的娱乐活动等，也帮助运动员调节他们训练比赛中的紧张状况，实现劳逸结合。

本章小结

运动员是体育赛事得以开展的核心要素，无论是古代赛事、现代赛事还是新兴的电子竞技等网络赛事，运动员都是赛事的核心参与者，离开了运动员也就不存在赛事。运动员在赛事参与中形成了个体层面、集体层面、国家层面等不同的文化，这些精神既是在体育赛事的参与中得以形成，又促进着体育赛事的魅力延展，促进着人们对于体育赛事的追随。运动服饰等的变化反映着体育的科技进步，引领着体育着衣时尚；运动员公平、竞争、进取等精神文化鼓舞着各个领域的人们奋发图强；运动员的集体文化形成了特殊的团队文化；中华体育精神鼓舞着一代代的中国人奋发图强，凝聚着民族精神。运动员文化通过偶像崇拜等的形成起着良好的育人功能。

思考题

1. 运动员服饰具有哪些文化特征？
2. 什么是体育精神？
3. 谈谈中华体育精神与体育精神的联系与区别。
4. 怎样看待媒体对运动员形象的塑造？
5. 体育团队文化建设的内容与原则有哪些？

延伸阅读：

《人民日报》上的中国女排

CHAPTER 03

第三章 体育赛事的观众文化

■学习目标：

- 熟悉体育赛事观众的类型。
- 掌握赛事观众的内涵与特征。
- 掌握体育赛事观众的变化。
- 掌握赛事迷群的类型及影响。

随着我国整体经济水平的提高，居民收入和消费水平得到大幅度增长，参与健身休闲运动和欣赏体育比赛已成为人们休闲娱乐的一种重要方式。越来越多的人愿意选择走进赛场或是通过媒介收看、收听体育赛事转播，参与体育赛事的讨论，关注体育赛事关联媒介节目。从体育赛事的文化体系来看，体育赛事的观众文化是其重要的内容，赛事的观众既能够为场上运动员带来精神的动力，又能够促进赛事的传播。在赛事商业化、产业化的今天，无论是赛事的现场观众，还是赛事的媒介观众都已经成为赛事发展的重要经济来源。在注意力经济时代，赛事观众是赛事价值的源泉，尤其是赛事迷群观众，是黏性最高的群体，是赛事价值的最重要群体。

第一节 现场观众文化

体育观众有广义和狭义之分，广义的体育观众是指以体育竞赛表演为欣赏对象，享受和消费体育竞赛表演这一精神文化产品的个体或人群聚合体，包括现场观众和媒介观众。狭义的体育观众是指亲临现场观赛的人群聚合体，特指现场观众。在媒介尚未进入电子化的时代，赛事观众主要是指现场观众。

一、现场观众的概念与认识

现场观众（sport spectator）是指现场观看体育赛事的人，对于赛事是一种进入式（浸入式）的观看，在观看赛事的同时也成为赛场文化的重要内容。现场观众具有感情投入较多、情绪反应激荡起伏、心理倾向性明显等特点，现场观众往往与体育竞赛现场形成共鸣并相互影响。现场观众容易产生集合行为，集合行为是指由一定规模的、无结构的、非制度化的社会聚集人群相互影响而产生的共同行为，且是在缺乏现有社会规范控制，在一定诱发因素影响下突然爆发的众多人的狂热行为。现场观众主要有以下分类：按观众的观赛动机将体育观众分为娱乐型、支持型、审美型、求知型、宣泄型及破坏型；按观赛行为和观众心理将现场观众分为成熟理智型与非成熟理智型；按比赛项目将体育观众分为足球观众、篮球观众、拳击观众等；按观赛途径将体育观众分为购买门票、免费门票、受邀请、持有赠票等观众种类。现场观众的观赛动机研究具有较大的实用价值，也引起了学界和业界的广泛关注，对于观赛动机的把握与应用有助于吸引、培养和增加体育比赛的现场观众，提升赛事的影响力和经济价值。

在竞技体育发展的早期，运动员更多的是自身娱乐，观众居于次要的地位，现场观众的需求也往往居于次要的位置。随着体育赛事的商业化发展，观众的地位得到了快速的提升，观众和运动员至少居于同等重要的地位。无论是何种项目类型的运动员，在赛事产业化的今天，观众已经成为他们赖以生存和发展的基础，没有观众，职业运动员就不可能称其为职业，甚至难以保证基本的收入。正因如此，站在竞技体育顶端的职业体育赛事，观众比运动员要重要得多。所以有人说，在职业体育比赛中，观众是上帝，因为一切职业体育比赛都是以方便甚至取悦观众为第一目的，包括其赛制的编排、地点的选择、时间的确定、规则的修改，甚至运动员服装的变化等。现场观众直接影响着体育比赛的组织工作和运行过程，现场观众和比赛双方同处于一个相对封闭的系统中，是互相影响、互相促进、互相依赖的。观众的观赛行为，比如观众的服饰装扮、助威道具、环保意识、文明程度、对比赛的反应等在一定程度上都影响着比赛的进展。在各级各类赛事中观众都发挥着重要的作用，观众和运动员、教练员、裁判员一样，已经成为体育比赛不可或缺的主体。观众对于赛事有正向和负向两方面的作用。当观众素养高、气氛营造好的时候则能够促进赛事的举办与发展；而当观众素养欠缺，甚至出现一些激进行为的时候则有可能直接给赛事带来不可估量的负面影响。如中国网球公开赛，比赛尽管从总体上取得了成功，但由于观众还缺乏对网球的了解，再加上比赛期间的一些不适宜的行为，如不该鼓掌的时候鼓掌，比赛中来回走动、大声讲话、打手机等，给赛事留下了一些遗憾。再比如在足球赛场、篮球赛场经常爆发的球迷冲突、暴力等，也给赛事带来了不良的冲击。

二、现场观众的特征

随着人们生活水平的提高及生活方式的转变，加之体育赛事数量的增加，越来越多的人愿意到比赛现场来体验和感受比赛的气氛。现场观众的多寡与表现往往会引起一系列的连锁反应，影响体育竞赛表演、体育文化传播和体育相关方面的发展。现场体育观众具有以下特征。

（一）现场观众的人口学特征

体育赛事的现场观众是赛事主办方、承办方和赞助商关注的焦点之一，他们的基本特征对于赛事的营销和赞助有着重要的指导意义，对赛事的收入也具有重要的影响。目前，体育赛事的观众从性别上来看，依然以男性为主，部分项目现场的女性观众比例不断提升，尤其在一些电竞赛事上，现场的女性观众与男性观众数量已经相当，比如王者荣耀、DOTA2 等赛事，女性观众往往喜欢时尚、优雅和颜值较高的体育赛事；从年龄、职业上来看，中青年及学生、企业员工是主要观赛人群，尤其是 30～45 岁的人群，他们具有稳定的收入，在现场观看上具有更好的黏性，对于赛事举办方或承办方来说，应把握好这部分人群的需求，吸引更多的目标受众人群到现场观看比赛；从学历上来看，现场观众的学历水平集中在大专及以上学历，由于文化程度与工作稳定性具有一定的关系，通常来说学历越高，工作稳定性越高、收入越高，也具有相对较高的体育意识，更容易产生观看体育赛事这种精神文化产品的需求；50%以上的中国观众来自中产家庭，可见现场观众的收入水平要高于居民的平均收入水平，这也带来了诸多品牌商对赛事的关注。

（二）现场观众的需求与行为特征

现场观众在需求与行动上具有突出的特征，从需求来看主要包括支持型、消遣型、偶像型、学习型、感受型五种，并在心理需求的影响下产生特定的行为。

1. 支持型——为主场球队助威

具有“支持型”动机的观众对主场球队的胜负很在意，是典型的球迷。这一群体一般是由球迷协会组成，具有一定的组织性，他们到现场观赛主要是为了给家乡球队、主场球队加油。这说明竞技体育具有较强的地方主义色彩，其根源在于“地缘亲情”，职业赛事的主客场制就是根据“地缘亲情”关系的社会心理学理论而进行的商业运作。

2. 消遣型——消遣娱乐，精神享受

具有“消遣型”动机的观众将走进现场观看比赛作为休闲体育活动的一种，通过现场观看比赛达到愉悦身心、获得精神享受、缓解压力的目的。这类观众的观赛动机属于娱乐型、审美型及宣泄型的综合体，通常情况下将整场体育比赛看作一个审美过程，着重来欣赏观看比赛中运动员的娴熟技术、团队间的默契配合及比赛场馆的整体布置，同时也希望通过参加一次活动，增加与他人的交流，获取社会交往，这一群体对于竞技体育的娱乐、审美、社会、教育等功能深有体会。

3. 偶像型——崇拜运动明星

具有“偶像型”动机的观众，他们看球很在意自己喜爱的球星是否到场比赛，以及赛场上的发挥程度，他们可能是为了看某位大牌明星或是重量级运动员而来，他们很关心自己崇拜球星的生活及训练比赛中的“密闻”，甚至还观察和模仿球星的技术动作及穿戴和行为举动。由此可见，在组织赛事宣传推广时，应尽可能将参赛的高水平运动员、明星球员告知广大观众，以提高赛事的上座率。

4. 学习型——学习技战术的运用

具有“学习型”动机的观众多为18~25岁的年轻人和一些与职业有关的中年人，这些人大多喜欢从事专项运动或从事专项运动的业余指导工作，他们在欣赏竞赛的同时，还把看比赛作为学习的机会。这类球迷不仅为主场球队助威，也为客队球员的高超技巧和战术运用叫好，是比较理智的球迷。

5. 感受型——体验赛场氛围

具有“感受型”动机的观众对赛场气氛要求较高，他们除对比赛质量感兴趣外，还追求赛场之外的观众的情绪，有时甚至要超过对比赛本身的兴趣。他们往往将自身投入其中，感受赛场的热烈气氛或宣泄某种情绪，从中得到一种满足。

三、现场观众的变化

在体育发展的历史长河里，赛事观赏经历了从贵族特权到平民享受，从零星偶发到兴趣嗜好，从自发无序到精心组织等重大变迁。以其存在的合理性，从无到有，从格局单一到形式多样，从零星分散到系统完备，展现出了强大的生命力，体育观众队伍从历史中走来并不断发展壮大。

（一）现场观众社会阶层的变化

古代体育观众遍及各个阶层，但由于古代社会等级森严、宗法观念盛行，观众实际存在着明显的分层现象。这些活动常在特定的场合举行，对观赛者的身份一般有所限制。在有的竞技活动中，对观赛者的身份有明确的限制，可以说欣赏体育赛事仅仅是部分贵族的特权。如中国古代的“射礼”制度，对弓、箭、箭靶和用于伴奏的音乐都按参赛者身份做了严格规定。还有古代印度的婆罗门和刹帝利种姓从不从事低贱种姓的竞技活动。近代以来，体育活动逐渐突破学校的区域界线，逐步面向社会大众，这一时期的体育观众经历了从教师（包括教官、西方传教士、体育干事）、学生或士兵、运动员、教练员、体育官员到社会政要、商人、工人、农民等的过程。随着社会经济的发展，科学技术水平飞速提升，越来越多的人从体力劳动中解放出来，更多的社会群体或者个人有了参与体育赛事观赏的意识和机会，尤其是伴随赛事商业化进程的推进，现场观众的社会阶层也在不断扩大。目前，我国现场体育观众主要以中青年男性为主，并由原来的公务员、教师、学生等群体不断地拓展，企业高层管理者、政府行政人员、教师、私人企业家、学生等也都参与到体育现场观看中来，虽在观众分布上仍然存在明显的差异，但在享有观赏权利方面，阶层差异在渐渐缩小。

（二）现场观众项目偏好的变化

在前阶段社会，人们观看的体育表演、比赛主要是在各种祭祀、军事、民俗活动中的马术、拳击、赛跑、摔跤、射箭、舞蹈、战斗演习等，这些项目发展极为缓慢。在进入阶级社会以后，人类逐渐开始了向农耕社会的过渡，争夺肥沃土地和富庶领土的斗争日渐尖锐，为选拔军事人才而进行的全国性的比武或竞技活动，呈现出由祭祀竞技向军事竞技和民间体育扩展的发展趋势。19 世纪后期，新兴的德国和瑞典体操及英国户外运动逐渐占据了世界体育的主导地位。观众能看到的内容也转变为以体操和英国户外运动为主。这一时期的英国学生在学校组织成立了俱乐部和运动队，并定期举办校内和校际比赛，于是户外运动项目的比赛开始在各个学校内和校际间流行，并逐渐传遍全国、传向其他国家。随着西方国家对中国的文化侵略和渗透，篮球、排球、足球、网球、田径、游泳等户外运动项目及竞赛也开始在中国的一些教会学校、基督教青年会等组织出现，并逐渐为社会大众所熟知和接受。直至目前，中国在篮球、足球、排球、乒乓球、羽毛球、网球等项目的观众支持率要远远大于其他项目。

(三) 现场观众规模的变化

19 世纪后期，随着各种竞赛活动和运动组织在一些欧美国家摆脱了地域环境的限制，跃出学校和上层社会圈子，步入全球化的发展浪潮中，全国或地区性的单项体育协会陆续在各国成立，如 1858 年成立全美棒球协会、1863 年成立英国足球联盟等。各个运动项目协会，包括国际协会、洲际协会、国家协会、地区协会等，在这些非营利组织的推动下，各运动项目的发展不断提速，赛事不断增多，观众到现场观看比赛的机会不断地增多，观众的规模也在不断扩大。与此同时，人们对于体育场馆的环境要求也在逐步提升。这些场馆往往作为城市的配套设施而存在，体育馆内小型超市、洗手间、休息室、大型电子屏幕、控温、通风换气设备等一应俱全，完全可以满足观众观赛的基本需求。随着现场观众组织化程度提高，观众赛场管理明显加强，体育观众社会团体应运而生。尤其在当下，各类职业体育赛事、商业体育赛事不断发展，科技进步，场馆也在满足现场观众需求方面不断提升。世界最大的足球场——马拉卡纳体育场可容纳 20 万名观众；朝鲜的五一体育场可以容纳 15 万人；全美最大的密歇根体育场可以容纳近 11 万人。

第二节 媒介观众文化

媒介技术的发展，加速推动了体育赛事的普及与发展。电视媒体的出现，促进了赛事的急速发展，在电视技术的推动下，体育赛事走出了赛场，走向了更多的观众。近些年新媒体技术的发展更是完全颠覆了体育赛事的传统形态，体育赛事的传播也远远超越了“观众”的层面，在体育赛事的传播中，观众既是赛事的观看者，又成为赛事信息的制造者、传播者。通过各类媒介接触体育赛事的观众远远超过了现场观众，并在观看、传播、互动的过程中形成了独特的赛事观众文化。庞大的观众群体不仅直接影响着赛事的普及，也影响着赛事影响力的提升，影响着赛事的版权开发、广告收益、赞助开发、衍生品开发等。

一、媒介观众的概念与认识

借用伯顿对电视观众的划分——“初级观众”和“次级观众”，其中，体育比赛现场的观众属于初级观众，而坐在家里的电视观众则为次级观众。体育赛事的媒介观众是指体育赛事的次级观众。伴随媒介技术的发展，体育赛事的媒介观众不仅包括通过广播、电视媒体，更包括通过电脑、平板电脑、手机、车载媒体、楼宇媒体等多元化的媒体观看体育赛事直播（转播）节目、赛事主题节目的观众。赛事的媒介观众极大地促进了赛事的普及与知名度的提升，也成为赛事商业化的重要推手。正如迈克尔·里尔（1998）所描述的那样“大众媒介时代的体育界已从19世纪业余休闲的参与变为20世纪末（和21世纪初）以观众为中心的科技和生意”。与现场观众（初级观众）相比体育赛事的媒介观众的赛事（节目）观看行为受到诸多偶然性因素的影响，尤其是非相应赛事迷的人群（潜在体育迷），他们在通过各类媒介观看体育赛事直播、转播或主题节目的过程中可以同时从事其他的事情，赛事观看的黏性相对不足。

随着“景观社会”的逐步发展，以互联网为基础，手机、电脑和电视及电影不断融合，在电视文化领域中，这种跨越式的融合近乎彻底改变了观众与电视机之间的传统关系格局。正是因为这种深度的媒介融合，使职业体育的观众数百倍递增，并且突破了地域和时间的限制，使职业体育赛事触及到更广泛的受众。可以说，职业联盟与各种类型的传播媒介通过对职业体育赛事的转播实现了“双赢”，而造就“双赢”的力量则是来自双方共同的体育赛事媒介观众。媒介观众其实就是指相对于现场观众而言，通过电视等大众传播媒介观看体育赛事的间接消费者，又称作非直视观众。做一个极端的假设，现如今哪怕没有一个人到现场观看比赛，体育组织不但不会亏本，反而还能赢利。这其中所折射的一个事实就是，在视觉传媒异常发达的时代，相对于有限的现场观众，那些潜在的庞大的媒介体育受众群体才更为重要，因为他们才是大众传媒管理者、体育组织与广告商、赞助商之间营销谈判的资本隐喻。

赛事的媒介观众既是体育赛事产品或服务的消费者也是生产者。在通过大众传播媒介观看体育赛事的整个体验过程中，众多媒介观众不但能达到自我实现的目的，同时也能享受到观赛所带来的快感，还能为体育赛事及某种单项运动项目带来风靡一时的“迷文化”。可以说媒介观众本身就是“忠实受众”，在“迷文化”的影响下，他们还会自动唤醒“潜在受众”，并感召现有“被动受众”变成“主动受众”。不仅如此，诸多媒介观众的存在也强化了体育赛事的存在价值。媒介观众对于某一赛事的热爱及忠实程度能在一定程度上促进赛事的发展和推广，提高赛事的社会地位和影响力，吸引更多目标受众的同时也能为赛事活动拉动各方赞助，获得广告费及媒介转播费用，通过媒介观众形成正反两种热议话题以提高赛事媒体曝光度。

二、媒介观众文化的所指

（一）媒介观众文化是一种社交文化

体育现场观赛是一项受到人们追捧的社交活动，置身赛事现场的观众大都是与自己有着共同爱好的“体育迷”们，现场观看比赛也是与拥有相同兴趣的人们进行现场交流的一种方式。受赛事事件的距离、赛事举办的时间、赛事场地的容量等因素的影响，能够到现场观赛的可能性并不高。正是因为现场观看的局限和媒介技术的发展，媒介与体育发生了天然的联姻——“媒介体育”产生并大肆发展，同时滋生了媒介观众。滋生出了群体聚集观看的媒介受众群体，如大量体育迷们会聚集到同一个地方观看世界杯比赛等，这种聚集观看的方式也是社会交往的一种重要手段。如果说赛事现场的观众有着参与历史的神圣感，并自觉将自身理解为历史的一部分，且怀着一种优越感在欣赏体育比赛的话，那么在家或相约在酒吧看电视的那部分处于“流散”状态的庞大群体，虽说不如现场观众那般有与比赛“零距离”邂逅的自豪与满足感，但至少是能够达到以假乱真的“现场”观赛效果。同时，各类留言板、论坛、弹幕等也成为体育赛事观众社交、互动的新形态，并日渐成为一种媒介赛事亚文化。

（二）媒介观众文化是一种商业文化

在商业化的浪潮中，体育赛事的媒介观众成为赛事经济的焦点，赛事通过媒介进行放大，吸引了诸多的体育观众，这些观众具有较好的忠诚性和显著的群体性特点，成为诸多企业关注的对象。各类媒介进行赛事产品的生产直接或间接传播给观众，吸引公众广泛的注意力，依托公众的注意力吸引企业、赞助商、广告商、特许经营商等购买赛事产品，促进赛事商业价值的实现（图 3-1）。媒介通过“二次传播”与“二次售卖”的过程，以媒介观众为核心，实现赛事价值的商业闭环，形成了特有的商业文化。“二次传播”：在体育赛事产品生产中，一方面，直接生产者进行产品生产，通过现场呈现的方式将产品供给给现场消费者，这是一种面对面的群体传播过程，消费者可以身临其境的感受赛场的狂热，近距离的接触体育明星；另一方面，赛事通过大众传播工具（报纸、广播、电视、互联网、手机等）将赛事产品传播给媒介受众，吸引更多的观众，这是第二次传播，在二次传播的过程中也越来越多地产生着次生传播（观众参与体育赛事传播，进行赛事内容的编码与传播）。“二次售卖”：赛事产品会直接的销售给现场观众（门票）、媒体机构（电视转播权）、特许经营对象等，这是产品的直接售卖；在赛事产品的销售中还有一个重要的内容就是广告、赞助等资源的销售，赛事运营主体之所以能够进行赛事的广告、赞助等资源的交易，很重要的就是市场有这方面的需求，而无论是赞助商、广告商，他们所关注的并不是赛事本身运动场上的表演，而是赛事所能够吸引的注意力资源的“质”和“量”，这是赛事交易中的二次售卖。

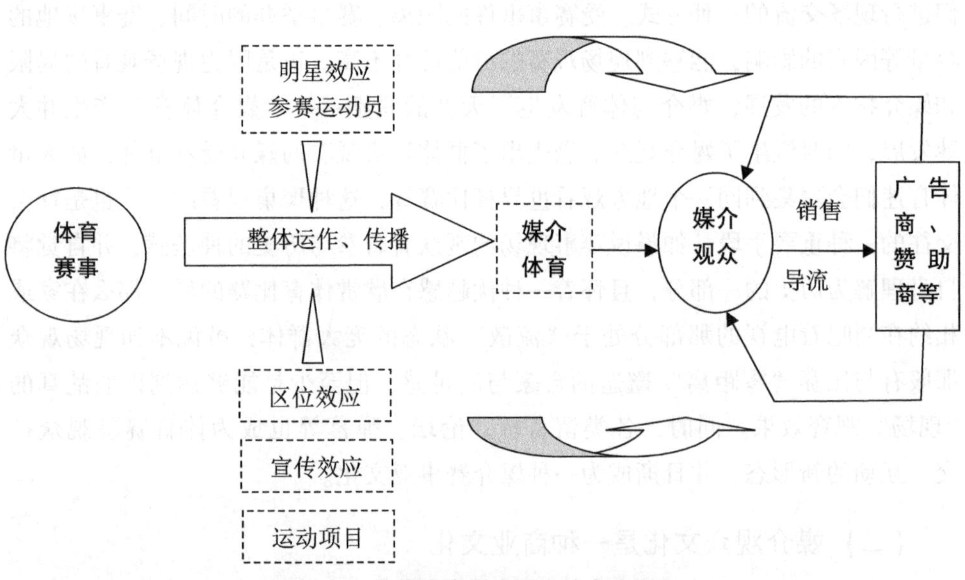

图 3-1　体育赛事媒介观众的商业闭环

（三）媒介观众文化是一种仪式文化

体育赛事尤其是大中型体育赛事的举办，往往成为举办地的节日。具有重要影响力的赛事能够成为影响范围区域的节日，如足球世界杯举办期间往往成为大家的狂欢节。2002 年世界杯期间，就有数量惊人的 420 万韩国人走上街头，通过电视墙观看韩国队战胜意大利队的比赛。2000 年悉尼奥运会期间，室外电视观看的场所，就被策略性地安置在主体育场的附近及中心商业街区的不同地方，包括健身会所、酒吧、商业中心及政府城市广场和公园等处，配备可用于直播体育赛事的大型电视墙进行集中观看体育比赛，带动了周边商业街区及健身会所的发展，形成一条延伸产业链。据德国足协官网统计，俄罗斯世界杯约有 2600 万德国观众通过电视机观看了德国对阵墨西哥的世界杯小组赛。2019 年篮球世界杯期间中国电视观众为 3. 69 亿，较上届增加 73%。多屏直播带来了观赛的多元化：多屏直播赛事的电视观众规模相对更大，以 2018—2019 赛季 CBA 为例，电视观众（去重）为 6. 43 亿，占全国电视人口的 50. 2%。腾讯、咪咕、优酷等新媒体直播独立访问人数（去重）为 1. 5 亿。

三、媒介观众的变化

（一）媒介观众参与模式的变化

在媒介融合的大背景下，传统意义上通过接收实时电视信号观看电视的观众越来越少。以互联网为代表的数字技术作为“一切媒介的媒介”，已将电视节目作为内容纳入它的媒介框架中，现在所讨论的媒介观众不再是“看电视”的人，而是“看赛事转播”的人。在互联网上人人都可以发表自身对于赛事的观点，人人都可以参与到赛事讨论中，人人都可以有不同的声音。此时，社区和网站中的意见领袖开始成为受众追捧的对象，他们能够从不同角度为不同受众提供关于体育赛事的不同分析与讨论，受众也会加入到这些群组中，形成不同类型的体育粉丝群。例如，新浪、搜狐、网易、腾讯等大型门户网站的体育板块会按照不同项目分为不同频道。也有只服务于某一类型项目的体育爱好者的网站，如虎扑和懂球帝等是具有更强针对性的体育社区。媒介观众参与体育赛事的方式也变得多样化且更具有灵活性。目前，弹幕这种即时评论功能被广泛应用于体育赛事直播当中，成为实时互动的主要方式。观看同一场赛事的用户不仅能够在直播中对赛事发表见解，也能与其他在屏幕上发布评论的用户进行互动，同时，进行赛事直播的主播也能对用户的评论进行实时评析与反馈。受众之间及受众与直播方之间的距离被拉近，从最原始的单向反馈到互联网时代受众观点的自由发表，再到目前媒介融合背景下的实时互动，这一时期直播渠道、用户交流与讨论、赛事数据分析等功能都能在同一平台上实现。随着受众的欣赏能力和品位的不断提高，电视节目所面临的压力也与日俱增。如何迎合受众需求，提高电视节目收视率成为电视节目制作与推广的关键。

（二）媒介观众关注内容的变化

源于互联网的互动功能提升、4G 技术发展、5G 技术来临，短视频等新兴传播形式的盛行，体育赛事媒介观众关注的赛事内容由传统的主要聚焦赛事本身，更多的转为关注赛事背后的故事，关注赛事中运动员的趣闻轶事，关注赛事举办过程中的各种社会新闻等。通过论坛、微博等方式与其所关注的运动员互动，通过论坛等与赛事主办方进行交流，并发表自己的意见。如里约奥运会期间因“奥运村设施条件差，出现漏水、漏煤气和电路缺陷等，更有盗窃等安全问题发生”，多国代表队不愿入住；里约奥运会中的高科技、里约奥运会的十大美女运动员等都成为观众关注的重要内容。关注的内容从场上转向场上与场下；互动方式从单一关注向多元参与转变。

（三）媒介观众群体结构的变化

相关数据表明，近些年体育赛事的观众大体呈现下滑的趋势。全运会年和世界杯年的人均收视总分钟数呈明显的下滑趋势，奥运会年和体育小年的数据可能也会呈下降趋势，这从一定层面反映出我国电视观众对体育节目的关注度逐渐降低。近年来不仅收视率逐渐下降，奥运会还面临着对青少年人群的吸引力下滑的问题。彭博新闻社在 2016 年里约奥运会期间的调查数据显示，观看奥运会电视直播的收视率比 2012 年伦敦奥运会下滑了 17%，其中 18~49 岁人群收看奥运会的人数下滑了 25%。体育商业媒体的调查数据显示，收看 2008 年北京奥运会的美国观众平均年龄为 47 岁，2012 年伦敦奥运会时的数据为 48 岁，2016 年里约奥运会时的数据为 53 岁，而同期美国人的平均寿命为 79.8 岁。可见，奥运会电视观众的老龄化现象已经十分严重了。奥运会受众的老龄化带来了收视率的每况愈下，从而对奥运会的赞助商和转播商、媒体运营商的收益存在潜在的威胁。不仅如此，体育赛事的整体观众也呈现出下滑的态势，这需要相关从业者做出有效的应对。

第三节 赛事迷群文化

无论是现场观众，还是媒介观众，在体育赛事的接触、观赏、浸入的过程中，因为某种心理的关联，形成了一定的迷群群体，这一群体是体育赛事观众中最为忠诚的部分，也是能够为体育赛事及其媒体机构带来最大价值的人群。“赛事迷群就是一群因某项运动而引发的，并拥有一些相同或相近见解的人组成的，或严密或松散的临时集合体”，迷群带有强烈的情感性。

一、赛事迷群的概念与认识

赛事迷群作为现代社会文化发展的产物，其兴起与发展与社会背景有着密不可分的关联，球迷伴随着职业赛事及俱乐部的出现而产生并发展壮大。当前，传播媒介与体育的结合为受众带来了精彩纷呈的视听赛事盛宴，越来越多的体育爱好者在多元和便捷的体育信息获取环境下滋生，伴随着“媒介迷”的产生，逐渐形成了庞大的“体育迷”群体。“迷”在中文中的意思为沉醉于某种事物的人，并表现出“狂热”“迷恋”或“沉迷”的状态。王庆军认为，“迷”是具有特别社会文化的群体，他们以灵活、随机的方式产生联系，具有极大的社会随机性，而且他们与一般接收体育信息的受众的差别仅仅体现在程度上而非性质上。具体来说，迷群的形成有多种原因。个人因素方面，一是在赛事观赏过程中对赛事文化有了更加全方位的理解，同时也获得由体验文化资本所带来的自尊意识和群体认同感；二是在追求拥有健康积极的生活质量的当下，赛事迷群们更愿意将余暇时间用于观赏多样化的体育赛事上，也有条件通过网络寻找与自己志同道合的人。媒介因素上，传播技术的发达促进了赛事迷群聚集交流平台的产生与发展。

现代体育赛事迷群更多的是通过媒介体育的中介所形成并发展。通过媒介的力量所形成的迷群包括直接形成的“观众迷”，也包括间接形成的“赞助迷”“举办迷”（图 3-2）。观众迷群就是传统理解上的个体迷；赞助迷主要是指习惯于赞助某项体育赛事的赞助企业，比如可口可乐习惯于赞助奥运会，耐克习惯于赞助 NBA、欧洲足球联赛，李宁习惯于赞助 CBA 等，都形成了某种赞助的惯性；举办迷主要是因为看到媒介传播所带来的对于体育赛事举办的狂热。比如上海每年固定举办 ATP1000、F1 等赛事，北京举办中网公开赛、追随奥运会等赛事，南京举办篮球世界杯、世界羽毛球锦标赛等赛事，还有众多的城市举办马拉松等赛事，这些现象体现出一种对于赛事举办的迷恋。其背后无不是看到了因为赛事的传播给城市带来的巨大价值。

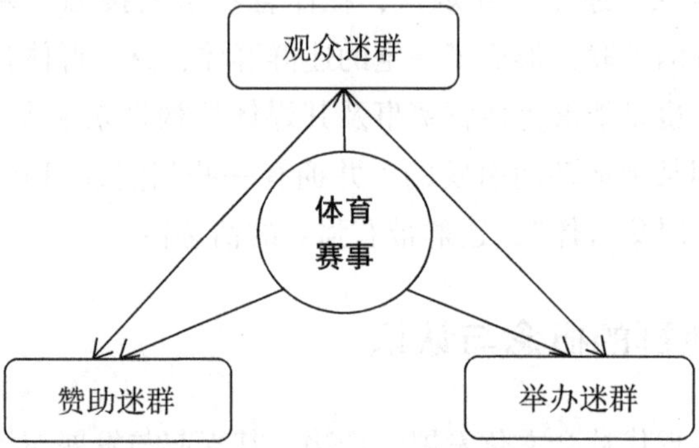

图 3-2 体育赛事主要迷群结构

赛事迷群是推动运动项目发展的重要支撑力量，其行为对每一项运动赛事的健康发展具有举足轻重的作用，赛事迷群是赛事发展重要的利益相关者，迷群需要的精神食粮也由赛事（运动等要素）提供，他们相互依存，共同发展，构成一个共同体。值得注意的是，迷群是各项体育赛事经济最主要的消费者与市场主体，失去了广大迷群，就意味着体育赛事失去了所依赖的市场，失去了其生存与发展的稳固根基，失去了可持续发展的活水源头与发展动力。而要实现体育赛事的多元价值，实现体育赛事对公众体育意识的培养，实现体育赛事自身的经济与社会价值，就必须更好地培育赛事迷群，发展赛事迷群。

二、赛事迷群文化的所指

不同的赛事迷群在与体育赛事的互动中形成了特有的文化现象，形成了自身文化传播特点。无论是观众迷群、举办迷群还是赞助迷群，在发展的过程中从最初的形态逐渐形成了几个共通的文化指向，包括认同的文化、归属的文化、消费的文化、个性化的文化。

（一）赛事迷群文化是一种认同的文化

社会认同，源自个体对所属群体的了解、情感的依附，以及群体价值观的重要意涵，因此社会认同是个体与群体合二为一的知觉。例如，某位球迷定义自己是某一自我区隔的群体（如“我是××队的球迷”），那么他便会知觉自己是具体或象征性的群体成员，认为群体的命运如同他的命运一样。通过概念延伸可以认为，迷群认同是指一个社会类别的全体成员得出的自我描述，是社会或群体的认同作用与效力作用于每个体育迷个体而产生的社会同一性表现。赛事迷群认同以“迷”个体认同为基础，是赛事迷认知、文化与行为的基础和重要特征，也是促使球迷个体、团体与球队、俱乐部及赛事之间相互作用、互动的重要过程。群体认同的过程首先源于球迷的个体认同，当不同个体的认同发生在同一时空范围内，并形成聚集条件时，体育迷个体之间就会产生互相影响与交互，从而实现一定的群体规模与效应，并进一步形成群体的一致性情感，这种群体情感发展到一定程度的时候区辨效应随即产生，由此而产生群体共同的体验、情感、担当及价值认同等群体认同因素。观众迷群的形成源于对体育赛事精彩度的认同；举办迷群的形成源于对赛事价值的认同；赞助迷群的形成源于对赛事传播价值的认同。

（二）赛事迷群文化是一种归属的文化

“迷”从一开始就不是孤独的个体。他们热烈期望人与人之间的互动。互联网的发展，使得人们的交往打破了时空的限制，体育迷可以便捷地在全国甚至世界网络范围内找到与自己有共同的体育兴趣爱好的个人或群体，这些有共同兴趣爱好的体育迷就会建立起属于各自迷群的交流平台，来网罗更多的同类迷，从而构建一个网络“家园”，得到情感上的归属。这种虚拟的家园带有强大的黏合性和非强迫性。赛事迷群的归属性不仅体现在观众维度，还体现在举办维度。近些年，越来越多的赛事与城市形成了特殊的归属标签，也就是通常所说的标志性体育赛事，赛事在一些城市定期的、不经常的举办，如大师赛之于上海，南京国际马拉松之于南京，北京国际马拉松之于北京等，都已经形成了强烈的城市归属关联，这也是诸多城市所追求的方向。

（三）赛事迷群文化是一种个性化的文化

体育观众迷在接触使用各类媒介的过程中，往往具有娱乐、社交、参与、体验等不同的诉求。这些诉求受到不同的年龄、性别、文化、教育程度、社会群体特征等的综合影响，具有不同的媒介信息接受习惯和选择倾向，同时呈现出越发突出的个性化特征。体育迷因对体育明星喜爱或对体育运动的热爱等能从各个角度和各种方式获取到想要的体育信息。在网络信息爆炸的时代下，受关注体育对象的各方面信息完全地暴露在互联网上。这些信息都成为体育迷评判自己关注的体育对象的依据，借助这些信息，他们会重新审视自己关注的对象，对各方面信息加以思索，经得起推敲并与自己的价值观契合的对象会获得加倍的认同；与自己道德评判准则背道而驰的，体育迷们也不会盲目地追崇。体育迷作为群体中独立的个体，不再是人云亦云，每个个体都会对获取的信息有自己的判定方式和评价准则，充分发挥了体育迷的个性化思维能力。作为媒介体育的生产主体，包括众多自媒体，要想吸引更多的用户和流量，就需要充分地了解观众（用户）的个性化特征和诉求。

（四）赛事迷群文化是一种消费的文化

迷群是现代体育赛事建设发展的必要条件，是推动体育赛事产业发展的强大动力，体育赛事的发展离不开迷群的支持，迷群的消费力更成为体育赛事，尤其是商业性体育赛事的强大牵引力。赛事迷群为体育赛事带来了直接的收益，是体育赛事发展的重要支撑，在以赛事迷群为主体的市场中，迷群们的力量逐渐壮大，形成了对赛事的监督与制约力量，实现着赛事的优胜劣汰。体育赛事的观众迷群是赛事发展的终极动力，也决定了赛事的举办迷群和赞助迷群，只有具备强大观众迷群的赛事才能够吸引到举办迷群和赞助迷群，而举办迷群和赞助迷群又能够更好地促进赛事本身，包括赛事所有组织的良性发展。不仅如此，赛事的观众迷群也愈发地吸引了更多的次级赞助和广告。近些年阿里体育、腾讯体育、苏宁体育等通过对体育赛事的关注，吸引着广大的体育迷群体，为相应企业的母体业务导入着流量，也成为新的商业模式。迷群是体育赛事经济的核心，迷群的消费是体育赛事的原动力。与普通消费者相比较，赛事观众迷群的消费指向更多为非实物消费，其消费动机更多源于自身对于某体育项目、赛事、球队等的认知，进而形成强烈的爱好倾向，产生浓烈的个体、群体情感，继而形成一定的个体认同、群体认同、文化认同及对消费对象的价值认同等。这些认同能够带来极大的消费忠诚。

三、赛事迷群的变化

了解和把握赛事迷群的变化是我们进一步把握赛事发展趋势的必然要求。

（一）赛事观众迷群的心理变化

体育迷的需求已经突破“大一统”的竞技信息获知。由不同的性别、年龄、职业身份、文化层次、社会地位、经济能力等产生了不同的心理接近、不同的选择性接触、媒介期待及媒介认知等，不同的受众对体育有着不同的需求。体育受众的个性思维能力提升及个性心理日益膨胀，体现出更加多元化的需求。他们不再单纯是传播媒介信息的灌输对象，不可能再完全顺着传播者的意象进行“解码”“释码”，进行媒介信息的解读，赛事迷群的角色已不仅是受众了，而成为体育信息重要的传递者，即体育迷这一“消费者”正日渐转型为“生产消费者”。不仅如此，在后现代思潮叛逆思想的影响下，有时会对媒介的报道内容产生理性的怀疑甚至提出批判。在传播体育新闻信息时，力求客观、公正、全面，有点又有面，有正面的报道又有反面的声音，讲“双面理”让受众去判断。

（二）赛事观众迷群的消极行为频发

赛场的消极行为主要分为：①消极语言：当主场球队处于不利形势时，在国内足球赛场上常见到球迷用语言攻击裁判员、对方球员以宣泄内心的不满情绪；②消极肢体行为：当现场球迷无法通过语言暴力泄愤时则会选择投掷物品（如饮料瓶、垃圾废物等），看台上常见到竖中指、做鬼脸、集体嘘声等行为；③消极标语：其中不乏低俗之语，甚至有些不堪入目的文字；④球场暴力：既是球迷对自己的一种绝对而全面的自我肯定，也是对“对手”的否定，是球迷实现社会认同的一种方式。近年来随着赛事迷群数量的不断扩大，由于群体的年龄、性别及收入水平的不同，迷群中个体在观赛礼貌和行为素质方面也存在着很大的差异。在竞技体育赛场中，除了锦标的争夺、运动员的精彩表演外，赛场上最值得关注的恐怕就是赛场内外的暴力事件了。而这些也应成为媒介体育关注并跟踪的热点内容。以近年国内事件为例，2018 年 11 月 17 日，成都 FF 足球公园，成都足球超级联赛第 22 轮，高新中和替补席上观众冲进场内持械殴打裁判影响赛事进程；2012 年 3 月 11 日，季后赛半决赛山西与北京第 4 轮的比赛结束后，球迷在场馆外围堵北京队大巴车，并投掷杂物；3 月 21 日，总决赛第 1 场，北京主场球迷全场“京骂”，并向广东队替补席投掷矿泉水等杂物。球迷的消极行为有着情感、宣泄、现实情况等多方面的原因，比如民族情感、爱国情怀受挫、归属球队受到不公正待遇、关注的体育明星受到不公正待遇、现场服务不到位、裁判的判罚不公正等，媒介在进行赛事传播的过程中应做到对相应原因、来龙去脉的深度考量，而不应只对事件做表层的呈现或煽风点火，要承担起媒介责任。

（三）体育赛事观众迷群的两极化

体育赛事观众迷群呈现出两极化的特点，一方面传统的体育媒介观众呈现出老年化的特点，另一方面通过新兴媒体接触体育赛事的迷群呈现出年轻化的特点。例如，2017 年 2 月，乒乓球体育明星张继科的粉丝为了给偶像庆生，在公交、地铁、媒体上投放了生日广告，而这部分赛事迷群主要是以年轻人为主，也正是受到近年来明星效应的影响而诞生的一类群体。青年体育迷群是体育迷中具有独特个性与活力的群体，他们灵活、多变、反叛，喜欢挑战和创新，喜欢标新立异，易于接受新鲜事物，他们是新媒介技术的积极研发者、热情使用者和大力推广者。青年赛事迷群能充分开发并利用好新媒介技术。通过各类新兴媒体接触体育赛事的群体更加关注运动员的场外故事、个性故事、生活故事，应充分考虑这些群体需求的新变化。

（四）赞助迷群取向呈现出新动向

近些年奥运会的申办遇冷，奥运会的人群吸引力下降，其赞助商、转播商等的关注也随之下降。这也验证了前文所提到的赛事的观众迷群影响着赞助迷群和举办迷群。《卫报》的专栏记者塔里奇·穆萨指出，要从根本上解决收视率的问题：“如果真想吸引年轻人，提升奥运会收视率，还不如将电子竞技项目引入到奥运会中。”近几年，电子竞技高速发展，吸引了大量的观众迷群、参与迷群、赞助迷群和举办迷群。根据 2018 年发布的《2017 年度中国高校电子竞技发展状况报告》可见，2017 年中国电子竞技用户突破 2 亿人，预计到 2019 年全国电竞用户将达 3. 5 亿人。在电竞用户的学历占比中，硕士及以上学历占比 5.4%，本科学历占比达到了 56. 3%，两者相加已经超过了 60%。庞大的观众规模，成为了媒介的热点话题。以 RNG 夺冠为例，“如何评价 RNG 3:1 击败 KZ 夺得 MSI 世界冠军？”话题阅读量超过了 2000 万，荣登各大媒介的新闻头条，足以见得其文化传播的价值。与此同时，电子竞技传播的内容也日趋多元化，从单一赛事发展到以电竞为核心，覆盖综艺、电视节目、音乐、小说、动漫、漫画等各个领域，不断扩充电竞运动所蕴藏的文化内涵，呈现多元化、大众化趋势。有高达 70%的学生是通过电子竞技游戏认识到电竞文化的，通过电子竞技游戏培养起团队意识和灵活的操作和思维能力，并且将这些优良的品质有效地运用到生活中去，使文化来源于游戏，应用于生活。足以看到，新兴赛事对传统赛事形成了突出的迷群吸聚效应，在媒介传播中应更好地把握并引导这一变化趋势，更好地服务广大媒介赛事迷。

本章小结

体育观众是体育赛事尤其是现代体育赛事发展的重要推动力量，赛事观众文化包括现场的观众、通过各类媒介观看赛事的观众和赛事的举办迷群群体（组织、城市）。前两者是社会普遍认识的观众，而我们把热衷于举办赛事的主体称为举办迷群，这些主体形成了体育赛事特有的观众文化。赛事的观众既能够促进运动员在比赛中的发挥，也能够通过对体育的喜爱，通过媒介的塑造，形成各类体育偶像，推动各种明星经济的产生。各类观众是赛事持续发展的动力，也是赛事多元价值实现的核心资源，是赛事吸引各类利益相关者的核心要素。

思考题

1. 体育赛事观众的类型有哪些？现场观众的特征是什么？
2. 体育赛事媒介观众文化的所指是什么？如何理解媒介观众文化中的商业文化？
3. 体育赛事媒介观众呈现出怎样的变化？
4. 体育赛事迷群的类型有哪些？体育赛事迷群的意义是什么？
5. 体育赛事迷群呈现出怎样的变化？

延伸阅读：

电子竞技的未来 真正属于 VR 和沉浸式体验

CHAPTER 04

第四章 体育赛事的服务者文化

学习目标：

- 了解体育赛事服务者的相关概念。
- 熟悉体育赛事服务者的基本特征。
- 掌握体育赛事服务者的服务内容。

任何一场体育赛事的成功举办都离不开大量的服务人员，可以说赛事服务者是体育赛事成功举办的重要基石。体育赛事的举办主要包括：赛事启动（申办）阶段、赛事筹备计划阶段、赛事赛前计划准备阶段、赛事竞赛阶段和赛事收尾阶段，无论哪一阶段都离不开赛事承办方或赛事运营方的统筹组织管理。当然赛事的计划准备、竞赛和收尾工作都需要大量的志愿者协助完成，裁判员公平公正的执裁也是体育竞赛正常有序进行的重要保证，优秀教练员的临场排兵布阵可以保证运动员竞赛水平的正常发挥，队医的后勤保障服务可以让运动员在发生运动损伤后得到及时有效的处理等。故而本章将从体育赛事的志愿者、裁判员、组织管理者、教练员和队医等角色探讨其形成的服务者文化。

第一节 志愿者文化

当今社会，越来越多的国家政府认识到志愿服务对社会发展的巨大促进作用，作为一种高尚的社会行为和重要的公益事业，志愿服务的意义越来越大。体育赛事在举办过程中更是离不开赛事志愿者所提供的优质服务内容，赛事志愿者服务质量的高低往往直接影响着运动员的参赛舒适度和观众的观赛体验感。伴随着越来越多的专业性和群众性体育赛事的举办，志愿者为比赛所提供的服务已然形成了一种文化，并形成了独有的特征及价值导向。

一、体育赛事志愿者概述

（一）志愿者服务与体育赛事志愿服务

1. 志愿者服务

“志愿者”一词来源于拉丁文中的“voluntas”，意为“希望、决心或渴望”，后来德语中的“freewilliger”将其定义为“自由意愿”。西方人认为志愿者是指在职业以外，不受私人利益或法律强制驱使，为改进社会提供福利而付出努力的人们。我国青年志愿者协会将“志愿者”定义为：不计物质报酬，基于良知、信念和责任，自愿为社会和他人提供服务和帮助的人。

志愿者所做的志愿服务，是人类文明发展到一定阶段的产物。现代志愿服务发端于西方，经过近百年的发展，以西方发达国家为主的志愿服务事业遍及世界各地，志愿者的身影已经遍布社会生活的各个领域。

尽管志愿服务的种类和内容不尽相同，但是它们都有以下一些基本特征。

（1）自愿性

志愿者提供服务应当是出于自愿选择，而不是来自第三方或外界的强制。

（2）无偿性

志愿者提供服务的动机应是非趋利的，不应以接受物质报酬为目的，志愿者是但求奉献、不求回报。

（3）利他性

志愿者提供的服务是利他的，帮助他人，使他人受益，这是志愿服务的普遍特征。

（4）组织性

组织性是当代志愿者的主要特性，志愿者通过组织，既可以使得志愿者的力量形成集合性的状态，而显示出较高的效益，又可以通过组织的作用，广泛传播志愿者的行动理念和行为方式。

2. 体育赛事志愿服务

体育赛事志愿服务应具有志愿服务的内涵，即志愿服务具有公益性，以公共利益为目标。体育赛事志愿服务是指体育赛事的志愿服务活动。从广义上来看，体育赛事志愿服务是指为促进体育赛事有序健康的进行，志愿者及志愿组织自愿地在体育赛事的前期准备、正式开展及后续阶段所提供的各种非营利、无偿的利他服务。如赛前的宣传推广、组织培训等，赛中的后勤维护、比赛翻译、技术支持等，赛后的拉伸恢复、场地的整理等服务内容均属于体育赛事志愿服务。从狭义上来看，体育赛事志愿服务是指依法成立的志愿组织及其具有体育专业知识的志愿者在体育赛事中进行有关体育知识宣传、体育技能指导、运动竞赛服务的无偿工作。

（二）体育赛事志愿服务的基本分类

1. 竞技性体育赛事志愿服务

体育赛事志愿服务是指在体育赛事的筹备和举办过程中，志愿者、志愿组织自愿地服务于赛事各项工作，所提供的非营利、无偿的利他服务。这里的体育赛事一般指规模较大、需要志愿者数量较多的赛事。体育赛事志愿服务的主体即赛事志愿者，包括所有筹备及举办赛事期间的志愿服务人员。赛事志愿服务的服务对象包括体育官员、各个代表团、运动员及随从工作人员、裁判员、教练员、媒体记者、观众等。

2. 群众性体育赛事志愿服务

群众体育赛事志愿服务是指为促进群众体育事业的发展，志愿者、志愿组织以群众体育活动为载体，自愿地在群众体育活动中提供的非营利、无偿的利他服务。志愿者一般为社区、俱乐部、学校及体育志愿组织等提供志愿服务。群众体育赛事志愿者从事志愿服务的途径有两种，一种是通过加入志愿组织参与到各种体育志愿服务当中；另一种是非正式的，由个人提供的志愿服务活动，这种服务方式纯属于个人意愿，不拘于形式，不受制于组织管理。

（三）体育赛事志愿者的基本特征

体育赛事志愿者是一个特殊的临时性群体，对活动举办方而言，科学把握志愿者群体特征，对于志愿者管理具有重要作用。通过对国内外体育赛事志愿者管理实践的分析与研究，可以总结出体育赛事志愿者具有以下几个显著特征。

1. 参与热情高涨

全社会范围内志愿服务氛围的持续提升为志愿者参与体育赛事服务创造了良好的条件，而志愿服务带来的社会价值和个人价值的持续提升，也使得志愿者的参与热情大大增加。在我国，以北京奥运会、南京青奥会、广州亚运会等为代表的大型综合性体育赛事，往往会有大量志愿者积极参与。

2. 人员构成复杂

体育赛事复杂的运作系统要求服务对象的多元化，志愿者服务领域的广泛性更要求志愿者具有各方面不同的综合素质。因此，志愿者在年龄、性别、民族、职业、人格、能力、经验、教育水平等方面各不相同，从而形成一个多样化的群体。同时，由于我国经济政治体制的特殊性及体育赛事对志愿者知识能力水平的高要求，体育赛事志愿者以青年群体为主，且大部分来自在校大学生，这是我国体育赛事志愿者服务的一个显著特征。

3. 群体规模庞大

体育赛事，尤其是综合性体育赛事，均具有较大的规模，其筹备工作也十分繁杂，因此，赛事组委会往往需要招募并录用数以万计的志愿者来协助完成各岗位的工作，从历届奥运会志愿者的数量就可以看出这一鲜明的特征。

4. 参与动机多样化

志愿者参与志愿服务的动机呈现鲜明的多样性，而且多为非物质性需求，如有的人是受到精神感召，有的人是期待为社会作贡献，有的人是希望学习新知识、获得新技能，有的人是想要锻炼自己的能力，有的人是想要结交新朋友等。来自社会各个领域的申请者，怀着对活动体验与志愿者体验的不同期望，报名参加体育赛事的志愿服务，加入到志愿者团队中来。

5. 服务时间相对集中

体育赛事的举办时间一般具有固定、集中等特点，因此，志愿者服务时间也具有相对集中的特点。志愿者的服务时间很明确，就是围绕活动的开展提供各种服务，活动结束后，志愿服务也随之结束。以奥运会为例，志愿者的服务时间主要集中在奥运会举办的十余天时间内。相对集中的志愿服务时间一方面有利于志愿者开展工作，另一方面带来的是高强度的工作量和快速的工作节奏。这也给志愿者管理，尤其是志愿者培训方面提出了更高的要求。

6. 志愿行为随意性大

志愿者的基本特性是自愿性，他们可以自愿加入，也可以自愿退出，群体规范对于志愿者来说属于非强制性约束。志愿者的随意性也给体育赛事的组织管理带来了一定的困难。例如，1994 年美国世界杯和 1996 年亚特兰大奥运会的志愿者，赛前平均流失率较高。即便是备受好评的 2000 年悉尼奥运会，也有大量的志愿者由于各种各样的原因，没有坚持在奥运会期间完成分配给他们的工作。志愿者行为的随意性决定了志愿者组织的动态性与管理的不可控制性，因此，加强对志愿者的激励与约束尤为重要。当然，在志愿者招募中也往往采取需求人数 120%~150%的招募数量。

二、体育赛事志愿服务的基本价值

志愿服务是一种崇高的行为，它作为一种超越现实利益的行为，扩展着志愿者对人和社会的理解，推动人们以一种乐观向上的态度追求进步和完美，对个人和社会的进步与发展起到了巨大的促进作用。随着社会的进步，评价体育赛事志愿服务已不能仅从经济效益的角度来看，而应该更全面地审视整个体育赛事志愿服务对城市、对社会的综合影响。

（一）精神价值

无论是在一项赛事中提供服务，还是在群众体育活动中奉献自己，志愿者在参与体育志愿活动时，不仅能够感受到奉献的快乐，还能感受到运动的欢乐，他们会将自己所感受到的体育精神传播给他人，带领着其他人参与到体育运动当中。例如，2014 年南京青奥会，志愿者实践了奥林匹克理想，在实际行动中宣传和体验奥林匹克运动精神。不仅如此，志愿者通过志愿活动也能够弘扬一种志愿精神，并传播影响各个领域，提升社会的整体文明程度。

（二）经济价值

志愿者是体育赛事筹备和举办中的重要人力资源，对于一项赛事的顺利进行起着至关重要的作用。志愿服务不以获得工资、福利为目的，因此许多国际性体育赛事、社会公益活动和大量的非营利组织愿意让志愿者参与其中，从而获得大量人力资源方面的支持。通过志愿者提供无偿的服务，可以有效降低赛事的运营成本，极大提高赛事经济效益。历届奥运会、残奥会的志愿者都给主办方节约了大量的开支。例如，2008 年北京奥运会有 11 万余名志愿者，各类志愿者累计服务时间超过 2 亿小时，为奥运会节省约 6.2 亿美元的开支。

（三）社会价值

一方面，赛事志愿服务促进文化的交流与传播。体育志愿服务的对象经常是来自五湖四海的运动员、工作人员或游客，他们有着不同的文化背景和风俗习惯，所以志愿者在提供服务时会遇到许多文化交流的问题，但这也是一种文化交流的方式。这些来自不同地域的人们在赛事中感受到志愿者的热情，了解到不同的文化习惯，很好地促进了不同文化之间的交流与传播。另一方面，赛事志愿服务能提升城市形象。如在北京奥运会期间，“志愿者的微笑成为了北京最好的名片”，志愿者微笑形象给国内外的游客留下了美好的印象。南京青奥会志愿者小青柠也成为南京城市的名片。

（四）个人价值

志愿者在参加志愿服务的过程中，除了可以帮助服务对象之外，对于志愿者来说还是一个教育与自我教育的过程。参与志愿活动，一方面，为青少年志愿者提供了非常好的学习与锻炼机会，如开拓视野、学习新知识、增强社会适应力等；另一方面，志愿者通过志愿服务活动，奉献精神得到彰显，不仅自我价值得到实现，更能增强社会责任感。以北京奥运会志愿服务为例，志愿者通过参与服务，使个体价值的方方面面都得到了提升。

三、我国体育赛事志愿服务展望

伴随着我国社会转型进程的加快，体育赛事志愿服务也将持续发展。展望我国体育赛事志愿服务的未来，它将呈现出进一步专业化、制度化、规范化，以及社会参与更深入、服务项目更加多样的发展趋势。

（一）体育赛事志愿组织进一步专业化

由于体育赛事志愿服务的特点，志愿活动需要具有专业性的志愿者提供服务，且要求较高，需求大，这就要求志愿组织更加专业，形成长期有效的招募、培训机制，保证志愿者的服务水平。同时开拓具有优势的人力资源，如体育大学的教师、学生、运动员等，让其广泛参与其中。现代志愿服务组织更加注重志愿服务的可操作性论证和实施效果，其项目设立之前，往往会经过细致的调查研究，从而避免了盲目性，更加具有科学性与专业性。无论从志愿服务的组织管理还是志愿者的构成与素质，我国的体育志愿服务都呈现出了不断向专业化发展的特征。现阶段，已有很多地区建立了体育志愿服务队伍，今后将会有更多专业性体育志愿组织出现。

（二）体育赛事志愿服务进一步制度化

完善的法律体系是体育志愿服务顺利实施的重要保障。完善的法律法规为志愿服务提供了一个规范有序的环境。志愿者组织内部也需有严格的规章制度，以此规范志愿者的活动。志愿者进行志愿服务时，有明确的义务与权利的规定，这样就形成了法律上的责任义务关系，保证了志愿服务效果，也会保障志愿者的基本权利。我国的体育志愿服务在发展过程中日趋完善，离不开法律的支持与保障。首先，需要保障每一个公民都有参与志愿服务的权利。其次，志愿者无私地奉献自己的时间精力到社会公益事业中，保障其合法权益不受侵害是尤为重要的。最后，也要规范志愿者在志愿服务过程中的行为，避免出现违法行为。未来的体育志愿服务将更加注重法律，合法开展服务活动，进一步推进法制化。

（三）体育赛事志愿服务进一步规范化

最初的群众体育志愿活动都是自发的，而且志愿活动比较单一，在持续发展的过程中，许多社区、基层的志愿组织相继建立。体育志愿服务从盲目的、零散的活动向组织化、规范化转型才有利于其发展。体育志愿服务的规模、项目开展时间长短和志愿者人数等都会在某种程度上造成它的复杂，但其复杂性往往表现在构成要素的变化上；志愿者专业水平的高低直接决定了服务的质量；志愿服务虽说是无偿的，但却需要大量资金的支持；体育志愿服务的项目设立与组织管理均具有复杂性，需要制订详细计划和实际中精细的协调来应对。同时，在实际志愿服务过程中，常常见到许多不和谐的现象，如志愿者水平低下、志愿者临时退出、缺乏管理等问题。这就需要体育志愿服务组织、志愿者、服务项目等各方面向规范化发展，规范化运作。

（四）体育赛事志愿服务社会参与更深入

西方国家的志愿服务中，社会非营利组织发挥着重要作用，民间的志愿组织弥补了政府工作的不足，其活动范围广，活动人群多，对社会进步和发展都有积极的作用。目前，在我国体育志愿服务活动中也有政府与社会结合的尝试，但政府色彩依然浓厚。所以，政府需要避免出现垄断化和官僚化的问题。志愿服务已成为当今的社会主题之一，我国也认识到志愿服务的巨大价值，采取了一系列措施推进志愿服务事业的发展。更多的人也认识到了志愿服务精神的重要性，决定参与到体育志愿服务活动中。与此同时，体育志愿服务的相关理论研究也更加深入，参与形式也更加灵活，企业参与、社团参与、个人参与形成了多样化的参与方式。

（五）体育赛事志愿服务项目多样化

随着人们对体育活动，对体育志愿服务热情的高涨，简单、没有创新的服务项目是不能满足人们需求的。服务项目的丰富有助于吸引更多的人加入到志愿服务当中。对于体育赛事志愿组织而言，不断对体育赛事项目创新，开拓更多元化的服务内容，也是其发展的动力。未来体育赛事志愿服务的发展，离不开志愿者、志愿组织的大胆探索与创新。

第二节　裁判员文化

竞技体育比赛中，裁判员水平的高低直接影响运动员技术、战术的发挥，更会影响比赛的效果。随着体育赛事关注度的不断增高，越来越多的社会媒体对裁判员在竞技比赛中的执裁行为给予报道，尤其是负面报道较为频繁。如何使体育竞赛中的“执法者”成为体育竞赛健康发展的一支中坚力量，不仅是一个具体的实践问题，也是一个值得深思的理论问题。建立、健全、完善裁判员资格考核，特别是建立一套完整的裁判员职后培训制度，对不断充实和提高裁判员自身综合素质和裁判队伍的整体水平，推动我国体育竞赛的健康发展，抵制行业不正之风，将起到积极的作用。从体育从业者的角度，无论是作为监督者还是参与者，都应该且能够对裁判员文化的建设起到积极的推进作用。

一、裁判员定义

裁判员是指运动竞赛过程中，依据竞赛规程和竞赛规则评定运动员（队）成绩、胜负和名次的人员。裁判员既是竞赛中的“执法人员”，又是竞赛进行的组织者和领导者，更是运动竞赛的服务者。赛场中的裁判员主要职责是为比赛双方提供一个公平、公正的比赛环境，促使双方严格地遵循比赛规则精神，保证比赛公平、有序、精彩、激烈地进行。随着赛事竞赛水平的不断提高，社会公众对于赛事的关注度不断上升，对于裁判员公正判罚的要求也越来越高。竞赛规则在体育竞赛中的实际贯彻和落实主要是通过竞赛过程中的“执法者”即裁判员来进行，特别对有些项目，如体操、武术、跆拳道、篮球、足球等项目抽象的规则条文，需要在实际比赛过程中转变为具体的行为准则和具有约束力的裁决。这种转变在很大程度上是由裁判员来实施，如果简单地把体育竞赛解释为是通过竞赛规则来规范，那么体育竞赛规范化的实现，关键在于竞赛规则的实际贯彻和落实，而裁判员则是保证竞赛规则在体育竞赛过程中的实际贯彻和落实的中坚力量。因此，裁判员自身素质和裁判队伍整体水平的高低，在很大程度上决定着体育竞赛的质量。

二、裁判员基本素质

（一）职业道德素质

裁判员是体育竞赛场上的“执法者”，肩负着光荣、神圣而崇高的使命，是“严肃、认真、公正、准确”八字方针的忠实执行者。履行职业道德素质，反映了裁判员在贯彻各项体育竞赛规则时公正无私、诚实谦虚的思想意识。只有这样，才能体现出裁判员本身正直无私的品质，才能达到思想水平的最高境界。

（二）裁判思维素质

思维是客观事物在人脑中间接和概括的反映。体育竞赛裁判活动是一门特殊的社会活动，是由一整套竞赛制度、竞赛规则和裁判原则作为依据来观察、分析、判断竞赛过程中的“利弊”“轻重”“有意无意”，最终达到“裁决服众，竞赛效应良好”之目的。

（三）裁判知识素质

体育竞赛的裁判知识是一种专业知识，主要由两部分组成，其一为竞赛规则及裁判法方面的知识，其二为各体育竞赛项目的理论知识和相关学科的理论知识。要求裁判员在通晓“竞赛制度”和“裁判原则”的基础上，熟练掌握本职范围内的“规则”和“裁判法”，努力学习、提高各竞赛项目和相关学科的理论知识水平，有助于竞赛过程中作出正确的判断。

（四）裁判技能素质

技能是从知到行，从思想到现实，是取得成功的必要条件。裁判员的技能，不同于大众技能和其他行业的技能，它需要经过体育类专门教育和竞赛实践经验的长期训练来掌握。不仅如此，裁判员还是一项非常形塑意志的工作，很多项目的执裁工作都需要裁判员进行长时间的跑动，比如篮球项目和足球项目。根据近几年国际足联的统计材料证明，在一场激烈的足球比赛中，裁判员的跑动距离一般在10~13公里，足见其对裁判员的要求之高。

（五）裁判信仰

在不断改进、完善体育竞赛制度、规则和裁判原则的过程中，形成了一种裁判信仰。这种信仰也就成为体育竞赛过程中裁判员共同的精神追求，其表现形态有裁判信念、理念、观念和意识；其内容包括规则至上、公正无私、诚实谦虚。裁判员是体育竞赛过程中体育秩序的维系者，是竞赛秩序有效运作的维护者，更是体育竞赛精神文明的传播者。如果体育竞赛过程的“执法”者缺乏这种信仰和精神追求，没有规则至上的信念，没有公正无私、诚实谦虚的观念，那么贯彻落实竞赛制度、规则和裁判原则就会成为泡影。

（六）裁判体质与仪表

由于体育竞赛过程具有节奏快、连续作战等特点，因此要求裁判员具有强健的体质。裁判员的形体健美、面容睿智、仪表庄重、举止潇洒和体育竞赛场面相和谐，则能体现出裁判员的良好精神面貌，让运动员、观众亲身感受到体育美的教育价值。在赛场上对于裁判员既有着相应的规定，同时这些规定也形塑了运动员的仪表之美，成为赛事文化的重要组成部分。

三、裁判员礼仪文化

礼仪是一个国家历史文化长期积累的结果，具有一定的民族性和区域性。中国素有“礼仪之邦”之称，礼仪文化渗透各个领域，包括体育赛事领域。体育赛场礼仪包含着为全世界人民所接受的普通价值，因而具有很强的亲和力。裁判员礼仪是指裁判员在体育比赛活动过程中所遵循的一整套表现尊敬、教育和审美意义的行为准则和规范。

(一) 裁判员礼仪文化的作用

裁判员不仅是比赛规则的执行者和比赛过程的控制者，也是公平正义的捍卫者和维护者。随着体育国际化的发展和运动项目职业化进程的加快，体育比赛对裁判员提出了更高的要求。一名合格的裁判员，不仅需要扎实的专业技能，更需要恪守职业道德，具备良好的礼仪修养。裁判问题一直是体育竞赛中的一大顽症，黑哨事件层出不穷，在改革裁判员管理体制的同时，应让“道德”介入其中，加强裁判员的职业道德素养和礼仪修养，还体育运动一片洁净的天空，为体育赛事更加良好的发展提供优质的服务环境。

(二) 裁判员礼仪的基本内容

裁判员礼仪包括个人礼仪修养和赛场执法礼仪两方面。个人礼仪修养主要来自教练日常的学习和积累，主要包括：掌握运动项目的礼仪规则；锻炼良好的身体素质；具备熟练的业务技能，不断更新技术规则，积累实战经验。赛场执法礼仪主要体现在三方面：一是注意自身的言行举止，仪表优美，身着专业服装，手势规范，不拖泥带水，哨音和说话声洪亮，确保参赛选手明确说明的内容；二是公平公正执法。作为体育精神的践行者，必须做到规则至上，不掺杂个人情感，维护执法者的权威；三是做到在尊重规则的前提下随机应变。赛场的情况千变万化，要相信自身能力果断裁决，若不能确定则不可主观臆断，可回放比赛实况录像或与裁判组进行商议，尊重和理解运动员的付出和表现，为观众呈现一场公平精彩的比赛。

根据裁判员礼仪呈现形式的不同，又可以分为裁判员基本礼仪和专业礼仪。裁判员的基本礼仪。在平时生活当中裁判员要做好的礼仪有：站立时，身体不要东歪西靠；坐时，姿势要端正；说话时，要和蔼可亲；不随地丢垃圾，不随地吐痰、污染公共环境；在非吸烟区不得吸烟；在就餐中不得高声接电话、吵闹喧哗；尊重别人的隐私，尊重别人的风俗习惯等。裁判员的专业礼仪。裁判员的专业礼仪是指，在进行体育竞赛过程中，裁判员所展示的仪容仪表和行为规范，主要包括赛场内和赛场外。在赛场内裁判员要做到：尊重运动员、教练员和工作人员；穿着要得体、交谈要大方；执裁尺度要一致，做到公平公正公开，表现出良好的专业道德素质；在升国旗和奏国歌时要站立，高声合唱或保持肃静等。在赛场外裁判员要做到：在交往当中举止大方、端庄稳重，表情自然诚恳、和蔼可亲，不装腔作势；微笑发自内心，不强作欢颜；在与外国女裁判员交往时要尊重女性；在遇到外国女裁判员时要以实际行动去尊重、关心、照顾女士，要有绅士风度等。

（三）裁判员礼仪培养的建议

1. 礼仪观念的整体导入

随着各级各类赛事的增多，我国体育项目的国际化进程越来越快，在我国举办的国际性赛事越来越多，裁判员礼仪的培养已经迫在眉睫。所以要把礼仪文化融入裁判员执裁观念中，让裁判员了解裁判员礼仪的相关内容。

2. 加强裁判员的专业技能培训

裁判员有了更高的专业技能，才能更好地执法一场比赛，才能展现一个优秀裁判员的礼仪。为使裁判员在比赛中充分发挥自己的作用，必须提高其业务能力。因此，必须建立一套科学的考核和培训体系，对所有的裁判员进行专业的培训。

3. 加强裁判员礼仪文化的学习

让各运动项目的裁判员聚到一起学习、训练，通过训练、考核等方式，为运动竞赛培养出一批精英裁判员，发挥榜样和标杆效应。只有这样才能为运动会裁判员的礼仪提供一个良好的保障。也可以通过电视等方式举行关于裁判员礼仪内容考试的相应节目，让更多的裁判员去了解裁判员礼仪。

4. 礼仪的制度化

赛场上裁判员的礼仪如果没有相对统一的标准和规范制度进行约束，裁判员的行为便会出现“千姿百态”，赛事裁判员礼仪的制度化建设迫在眉睫，建立一套相对合乎规范的裁判员礼仪制度对于形成裁判员礼仪文化意义重大。并且在制度化建设完成之后，需形成一定的奖惩机制以从外部刺激裁判员礼仪观念的形成。

第三节　其他服务者文化

体育赛事，尤其是大型综合性体育赛事的举办是一项十分复杂的工作，除了需要志愿者和裁判员为之提供服务之外，教练员、队医和组织管理者在体育赛事正常有序的运行中也起到了重要的作用。

一、教练员文化

（一）教练员概述

教练员是指从事竞技运动训练工作、培养运动员并指导他们参加运动竞赛，争取优异成绩的专业人员，是运动训练过程的设计者、组织者，更是运动员的教育者和指导者。教练员是竞技体育人才的重要组成部分，是竞技体育的核心竞争力，优秀的教练员可以培养出大量的优秀运动员。1994 年国家体委制定了体育教练职务等级标准，以充分发挥我国体育教练员的积极性、创造性，提高训练教学水平和指挥、管理能力，为我国运动员体育运动技术水平的提高打下了良好的基础。从目前来看，我国体育教练员主要有三级教练、二级教练、一级教练、高级教练和国家级教练。三级、二级教练为初级职务，一级教练为中级职务，高级、国家级教练为高级职务。

（二）教练员的主要服务内容

1. 完成运动员的训练教学任务

对运动员进行训练教学是教练员最主要的服务内容，教练员凭借其丰富的赛场经历和教学经验，针对每个运动员的自身条件，为其提供专业的个性化的教学训练，最大限度地挖掘每位运动员的自身潜力，使其在比赛中取得优异的运动成绩，为其代表队赢得荣誉。

2. 全面关心运动员的成长

在中国，尤其是“举国体制”背景下，大多数运动员为了取得好成绩，从小就“背井离乡”，孤身前往训练队开始漫长的运动生涯。教练员既是教练，又充当了他们的父母，陪伴在他们左右。在成长过程中，教练员不仅教导运动员专业技能，更教授他们做人的真谛。

3. 指导培训低等级教练员

随着我国竞技体育的不断发展，对竞技体育人才的需求也不断增加。高级教练员会定期对低级教练员进行业务指导、培训和辅导基层训练工作，培养专业的竞技体育人才，为竞技体育事业的可持续发展添砖加瓦。

（三）教练员在体育赛事中的作用

竞技体育比赛是一场实力与智力并存的激烈竞争。近年来中国女排屡获佳绩，离不开女排姑娘们赛场上的奋力厮杀，更得益于排球教练严格的训练与悉心的指导。教练员的临场指挥能力直接反映了其教练技巧和经验。在竞技体育比赛中，教练员在赛前、赛中和赛后都发挥着至关重要的作用。

赛前教练员的作用：为运动员创造良好的赛前环境，避免各种外在因素的干扰；积极调动运动员的情绪，增强比赛信心，调节心理压力，使运动员身心得到充分放松；全面考虑比赛中可能会出现的问题，做好突发事件应急预案，做到有备无患；充分了解比赛对手的现状，知己知彼，根据对手的特点和风格制订切实可行的战术。

赛中教练员的作用：通过面部表情、肢体语言向运动员表达其思想和意图；根据比赛中的突发情况，做好临场指挥，随机应变；观察、分析和思考，及时做出果断决策，帮助运动员掌握比赛的主动权；大比分领先或落后时，安抚运动员情绪。

赛后教练员的作用：对比赛结果进行客观有效的归因，全面认真地做好赛后总结；调整运动员心理，针对个体情况调整训练方法；帮助运动员树立自信心、自我价值观，以便顺利进入下一阶段的训练；积极采用多种多样的方法和手段使运动员身心得到放松。

二、组织管理人员文化

（一）组织管理人员概述

从静态的角度来看，组织是一个有机实体，即组织结构，是为达成既定的工作计划，实现管理目的，使不成体系的劳动力或物资按一定的关系组合成的有机体。从动态的角度来看，组织是为了达成特定计划目的，具有特定功能的组织实施，是管理者为了有效地实现特定目标而对组织投入的各种资源进行计划、分配、组织、实施与控制，并合理使用和分配的活动过程。

由此可见，体育赛事的组织管理，就是为了有效地实现体育赛事组织的预定目标，通过建立体育组织体系，确定工作职位、责任、权力、协调关系，对体育赛事组织管理活动中涉及的各要素进行优化配置，形成一个有机整体的协调活动的过程。它包含两方面含义：一是体育组织结构设计（组委会），确定体育组织结构的表现形式，规定组织关系；二是按照体育管理活动执行各项赛事工作，即对时间、信息、人、财物、技术等各要素进行合理协调配合，依据资源总量，按照组织实体规定的工作顺序和规范，实现体育组织管理目标的动态过程。体育赛事组织管理人员是指对这一动态过程进行有效统筹控制的人。

（二）组织管理人员的主要服务内容

因举办体育赛事的工作内容多且杂，需要众多部门协同合作，共同完成，故而体育赛事组织管理人员需要在赛事进展的不同时期明确其工作任务。

1. 赛事启动阶段

启动阶段也叫申办筹备期，即从萌生申办体育赛事的“念头”到提交申办方案并获得赛事举办权这一个启动阶段。这一阶段主要的任务是，想要获得赛事举办权的单位对赛事申办所涉及的内外环境进行全面周密的综合性分析，即对将要申办的赛事组织需要哪些方面协调参与、现有的物质资源条件、投入与产出效果等方面进行综合评估与论证，从而掌握此次赛事的申办经济回报、科技支持、社会效益上的可行性。这一阶段体育赛事组织管理者所需要完成的服务内容有以下几点。

（1）完成赛事的可行性报告

赛事的可行性报告主要包括：赛事的主体设计、赛事所涉及领域及外部环境的情景分析、主要竞争对手分析、赛事的基本操作流程、举办赛事的困难之处及解决策略等内容。

（2）完成赛事的申报工作

赛事的申报是赛事启动阶段重要的环节之一，各大型综合性体育赛事的申报需经过当地政府或更高一级行政单位的审批同意之后方能举办。

（3）完成赛事的启动工作

大型体育赛事成功审批之后，需完成赛事的启动仪式，邀请相关领导人出席并宣布赛事筹办工作正式启动。

2. 赛事筹备阶段

该阶段主要为实施体育比赛做准备，综合性体育赛事有复杂性和不可重复等特点。赛事的统筹是赛事准备的起点工作，主要工作任务包括五方面，即组建赛事组织（筹备）委员会、建立组织机构、确定赛事组织方案、制定赛事竞赛规程、制订各部门规章制度和赛事工作计划。

（1）组建赛事组织（筹备）委员会

综合性体育赛事组织委员会通常在主办单位的领导下，由各方面代表组成并负责组织和领导赛事全部的工作。

（2）建立组织机构

成功的赛事来源于对整个赛事全局工作的领导，因此需要成立统筹赛事全局的赛事组织委员会。依据体育赛事的规模、层次和要求，设置合理、职能划分明确的组织领导机构是赛事工作顺利开展、圆满完成竞赛任务的决定性节点。

（3）确定赛事组织方案

要使赛事筹备工作有计划、有步骤地展开，首先必须研究和确定赛事的组织方案，组织方案包括赛事的名称和目的、赛事规模、赛事的组织机构、经费预算等内容。

（4）制定赛事竞赛规程

竞赛规程是对赛事组织管理者和参加者最具体的指导性文件。组委会成立前，赛事筹备小组首先要按照赛事的宗旨、目的、任务制定出赛事竞赛规程。综合性体育赛事集合了非常多的小项，需在制定赛事的总规程基础上，依据各单项竞赛部的各项项目特点，再分别制定详细的各单项竞赛规程。

（5）制订各部门规章制度和赛事工作计划

赛事组织机构建立后，需建立健全赛事各部门一系列规章制度，明确各部门岗位职责，提供行为准则，并根据各部门的主要职责，制订具体工作计划。各职能部门的工作计划一般应包括时间、阶段、工作内容、工作质量、进度、执行人、责任人。

3. 赛前准备阶段

赛前准备阶段，是从组织机构建立起来到各职能部门的工作计划经赛事组织委员会审核通过后，到赛事竞赛开始为止。这一阶段赛事组织机构各部门的主要工作及任务如下。

（1）组委会办公室

根据组委会的决议，筹备召开组委会各大会议的具体组织工作。包括组委会会议、组委会常委扩大会议、组委会各部门工作联席会议、赛事筹备工作会议等。

（2）场馆建设部

负责所有训练比赛场馆的基础设施建设、保障服务工作、场馆相关道路及环境整治工作。

（3）新闻宣传部

新闻宣传部主要工作内容有：社会宣传工作、思想教育工作及新闻报道工作。包括召开新闻发布会、向有关新闻单位发出采访邀请、组建新闻中心或新闻室、制订新闻报道计划。

（4）安全保卫部

全权设立整个赛事运行过程的内外部的治安保障组织网络，确保各项安全保卫工作的管理和执行到位，并负责对有关社会外部、赛事场地、参赛单位日常起居地等主要位置的赛事场馆设施、安全设施等进行排查，制订并把安全保卫措施落实到位。

（5）后勤接待部

做好有关赛事物资的管理和使用分配；做好接待工作，包括交通接待、住宿接待准备、饮食接待安排等；做好交通车辆的管理和调配；配备赛事服务的医务工作人员和常规性药物配备；协调医院服务与赛事赛区的对接，准备充分的医务设备和医务人员，以应对赛事过程中可能发生的各种意外伤害情况。

（6）大型活动部

制订大型活动方案，包括开幕式节目设计及参演人员的配备；成立开幕式现场临时指挥部；进行开幕式预演。

（7）竞赛部

各竞赛职能部门的主要任务是通过运动员训练、裁判员实习及了解运动员报到后的意见和反映，在对前期各项工作进行总梳理和总反馈的前提下，再次强调及时反馈、协调、疏通进入正常比赛的渠道。

4. 赛事实施阶段

赛事实施是整个体育赛事的承上启下阶段，这一阶段运行的成功与否，直接影响到赛事的社会价值。各部门的管理工作如下。

（1）组委会办公室的管理工作任务

完成有关赛事的各项票证的分配工作；开、闭幕式临时指挥部办公室的值班和通信工作；负责邀请有关领导和其他人士参加大会各项重大活动；做好对各代表团的联络服务工作；负责赛事组委会各部门工作进行情况的反馈整理，并根据反馈协调处理好影响赛事进行问题，在相应时间段印发赛事情况简报；组织安排好各代表团的迎送仪式；负责协调各职能部门的工作等。

（2）新闻宣传部的管理工作任务

主要包括赛事的宣传教育工作；记者采访的组织工作；组织开展“体育道德风尚奖”的评选活动等。

（3）安全保卫部的管理工作任务

赛会驻地的安全保卫工作；维持赛场秩序工作；大会车辆的交通安全工作；参加赛事各种活动及各单位领导的安全保障；制作发放各类人员在大会期间的证件等。

（4）后勤部的管理工作任务

运动员、裁判员的住宿；要切实落实好各类参赛人员饮食卫生安全工作；做好参会人员的返程车、机票的登记、预定和领取工作；监督各职能部门的经费使用情况；做好比赛期间的防止运动员及其他人员突发病情的医疗急救工作。

（5）竞赛部的管理工作任务

布告各项目历史最高纪录；做好各项目的成绩汇总统计和发布公告工作；指导协助各单项竞委会处理和解决比赛过程中出现的重大问题等。

（6）大型活动部的管理工作任务

主要负责组织开、闭幕式的统筹和具体事项的安排工作。

5. 赛事结束阶段

闭幕式结束，说明赛事已经基本完成，但是，作为赛事的组织管理团队的各部门不能到最后就松散，要有“有始有终，始事不浮躁，尾事不松懈”的认真坚守岗位的精神，进行赛事的收尾工作。

首先，闭幕式结束后人流量会非常大，这时要求安保部和后勤部做好散会的疏散工作，包括领导及观众的疏散引导、车次的安排、饮食住宿的安排、人员欢送工作等。

其次，竞赛部门要处理赛后运动员的投诉及仲裁处理并及时编制和印发总成绩记录册，做好成绩证书打印、分发等工作。

再次，各竞赛项目部门进行赛事财务决算报表汇总、清理和拆卸、还原、清点赛事所用的场地器材、设备等工作，并交移给责任保管人。

最后，开总结大会，对赛事组织管理的整个过程进行交流探讨，总结得失，整理有关赛事的各类文件并归档，总结本次赛事的举办经验情况并以文字形式总结上报赛事组委会。

（三）组织管理人员在体育赛事中的作用

1. 赛事启动阶段

赛事启动阶段主要是对赛事各目标内容的设计进行检验。计算成本和收益，以便于制订整个赛事预算；通过预算，组织管理者可以把赛事资源整合起来以期达到最优效益；确认需要多少人力资源、设施与设备等的投入；考虑政府或主办单位的支持程度；周密分析在赛事运行过程中可能出现的各种问题，提前做好应对预案。对上述内容作全面评估及论证后，根据评估结果决定是否值得申办此次体育赛事。如果决定申办，则开始准备、宣传和实际操作申办计划。

2. 赛事的计划筹办阶段

体育赛事，尤其是综合性体育赛事涉及的参赛单位较多、赛事各阶段筹备周期较长，规程从草拟到修改定稿再到审批，这个过程耗时非常长，所以有关赛事常规性的工作、文件、方案、规程等，赛事主办单位可以提前计划完成并以最快的速度和最有效的方式公布或交到需求主体手上，让赛事工作计划“提前量”，以给赛事参与单位及相关工作人员充裕的准备时间。

3. 赛事的赛前准备阶段

大型体育赛事的筹办是一项极为复杂的工作，首先需要成立赛事组委会，在组委会的统一组织管理下对各部门工作进行安排；其次要求各职能部门负责人之间进行有效的沟通，及时地处理赛前筹备过程中遇到的问题。

4. 赛事的实施阶段

这一阶段是从赛事的开幕式开始至赛事闭幕式结束为止。其间筹委会各部门必须围绕赛事竞赛工作这个中心，协调有序地执行工作，以此确保赛事顺利进行。

5. 赛事结束阶段

赛事的组织管理者在赛事闭幕式结束后，需要对整个赛事进行收尾工作，让体育赛事做到善始善终。

三、队医文化

（一）队医文化概述

运动队医生是伴随着体育事业的发展，尤其是在竞技体育的飞速发展下迅速崛起的一支极具专业性的医疗保障团队。队医本质上是拥有广泛的医学知识储备，跟随运动队比赛，全程掌握着运动员赛前、赛中及赛后的身体情况，提出安全训练和个人、集体卫生方面的建议和医学指导，确保运动员的身体健康和促进提高运动成绩的医疗队伍。

实际上，“二战”前虽有国家级联赛，但并没有特设队医。当时球员受伤后，为他们止血或送他们就医的只是“杂役”。有据可查的历史显示，20世纪50年代，“队医”开始出现。奥委会调查后指出，美国最早开始为运动队配备专业队医，他们邀请医学专家在奥运会期间为运动员进行医学帮助。这一举措迅速在全球推广，到20世纪70年代，欧洲几乎所有的足球国家队、豪门球队，都有了专业的队医。数十年来，队医的角色、作用都发生了巨大的变化。

（二）队医的主要服务内容

1. 正确指导运动员的日常情绪

在运动员的日常生活中，他们心态与情绪的波动对其运动训练会产生积极或消极的影响。大部分心思细腻、情感脆弱的运动员，受到队医在情绪上肯定与否定的指导的影响都要比其他队员来得大。队医对运动员情绪进行正确、积极的指导是极为重要的一项工作。在科学化体能训练的基础上，通过实例去指导并讲解如何处理好日常琐事，彼此公开、坦诚地进行沟通交流，既可以及时解决运动员的心理症结，也可以加深运动员与队医之间的信任，最小化因心理情绪所造成的训练或是比赛的消极影响。

2. 调养运动员身体预防运动损伤

“动即存在风险”，队医有责任也有义务传授有关如何调养身体及预防运动损伤等方面的知识。调整步骤覆盖赛季前、中、后三个不同时期，调整的具体措施也根据不同时间段运动员身体的特异性变化，以及运动项目中出现的多样化、反复被强调的细节问题而加以调整。例如，在进行有氧运动和无氧运动时，需要对运动的强度及负荷量进行特殊的训练指导。通常是根据特定年龄或者成熟群体的柔韧性和本体感受、敏捷、协调性等差异去调节，辅之佩戴心律表去确定运动员运动强度。实际上，对于身体的调养除了注重训练，还要渗透到生活饮食方面。队医有针对性地去了解适合不同项目、性别、年龄及训练需求的营养配餐方法，学习并传授最新的、有效的营养理论，排除阻碍运动员健康及发展需求的饮食习惯，坚决杜绝违禁药品，采用强制性手段阻止或禁令对运动员有害的实物摄入。

3. 运动前评估训练的适宜环境

队医常常是进行各项评估的主要参与者，除了与教练员共同评估运动员的有氧能力、骨骼肌力量、柔韧性、身体成分等防止运动员受伤的因素外，对于环境也有着严格的把控。在温度方面队医通常会亲自去测量场地的温度和湿度，充分了解不同运动项目适宜的比赛或训练的环境。当出现不安全因素时，重新安排或者取消训练或者比赛。在运动的工具与设备方面，定期检查运动员装备和场地表面情况，尤其在训练和比赛前确认装备是否安全、是否适合于运动。如对帽子和护垫进行合理的替代、维护，清除训练场地危险障碍。在紧急计划方面，制订一套关于在训练和比赛时出现紧急情况的评价、治疗和药品运送计划。

(三) 队医在体育赛事中的作用

随着现代竞技体育的飞速发展，世界纪录不断被刷新，人的潜能不断被发掘，越来越多的运动项目成绩已接近人体生理极限。而运动员要想提高运动成绩，赶上和超过世界先进水平，就必须承受日益增大的运动量训练，高强度训练、极限强度训练已成为一种趋势。在这种形势下，训练科学化的要求越来越高，必须同等看待队医与教练员在科学化训练中的地位，不可偏废，有必要进一步加深对不同队医在赛场上作用的认识。

1. 战地护士

这类队医成为战地医生般的存在。他们懂医学、药理，可以进行检测伤势、理疗、监督康复等工作，但他们并不负责为球员的重伤进行治疗，不具备主治重伤球员的能力。不过他们依靠扎实的医学知识、出色的形象、良好的沟通能力，可以对伤病人员进行临时的救治与心灵的安抚。

2. 跨界科研机构

现代队医不仅是负责医护球员的身体，同时还承担着很多其他的职能：将最具创新性的软件技术运用于项目的运动训练中；设计训练计划时保证年轻球员的发展方向；在确保球员们身心健康的情况下，为主帅设计战术提供各种技术和身体数据等。这个层次的队医不单单由医生组成，而是一个包含了生物信息学家、统计数学家、高级程序员、心理学家的跨界医疗团队。

本章小结

各类服务者对赛事的成功与否具有重要的影响，这些服务者包括常态性服务者，比如教练员、队医等围绕运动员而设置的岗位，也包括志愿者、裁判等临时设置的服务岗位。这些是赛事得以开展的重要要素，也是促进运动员健康、促进赛事公平公正和成功举办的重要保障。在赛事中，志愿者、裁判员、组织服务人员、医务人员等形成了围绕赛事的文化特征，成为一种独特的服务文化形态。

思考题

1. 何为体育赛事志愿者？体育赛事志愿者的特点有哪些？
2. 体育赛事志愿服务有哪些价值？
3. 裁判员的分类及应具备的基本素质有哪些？裁判员在体育赛事中的作用有哪些？
4. 教练员在体育赛事中的服务内容与作用有哪些？
5. 体育赛事组织管理人员的服务内容与作用有哪些？
6. 队医在体育赛事中的服务内容与作用有哪些？

延伸阅读：

大学生志愿精神的新时代意蕴

一座城市的志愿精神

CHAPTER 05

第五章 体育赛事的场馆文化

学习目标：

- 了解体育场馆视觉文化的特征及表征。
- 熟悉体育场馆功能文化的主要内容。
- 掌握体育场馆遗产文化的价值表现。
- 结合案例讨论探究体育场馆遗产文化的开发利用。

体育场馆是进行运动训练、体育竞赛及身体锻炼的专业性场所，是为了满足运动训练、体育比赛及大众体育消费需要而专门修建的各类运动场所的总称。体育场馆主要包括对社会公众开放并提供各类服务的体育场、体育馆、游泳馆，体育教学训练所需的田径棚、风雨操场、运动场及其他各类室内外场地、群众体育健身娱乐休闲活动所需的体育俱乐部、健身房、体操房和其他简易的健身娱乐场地等，而本章主要的研究对象为可以承接各类体育赛事的体育场馆。近年来，伴随着体育赛事场馆数量的不断增加，传统物质和技术层面的场馆建设逐步规范，越来越多的大型体育赛事场馆开始注重文化建设，即形成带有自身特色化、个性化的核心价值。体育赛事场馆文化建设不仅需要符合现代管理的主流趋势，更需顺应我国体育产业发展趋势，营造适合体育精神的体育场馆文化，并运用到自身日常管理运营实践中。本章将重点介绍体育赛事场馆的视觉文化特点及其表现形式；体育场馆功能文化相关概念及呈现形式；体育场馆遗产文化的内涵、价值、功能及利用。

第一节　体育场馆的视觉文化

诚然，当今的视觉图像正以前所未有的力度影响着文化的每一个层面，从最高深精微的哲学思考，到大众媒介最为通俗浅易的建筑事件和生产制作，乃至大众的普通生活。我们每天享受着视觉盛宴，生活在一个视觉图像的时空境域之中。可是，在逐步图像化和视觉化的世界中，我们纷繁的视觉经验和对这些观察资料的分析能力之间确实存在着一道裂口。在这样的语境中，作为试图来缝合这道裂口的一个新的研究领域出现了，这就是视觉文化研究。对于体育赛事场馆而言，视觉文化作为一种新的研究视角和文化现象，既是一种机遇也是一种需要。

一、体育场馆视觉文化概述

（一）视觉文化的概念

美国纽约州立大学教授尼古拉斯·米尔佐夫在《视觉文化导论》一书中指出，“纷繁的视觉经验和对这些观察资料的分析能力之间确实存在着一道裂口，这对作为一个研究领域的视觉文化来说，既是一种机遇也是一种需要。不同的视觉媒体一直是被分开来研究的，而如今则需要把视觉的后现代、全球化当作日常生活来加以阐释。包括艺术史、电影、媒体研究和社会学在内的不同学科的批评家们已经开始把这个正在浮现的领域称为视觉文化”。如此看来，视觉文化与视觉性事件有很大的关系。他还进一步指出，“视觉文化也是一种策略，我们可以从消费的观点而不是生产者的观点出发，用它来研究后现代日常生活的谱系、定义和功能”。

英国学者伊雷特·罗戈夫把视觉文化理解为至少由三个部分组成。首先，有些图像生成并存在着，并被不同的、通常是相互争执的历史据为己有。其次，存在一些我们随意使用的观看机器，它们由诸如叙事或技术等文化模式所引导。最后，还存在着这样认同的、欲望的或卑劣的诸种主体性，我们通过这些主体性角度观看，并凭借它们告知我们观看之物。在这里我们可以这样去理解，当把注意力集中于图像和客体或环境的接受时，视觉文化最有趣味的地方就显然可观了，即创造行为、理论化和历史化之间的边线被极大地侵蚀，并且不再存在于彼此之间排他性的区分之中。

南京大学的周宪教授指出视觉文化的基本含义“在于视觉因素，或者说形象或影像占据了我们文化的主导地位”。他认为，“视觉文化有两个基本含义，一是指称一个文化领域，它不同于词语的或话语的文化，是视觉性占主因的当代文化；二是用来标识一个研究领域，是广义的文化研究的一个重要分支”。

综上所述，视觉文化是指文化脱离了以语言为中心的理性主义形态，日益转向以形象为中心，特别是以图像为中心的感性主义形态。视觉文化，不但标志着一种文化形态的转变和形成，而且意味着人类思维范式的一种转换。视觉文化所涵括的范围远远超过图像研究，甚至是最开放和跨学科的图像研究所涉及的领域。

（二）体育场馆视觉文化的特征

语言是文化的载体和主要的传承形式，建筑物是语言系统以外形形色色的文化性对象和现象的“语言实例”之一。当建筑物被当作对象时，建筑者在历史的传承与创新间，运用逻辑辩证思维游刃有余地将新的意义赋予建筑物自身及文化外延中，以期巩固和体现该建筑物在整个文化实体中的意义和表征。在这里，产生多种符号现象的建筑被当作符号体系把握，这种现象被称为建筑语言。体育场馆作为城市建筑物中一种具有代表性的设施，是符号系统中“建筑语言”的显性体现。体育场馆视觉文化是场馆视觉艺术、视觉艺术产品和视觉艺术精神的总和，主要具有如下几个基本特征。

1. 可视性

体育场馆的视觉文化不能脱离人的视觉而存在，虽然它的某些精神要靠人的大脑去体会、去领略，但在形式上，它必须是可视的，必须具有可视的形式、可视的载体。例如，绘画文化离不开一张又一张的画，雕塑文化离不开一个又一个的雕塑，建筑文化离不开一座又一座的建筑，影视文化离不开一部又一部的电影或电视剧。

2. 审美性

虽然视觉文化常常被打上意识形态的烙印，但视觉文化仍然具有一定的审美属性和特征，而且，人类的审美感觉往往是可以跨越国家、民族、时代等界限的。这是因为人除了具有阶级性外，还具有共同的人性。例如，西方人看见金字塔，会感觉到一种美，中国人看见金字塔，也会感觉到一种美。中国人看见万里长城，会感觉到一种美，西方人看见万里长城，也会感觉到一种美。视觉文化在本质上是人类文明的成果。

3. 主观性

与体育场馆视觉艺术的审美主体性相关联，场馆视觉文化总是具有一定的主观性。它包括两个方面的含义，一是艺术家在创造过程中，总是自觉或不自觉地融入自己的思想和偏好。例如，同样是画一座山，不同国家、不同民族、不同时期、不同风格的画家画出的山可能迥然不同。二是欣赏者在欣赏过程中，由于阅历、经验、审美观、相关人文知识储备的不同，甚至是由于自身心情的不同，其感受也是不一样的。正所谓“横看成岭侧成峰，远近高低各不同”“仁者见仁，智者见智，有一千个读者就有一千个哈姆雷特”。

二、体育场馆视觉文化表征

（一）传达符号

传达符号学指信息发送者准确无误地把符号及其包含的信息（X=Y）传达给接收者的符号运行过程。池上嘉彦认为，传达是信息沟通的第三层次，是语言解释中在“意义作用”和“表现”之后更高层次的“文本”传输过程。信息传达过程中涵盖信息、符号、渠道、方式等因素，是信息传递和接收的双向过程，此处更侧重于信息传递这一过程。例如，广州天河体育中心向大众传达的是“繁荣体育事业，共享体育资源”的体育精神，是“传承爱国教育，弘扬爱国情怀”的社会正能量，是新时期构建社会主义和谐社会、贯彻落实科学发展、凝聚改革正能量、实现发展新跨越等文化内涵的集中体现。

（二）意指符号

意指符号学主要研究符号的意指现象，即研究通过找出和描述某物（X）来意味着另一物（Y）从而创造一个信息（X=Y）的语义作用。顾名思义就是意义指向，和语言系统一样，符号通过系统有序组合后，根据人们看待方式的不同分属于两种问题——内涵和外延。内涵和外延构成了意指作用的两个基本和对立的呈现方式。内涵是与符号形式、内容息息相关的主观感受，外延是客观构想的所指。广州天河体育中心并非传统意义上的单纯的体育场馆设施，它是国人足球文化构建、体育旅游资源共享、文体活动资源共建的一个缩影和代表，从侧面也反映出目前我国体育文化建设的全民性和普及性，体现出人们对于体育活动内涵和外延把握程度的愈加深入和彻底。

（三）文化符号

20 世纪 60 年代苏联杰出的文艺学家、文化学家、艺术理论学家、符号学家洛特曼参与并创建的莫斯科—塔图学派及其文化符号学理论在世界范围内享誉盛名。该学派以结构主义理论作为其符号学研究的方法论模型，认为符号表现的是一种“文化内涵”，而并非“事物本身”，事物只有通过交际空间赋予的文化底蕴才能被彻底认识。洛特曼重视并强调“文化即文本的总和”，将文化整体分解成若干相互联系的文本单位，在研究各种文本层级序列联系的基础上，运用结构主义语言学的方法论阐释文本符号的结构规律在各种历史文化现象中的意蕴和价值。文化具有很长的继承性和延续性，广州天河体育中心所呈现的休闲体育文化、经济商贸文化是其在文化符号学领域内较为突出的展现形式。

第二节　体育场馆的功能文化

伴随着体育产业的蓬勃发展，集体育、娱乐、文化、商业等多种功能于一身的大型综合性体育场馆成为了各个城市及地区争相新建的对象。放眼国内，成功实现商业化运作，完善各类设施，并创造良好运营效益的场馆越来越多，如凯迪拉克中心（北京五棵松体育馆）、深圳湾体育中心、南京奥林匹克体育中心等，提供体育运动场所已经不是这类大型文化体育场馆的唯一功能。了解体育场馆的功能文化，自始至终树立和不断强化功能概念，充分发挥体育场馆的潜能，能够进一步提高体育赛事的影响力和关注度，为体育赛事产业化和全民运动健身创造良好条件。

一、体育场馆功能文化概述

（一）体育场馆功能的概念

体育场馆是城市公共建筑的重要组成部分，它不仅是供运动员训练、举行国内及国际各类大中小型体育赛事的场所，同时还是进行大型集会和演出活动的地方，甚至可以说体育场馆已是包括全民的锻炼、竞技、休闲和娱乐等场所的集合。功能，指事物或方法所发挥的有利作用。社会学中，功能是指社会系统的某一组成部分对整个系统或系统的某些部分产生的作用或积极影响。通过体育场馆的基本概念与功能概念的结合，从广义上可延伸出体育场馆功能的概念，即作为社会系统中的子系统的体育场馆，与社会发展过程中的政治、经济、文化及科技等各个子系统之间的交互影响和作用效益。从狭义上看体育场馆主要功能包括承接国际及国内大中型体育赛事、体育文化活动、体育教学、运动队训练、大型会议、大型文化活动、承担社会服务等，其本质属性仍是为体育赛事服务的体育建筑。

(二) 体育场馆功能文化的特征

体育赛事场馆是举办重大赛事的物质保障和现实基础。近年来，政府有关职能部门逐步将体育场馆服务业视为体育产业的重点发展领域，相继推出有关政策来支持引导体育场馆功能文化的彰显，不仅有效盘活现有体育赛事场馆资源，全面提升场馆综合服务功能，充分彰显场馆功能文化，更带动了人众健身休闲、体育竞赛表演、文化演艺表演、商业会展服务等行业的发展。体育场馆功能文化的特点主要包括以下三方面。

1. 专业性

体育场馆从性质差异来看，可划分为竞技性和群众性两种。前者以举行竞技体育比赛为主，后者则以承办群众性体育活动和全民健身为目的，主要为大众提供体育运动场所。体育场馆性质的不同导致其功能需求存在一定的差异，但不论是竞技性场馆还是群众性场馆均具有一定的专业性，承担着一定的社会责任。

2. 生活性

不论是竞技性体育赛事场馆还是群众性体育活动场馆均以服务居民为最终目标，如竞技体育场馆的功能以举办比赛、演出等大型活动为主，具有一定的规模性、专业性；社区体育场馆主要为社区居民提供体育娱乐设施，以生活性和社会性为主，以能最大限度地激发使用者参与的多元、自主选择性和灵活适用性为特征。

3. 社会性

从目前来看，大部分竞技性体育场馆也兼具群众性质功能，这是因为竞技体育活动是短暂的，而大众体育活动却是经常性的、频繁的，如南京市奥体中心的游泳馆，除承接大型的游泳赛事之外，还承担着社会公共体育服务的重任。体育场馆的公共属性决定了它不能仅为少数人服务，更应该为城市中的大多数人服务，体育场馆合理的赛后使用功能是市民们主要的价值期许。

随着国内外多样化的体育赛事资源不断涌入中国，对于体育场馆的要求也越来越高，体育场馆的发展必须由原先的单一功能向现在的多元功能转变。

二、体育场馆的多元功能文化

体育场馆具有丰富城市居民业余文化生活、促进体育事业持续发展、弘扬高尚体育人文精神、改善城市空间环境等多层面的功能与社会价值，同时更能产生一定的经济效益，为体育事业的产业化、社会化，以及体育赛事的市场化、商业化提供强有力的支持。对体育场馆的功能进行多角度深度剖析，能够促进场馆在赛前、赛中及赛后得到更加合理高效的利用。

（一）多重载体功能文化

首先，体育场馆作为体育赛事和全民健身的载体，提升了社区体育服务质量，对完善我国的公共服务体系有着重要的意义。主要表现在：依托场馆所拥有的丰富的人力资源和场地设施等诸多资源优势，为各级体育组织开展活动和发挥作用提供了便利条件；通过开展丰富多彩的体育活动，吸引更多的居民参与锻炼，最大限度地调动人们参与体育活动的积极性与主动性，不断提升广大群众科学健身的观念和知识。近年来，以大型体育场馆为中心的国民体质监测站点也在各地建立起来，保证了监测服务的定期举行。由此可见，综合高效利用场馆的功能不仅有利于大型体育赛事的圆满举办，更是建设“健康中国”的重要载体之一。

其次，体育赛事场馆作为体育产业发展的重要物质载体，承担着促进城市经济发展、带动资源要素有序流动、优化产业结构与布局、培育城市经济新的增长点的作用。作为构成体育健身娱乐业和竞赛表演业发展的重要要素，其发展规模和功能定位决定了体育服务业的发展进程与水平。大型体育场馆如奥林匹克公园、体育中心及体育产业园区等大型体育场馆集合体，具有较好的集聚效应，能够带动旅游业、娱乐业、住宿业、餐饮业、会展业等行业的连带发展。如常州万达广场 YOUNG 生活馆，拥有卡丁车俱乐部、体育综合运动场馆、云顶球场、健身俱乐部等体育产业企业，成为居民休闲娱乐健身的主要去处。

（二）城市空间布局功能文化

大型体育赛事的举办需要建设一批现代化的体育场馆及场地设施，这些设施通过严谨的选址、建设和后期的运营，能够起到带动周边配套发展的作用。合理规划和科学建设体育场馆推动城市发展，已成为当今世界体育场馆建设的重要思路之一。早在工业革命时期，英国的曼彻斯特、伯明翰、谢菲尔德、格拉斯哥都是典型的工业城市，经过多年规划建设，英国人把这四座城市打造成了运动城市，具体做法就是通过不断建设体育场地设施、申办和举办国际和国内重大体育赛事，为场馆周边区域带来人气，带动区域经济发展。

近些年我国诸多城市也通过各类大型体育赛事的举办来拓展、优化城市发展空间，如南京奥体中心的建设，使原来只是一片荒芜的河漫滩地变成南京城最具活力的新城区，如今，奥体中心已成为河西新城的核心景观。广州也通过两次全运会的举办打通了东西城市空间，号称“五运看天河、九运看青浦”。立足于当前城市向郊区扩展的态势，充分利用举办大型赛事对于道路、交通、环境、公共设施等一系列设施的要求与建设契机，积极辐射城市周边闲置空间，将城市体育场馆设施建设与住宅、休闲、商业等业态融合，综合考虑赛后的可持续发展，以城市生活为主要依托打造具有竞赛健身、休闲生活、旅游观光、娱乐文化等功能的综合体，形成“体育场馆—区域空间”联动发展模式，能够刺激区域板块的发展，为城市打造活跃健康的生活方式。

（三）人文地标功能文化

20 世纪著名建筑师赖特说过：“科学可以创造文明事业不能创造文化，有了创造性的建筑文化，科学与文化就可以共同为人类选择。”奥运建筑也是如此。千百年来，奥运建筑孕育独特的传统文化魅力，表现出强大的吸引力、凝聚力。体育建筑以承载体育运动行为的基本物质文化形态加之渗透其中的体育运动精神，以及相关的艺术形式和社会文化心理，共同构筑了整体的、复合的文化属性，并表现出多层面的品格特质。

承办大型体育赛事的大型体育场馆往往成为城市的新地标让游客们心驰神往，其中蕴藏着的先进体育精神和体育遗产更让人们镌骨铭心、肃然起敬。如国家体育场——“鸟巢”，这座被誉为“第四代体育馆”的神来之笔，已经成为北京的地标性建筑。整个体育场结构的组件相互支撑，形成网格状的构架，外观看上去仿佛像树枝织成的鸟巢，其灰色矿质般的钢网以透明的膜材料覆盖，其中包含着一个土红色的碗状体育场看台。整个建筑通过巨型网状结构联系，内部没有一根立柱，在这里，中国传统文化中镂空的手法、陶瓷的纹路、红色的灿烂与热烈，与现代最先进的钢结构设计完美地相融在一起。“鸟巢”方案还参透了中国的哲学思想，从中国天、地、人合一的理念方面产生设计灵感和建筑创意。当世界各国的体育健儿云集鸟巢时，仿佛是四方的鸟儿飞回了自己的家——人类渴望和向往一个共同的和平、和谐的美好家园，这便是北京人文奥运的理念。这些设计成为诠释体育精神、物化体育思想的物质文化注解，使体育建筑文化表现出文化艺术与体育精神交融的整体景观，充分展现出互相了解、友谊、团结和公平竞争的奥运精神，激发人们的体育参与热情，营造良好的体育文化氛围。

(四) 建筑艺术功能文化

在众多文化领域中，体育场馆可称为一种特别的建筑艺术作品。借助大型体育赛事，建设了有特色的体育场馆和其他建筑，设置了个性化的城市空间环境，打造独具城市特色的视觉享受。如北京奥运会建造的造型独特的“鸟巢”和“水立方”等场馆，均成为独特的“北京式”视觉识别符号和人文艺术景观。上海也有一些具有特色的体育场馆，如“白玉兰”花瓣造型的旗忠网球中心主场馆，“上”字形F1赛车场，“海上皇冠”形状的东方体育中心等。体育场馆本身除满足各种规格、等级的体育比赛要求外，作为特殊的城市建筑，往往是城市形象的代表之一。在设计与建造之初，特别是近年来新建的体育建筑，都是具有新时代特色、高标准的综合性体育场馆，这些体育场馆都具备设计新颖、造型独特等优势，作为城市地标性建筑极具地域特色，凝聚着整个城市的文化结晶，成为城市中一道亮丽的风景线。人们被体育赛事独有的场馆氛围所感染，感受到生命中拼搏进取、奋勇向前、勇攀高峰的强劲节奏的同时，又能得到悠闲自在的愉悦感及视觉上的艺术享受。如重庆奥林匹克体育中心游泳馆，通过富于动感和力量的流体力学的造型语汇表达了游泳运动力与美的文化特征。同时，一叶扁舟的建筑形体也暗喻了重庆的本土人文特性，给观赛群众一种美的享受。

此外，体育场馆设施中的标志物、宣传画等，都体现着城市文化的整体精神，有益于积淀与传承城市文化，并在传承中积极超越，在一定程度上提升城市美誉度，已经成为我国城市发展的一大名片，无论是在国际还是国内都具有较高声望。体育场馆中建设理念、建筑色彩等呈现出来的文化品位，代表了一个城市整体文化理念和经济实力，体现了城市的综合实力。通过对近几年新建的体育场馆的观察发现，大型体育场馆的设计中都注入了与生态文明建设吻合的发展理念，将建设“资源节约型、环境友好型”社会的发展观融入场馆的设计理念中。在城市资源节约、环境保护方面做出表率，促进社会环保风气的形成。

第三节 体育场馆的遗产文化

遗产是自然或人类遗存给后人的有价值的产品或精神。体育赛事场馆遗产文化吸引了众多学者对其进行研究，其中奥运遗产的研究是一个重要的内容。“奥运遗产，是指在奥林匹克运动发展过程中遗留下来的有关奥林匹克运动的物质财富和精神财富的总和”。从第 1 届现代奥运会开始，每届奥运会都留下了宝贵的建筑文化遗产，如雅典的大理石体育场、东京根据几何原理勾勒出的竞技场、慕尼黑帐篷式屋顶结构的体育场、蒙特利尔贝壳状的游泳馆等。

一、体育场馆遗产文化概述

（一）体育赛事遗产的概念

体育赛事的实践过程既会有积极效应也会产生消极影响，在赛事结束后所形成的具有普遍价值的物质与精神遗产中也存在正向功能的遗产及负向功能的遗产，我们将体育赛事遗产按形态的不同分为无形遗产和有形遗产。无形遗产主要是指体育赛事的精神层面的遗产，如体育赛事的口号、体育赛事实践的人文精神、体育赛事的理念等；有形遗产主要指的是举办体育赛事所遗留的体育场馆设施、纪念品等物质物品，如鸟巢、水立方、奥运村、奥运纪念品等。本节主要研究体育赛事的有形遗产中的体育场馆资源。

（二）体育赛事场馆遗产文化的内涵

体育赛事不仅仅是简单的体育竞赛表演活动，它能够带动地方就业、丰富城市文化体系、打造城市名片、提高国家地位，对政治、经济、文化等都存在较深的影响力，因此许多国家及城市积极申办体育赛事。然而，在赛事结束后，竞赛场馆遗产问题成为最突出的问题。体育场馆遗产是人类体育竞技发展过程中，为了满足竞技体育需求而打造的体育竞赛物质环境，场馆的建设受到时代、社会、经济等因素的影响，呈现出独特的魅力。如北京的鸟巢、南京的奥体中心、巴西的亚马孙竞技场、英国的伦敦碗等，都已成为各自城市的标志性建筑，完全融入了城市文化之中。不难看出，体育场馆遗产不仅是一种物质产品，更是一种文化精神象征。故而，本教材认为体育赛事场馆遗产文化是在体育赛事场馆资源的赛后利用的过程中，对城市的经济、文化、政治等产生影响的文化形态的总和。

（三）体育赛事场馆遗产文化的价值表现

简单来说，物质文化遗产是具有历史、艺术和科学价值的文物，体育赛事场馆遗产作为物质文化遗产的一种，自然也具有各种价值表现。

1. 历史价值

体育赛事场馆遗产文化承载着历史，具有特定的历史条件和时代特征。通过对体育赛事场馆遗产的研究，可以知晓当时社会制度、阶级、文化等信息。如专家学者通过对古代体育竞技场的研究，发现古罗马时代体育竞技场按照不同阶级修建看台区域，衣着及行列之间的差距明确地区分不同阶层的人，强调了古罗马社会的阶级统治。古代体育赛事场馆除了古罗马的科洛塞穆竞技场，还有古奥运会的运动场馆遗址。通过对古代遗址的确认和历次考古发掘，不仅能够充分研究古代体育的历史，而且对于研究古希腊和古罗马这一类古代社会的文化、艺术、建筑、宗教等具有重要的意义。

2. 精神价值

体育赛事场馆中蕴含着本民族或本地域的文化基因及精神产品，是维系民族血脉的重要元素，塑造了民族形象，延续了民族基本一致的社会行为和生活态度，是民族文化的传承。人们在长期的生产、生活及实践中逐渐形成的民族精神、文化观念等，经过历史的沉淀形成精神的精华，蕴含了民族的价值观、气质、情感等群体意识，是民族精神传承和发展的核心，是民族文化的灵魂。

3. 教育价值

科学知识、历史文化知识及艺术精品等都是教育的重要知识来源，为教育事业提供了丰富的文化资源，促进教育事业的发展。体育场馆遗产包含很多的民族文化知识、科学设计理念、视觉艺术表征，为教育事业提供了很好的素材。

4. 经济价值

对体育赛事场馆遗产进行科学合理的开发，可以将其转化为重要的经济资源，开发其经济价值，带动旅游、娱乐、文化、餐饮等行业的发展，为社会带来经济效益，促进文化、经济的共同发展。

二、体育赛事场馆遗产的分类

建立在体育场馆分类的基础上我们将体育赛事场馆遗产分为以下几类。

(一) 室外体育赛事的举办地——体育场

田径体育场是最为常见的体育场馆之一，包括椭圆形的400米跑道，跑道内建有一个标准的足球场或橄榄球场，周围设有看台，可容纳较多人数。体育场内可举办多项体育赛事，如田径、足球、橄榄球等。目前全世界最大的体育场——“五一体育场”可容纳15万人。五一体育场是能进行足球赛等各种比赛的综合体育文化基地，曾经有许多重要活动都在这里举行。其中，最广为人知的活动是为了纪念国家领导人和国家独立而举办的世界最大团体表演——参演者10万余人的大型团体操和艺术文艺演出《阿里郎》。这座球场，甚至超过了卡迪夫千年球场两倍的大小。五一体育场也被认为是朝鲜经济鼎盛时期的诸多“世界之最”的代表建筑之一。

(二) 室内体育赛事的举办地——体育馆

体育馆是为体育比赛及体育训练提供室内环境的场所，它与体育场最大的不同就是运动所处环境分为室内和室外，在现场容纳的人数方面，体育馆也少于体育场。体育馆的建设需要考虑空间高度、光照度、温度、通风、音响等多个方面，结合承办赛事的场馆要求进行场馆建设。2008年北京奥运会兴建了一批特色馆。如奥林匹克公园的国家体育馆，赛时承担竞技体操、蹦床、手球等体育赛事；北京香山南路的北京射击馆，赛时承担射击赛事；五棵松文化体育中心的五棵松体育馆，赛时承担篮球赛事；石景山的老山自行车馆，赛时承担场地自行车赛事。它们为奥运会室内项目的竞技提供了强有力的保障。

(三) 大型体育赛事的后勤产物——奥运村、亚运村等

现代奥运会开始之初，顾拜旦提出在比赛场地的附近开辟营地或者以兵营为运动员提供住宿。为了能够解决运动员及参赛相关人员的住宿问题，自洛杉矶奥运会开始，历届奥运会承办地都会规划一个区域建立奥运村用于解决参赛相关人员的

住宿，自运动会开幕前2周使用，闭幕3天之后结束使用。如北京的奥运村位于北京奥林匹克公园B区内西北侧，北部为规划的680公顷的森林公园，靠近将要建设的国家体育场、国家体育馆、国家游泳中心。奥运村分为居住区和国际区，共占地66公顷，位于奥林匹克公园内，北邻森林公园，南接主场馆，环境优美，交通便利，距离鸟巢不到3公里。奥运村建筑面积36万平方米，主要包括住宅、公寓及配套设施。总投资估算约为33亿元人民币。奥运会后，奥运村已作为商品房出售或出租。南京举办的青奥会也留下宝贵的奥运遗产——“青奥村”，并成为青奥体育公园的重要组成部分，目前也已成为南京市民休闲娱乐的主要目的地。

三、体育场馆遗产的赛后开发与利用

体育赛事使用的场馆建设周期长、投资额度大、资金回收慢、后期管理复杂、维修费用高，随着时间的推移，这些设施不可避免地会出现不同程度的自然老化。体育场馆规划建设时如果缺乏长远的经济效益考虑，忽略体育场馆赛后的利用，就会导致体育场馆赛后经营陷入困境，造成场馆资源流失和不必要的经济损失。1976年蒙特利尔奥运会新建场馆的高昂费用，经过了数十年才勉强还清；1998年长野冬奥会，日本政府花费了近200亿美元修建高速火车和滑雪跑道等设施，赛后场馆设施的高额维修保养费拖垮了长野经济，创造了“二战”以来地方经济衰退的最高纪录；2004年希腊花费125亿美元举办了奥运会，然而因缺乏长远的考虑，并未制订体育场馆赛后利用规划，导致产生国民生产总值5%的年财政赤字，以及高达1亿美元每年的维护费，给国家造成沉重的负担；2016年里约奥运会结束后，体育赛事场馆的维护并未有资本继续注入，难以支出维护费用、水电费用、人工费用等，使得里约奥运会的场馆逐渐荒废，造成资源的浪费。大型体育场馆需要进行良好的赛后规划与运营，不仅可以满足大型比赛和运动队训练的需求，同时应尽可能地开展群众健身活动，并通过举办各种展览、社会文艺活动，为体育场馆带来经济效益。我们将赛后场馆的运营模式归纳为以下几种。

（一）承办体育竞赛及运动队训练

体育赛事场馆遗产往往地处经济发展水平较高的城市，是按照国际标准兴建的比赛场地，赛后可以承办大量的体育竞赛。如美国内布拉斯加大学的“纪念体育场”，自1962年以来，每个周末球场均有比赛，并且球票都供不应求，现在仍然保持着美国全国大学体育协会（NCAA）最长连续门票卖空场次（344场）的纪录。再如，英国的“温布利”足球场。2003年，极具象征性的“温布利双塔”被拆除，旧温布利完成了所有的拆除工作。经历了数年的翻新和改造，新温布利球场于2007年正式启用。这里不仅承办过世界杯、欧洲杯、奥运会等大型的体育赛事，更是英格兰代表队的主场，英格兰国内各项比赛的决赛均在这里举行。除此之外，国家队的部分运动项目的训练也在此有序地开展着。

（二）开展体育培训及群众健身

随着我国社会经济的快速发展，群众的体育意识逐渐转变，居民体育健身需求持续增长，体育赛事场馆遗产的开发能够有效地从供给侧缓解群众快速增长的需求与资源不足的矛盾。体育赛事场馆遗产以招标的形式面向资本，让公共机构、私人企业等民间资本参与运营，结合体育场馆开发体育培训、群众健身等服务。如南京奥体中心是亚洲A级体育馆、世界第五代体育建筑的代表，是2005年全国十运会、2013年南京亚青会和2014年南京青奥会的主会场。南京奥体中心为了做好免费健身服务，先后投入了自有资金1800万元，新建3万平方米的全民健身园，实行羽毛球和网球的全年免费晨练，推出3.3公里的健身步道。随后又组建游泳和冰上项目的业余训练队伍，同时覆盖了14所小学6700多名学生的游泳、滑冰和乒乓球学校体育课。奥体中心丰富的体育场馆资源对外开放，网球培训、羽毛球培训、击剑培训等多种体育项目培训纷纷入驻。

（三）承接文艺演出及展览

明星演唱会、文艺表演、首映典礼等文艺演出活动，以及车展、商品会等展览活动都需要场地空间巨大、交通便利、设施齐全等条件，体育赛事场馆遗产无论是内部条件还是外部环境都符合文艺演出的场地要求，同时场馆承办文艺演出可以获得巨大的经济效益，因此承接文艺演出及展会活动是体育赛事场馆赛后的重要运营渠道。例如，位于北京海淀区的五棵松体育馆是2008年奥运会的比赛场地之一，同时也是首家获得冠名的北京奥运会场馆，在奥运会之后这里成功举办了一系列的各种演艺活动，同时还举办过车展、展览、电影首映礼等活动。

本章小结

伴随着体育赛事越发受到国家的重视，体育场馆作为体育赛事成功举办的重要条件，自然也处于非常重要的地位。从本质上来说，体育场馆就是建筑的一种，是城市或国家体育发展的历史见证者，更是体育文化标识的象征，其内在的文化价值具有巨大的开发潜力。本章将体育场馆文化概括为视觉文化、功能文化和遗产文化。首先，对于体育场馆视觉文化的概念、特征及其表现形式进行介绍，可视性、审美性和主观性是体育场馆视觉文化的重要特征，而体育场馆视觉文化的表现形式为传达符号、意指符号和文化符号；其次，对于体育场馆的功能文化进行介绍，专业性、生活性、社会性是体育场馆功能文化的主要特征，多重载体功能、城市空间布局功能、人文地标功能、建筑艺术功能是体育场馆功能文化的表现形式；最后，从体育赛事遗产的概念出发，分析了体育赛事场馆遗产文化的内涵，即"在体育赛事场馆资源的赛后利用的过程中，对城市的经济、文化、政治等产生影响的文化形态总和"，认为历史价值、精神价值、教育价值、经济价值是体育赛事场馆遗产文化的价值表现。体育场馆遗产的开发与利用途径主要有承办体育竞赛及运动队训练、开展体育培训及群众健身、承接文艺演出及展览等。

总之，体育赛事场馆文化建设不仅需要符合现代管理的主流趋势，更需顺应我国社会经济发展的大趋势，营造适合体育精神的体育场馆文化，并运用到自身日常管理运营实践中。

思考题

1. 体育场馆视觉文化的内涵及特征是什么？
2. 体育场馆视觉文化具有哪些表征？
3. 体育场馆功能文化的概念是什么？
4. 体育场馆功能文化的主要内容是什么？
5. 体育场馆遗产文化的概念及内涵是什么？
6. 体育场馆遗产文化的价值是什么？
7. 体育场馆遗产的开发与利用策略有哪些？

延伸阅读：

体育场馆改造涉及新模式，"身兼数职"成趋势　　南京中央体育场场馆建筑文化追寻

CHAPTER 06

第六章 体育赛事文化与政治

■学习目标：

- 掌握政治对体育赛事文化的促进作用。
- 掌握政治赋予体育赛事文化的要求与希望。
- 了解过度政治化所带来的体育赛事文化负面影响与应对策略。

关于体育与政治的关系，一直以来有两种不同的观点，一种认为体育与政治关系密切，如“体育服务于政治”“体育政治一体化”，用这种语境来表达体育与政治的相互作用；另一种认为体育与政治无关，如“体育超政治”“体育的非政治性”“当你跨过体育的门槛时，就把政治弃在门外”，用以否认体育与政治之间的联系。不同的观点也代表了不同团体对于体育与政治的不同理解和不同期待。体育与政治是两个相互独立的领域，各自有其自身的发展规律，但又无可否认地始终伴随一定的相互作用与交集。体育与政治究竟存在什么样的关系？怎样看待这种关系？这种关系对彼此带来了怎样的影响？如何更好地促进相互的积极影响，消除不利影响？这些是值得我们关注的话题。本章从体育赛事入手对这些问题进行梳理与分析。首先是从体育赛事的政治属性、政治促进体育赛事文化形成的内因等方面论述政治推进赛事文化的形成与发展，其次重点阐述了体育赛事文化对政治的积极影响，最后分析了过度的政治干预对体育赛事的消极表现，并提出应对策略。

第一节 政治推进赛事文化的形成与发展

从历史发展的角度来看，体育赛事不可避免地与政治有着千丝万缕的联系。

古希腊人在奥运会赛场上追求和平友谊、顽强拼搏、公平竞争的价值观念对社会产生了深远的影响。古希腊人通过古代奥运会树立了一种通过竞技促进人类和平的理想，也就是著名的“奥林匹克神圣休战制度”，这是一种带有政治意义的行为，同时对现代奥林匹克追求和平、友谊、进步的思想与现代国际社会的“和平与发展”的理念都产生了深远影响。体育赛事与政治这种不可避免的联系带有明显两面性，这意味着政治既可以促进体育赛事文化的产生与发展，同时也可能使体育赛事成为实现政治目的的一种工具。如同人的存在一样，体育与体育赛事同样具有其社会属性，同时，国家的概念与认同感又为体育赛事及体育赛事文化赋予了一定的政治属性。

一、体育赛事的政治属性

一般观点认为，“非政治”与“政治性”是一对相反的范畴，两者是矛盾的、对立的。那么，这是否就意味着体育赛事“非政治”定位于“政治性”的对立呢？我们从《奥林匹克宪章》的表述中可以判断出，奥林匹克运动是不完全排斥与政治的互动的。两者在建立平等的关系下，是允许进行必要的互动和接触的，只要不使奥林匹克运动沦为被政治“歧视”或者“压迫”的附庸。奥林匹克运动为了实现自己的理想和宗旨，必须驱除政治因素在它范围内进行的种种不利行为，排斥不良的政治压力和政治歧视，以尽可能地保持自身的独立性。所以说，奥林匹克运动是一种对“恶政治”的拒绝。奥林匹克运动“非政治”定位中所指的“政治”观念并不是“政治”的全部内涵，这就说明奥林匹克运动的政治性有着存在的合理性和合法性。所以事实上，体育赛事已不可避免地与政治联系在了一起。前国际奥委会主席萨马兰奇曾说过：“在职期间每天处理的问题中有90%是与政治相关的问题，纯体育的问题只占10%。”德国体育史学家莱默尔先生也认为，“体育和政治永远分不开，体育最有兴趣的地方，也是政治家最有兴趣的地方，谁要从事体育运动，谁就摆脱不了政治的影响，否则，就别参加体育。”自现代奥运会诞生以来，国际奥委会就始终高举着非政治性的大旗，提出“奥林匹克运动不是政治运动，各级奥委会不是政治组织，政治问题不应该由奥运会解决”的口号。在《奥林匹克宪章》中，国际奥委会对政治的介入表明了鲜明的拒斥态度。国际奥委会明确指出，“反对将体育运动和运动员滥用于任何政治或商业目的”。关于奥林匹克运动的成员规定，“以种族、宗教、政治、性别或其他理由对某个国家或个人的任何歧视都与奥林匹克运动成员的身份不相容”。

体育赛事是丰富人们业余文化生活的重要内容，毫无政治性可言，连接两者的就是文化，它不仅是一种体育现象，也是一种社会文化运动，带有浓厚的人文主义色彩。体育运动本身就是一种文化，如奥林匹克运动传达的主体和平友谊等就是当前全球最大的政治，所以政治集团对奥林匹克运动绝不会坐视不理，一定会以各种方式介入，推进文化战略，提高文化的影响力，来达到某些政治目的。民族主义、爱国主义、体育运动与政治是密切联系在一起的，单独依靠国际体育组织自身是不能控制类似事件的发生的，必须借助它的文化属性来间接地起到作用。在大多数人看来，体育赛事的“政治化”主要是指将政治运用到那些与体育赛事不相干的政治议题中，体现为外部的干扰和压力。但是，这也只不过是“政治化”的表现形式之一，可以说，单纯将之解读为“政治化”，其实是曲解了政治的本义。无可厚非，体育赛事的政治功能是一种客观存在，严格按照体育运动的精神和目标运作，就能够发挥积极的作用和影响，有利于世界和平和团结。体育赛事的政治属性出发点应该是积极的，目的在于维护体育运动精神，通过体育的平台维护世界和平和团结。如奥林匹克精神包含着丰富的内涵，有宗教般虔诚的纯洁理想，尽善尽美的英雄主义，积极参与、为胜利而奋斗的信念，友谊、休战与和平竞争原则，平等、公正、团结和彼此沟通的理想图景等。这些都通过一系列文化符号——奥林匹克五环旗、圣歌、圣火和和平鸽等表达出来。在某种意义上，奥林匹克运动反映出在物质文明压制下人性的张扬，从一个侧面上折射出人类社会理性发展之路的自我完善。作为人类文明的一个重要载体和组成部分，它具有极大的包容性、灵活性和多元性，通过体育运动这一中介有力地促进了不同文明的交流和发展。进一步说，奥林匹克运动带有文化全球化的意蕴，或者说是后者的一个载体，其巨大的凝聚力有助于培育人们的国际社会观念，进而建构真正意义上的国际社会。

目前我国已经成功举办了多项重大国际赛事，如北京亚运会、北京奥运会、广州亚运会、南京青奥会，无一不是举国家之力、城市之力来推进赛事的申办、筹办到最后的成功举办，政府通过政治影响，以财政投入为主要形式，促进大型体育赛事的形成与文化传播。

二、政治对体育赛事文化形成的推动作用

（一）国家政治环境的稳定奠定了体育赛事的发展基石

当代中国的体育发展与政治发展密切相关，二者之间不是简单的统属关系，

更不是对立关系，而是彼此促进、辩证统一的关系。中国的体育发展离不开一个良好的政治环境。在新中国成立之前，中国的体育事业一直处在世界体育事业发展的边缘，几乎得不到世界体育界的承认和尊重。原因当然是多方面的，但政局不稳，缺乏一个强有力的国家政治力量来凝聚民族精神，以至于无法构建自己的体育话语，这才是导致中国体育发展命运多舛的根本原因。

孙中山先生指出，“国家最大的问题就是政治不良，当政治问题不得以解决，其他问题都无法解决”。体育赛事文化是社会文化的重要组成部分，体现着国家的政治面貌，国家兴则体育兴，体育综合实力和政治实力有密切的相关性。中国及外国的体育发展史都证明，稳定的政治环境是发展体育事业的前提条件，更是体育赛事文化形成的重要基础。体育赛事的举办是建立在一定经济基础和生活水平之上的，人均可支配收入高的地区也是体育消费最活跃、体育市场最发达的地区。政府能够创造一个使公民形成和保持体育生活方式的社会环境，并且保证人们有充足的闲暇时间来进行体育活动。

（二）国家政治体制的改革促进了体育赛事的健康发展

国家政治体制发展模式决定着该国的体育体制的基本状态。新中国的成立是在特殊历史文化背景、特定国内外政治环境和特有经济生活条件下完成的，使新中国一开始便选择了“强政府”的发展模式。国家对体育的资源和权利进行了相对集中的治理，对相对独立的社会力量，或者进行一定的抑制，或者整合为政府的一部分。体育赛事的发展由国家统一指导和操作，体育体制的高度集中统一，造成结构僵硬、凝滞，靠行政命令运作和靠资源来维持，有限的行政和经济资源，不可能满足人民群众日益增长的体育需求。

自20世纪80年代后，经济体制的改革促进了国家政治体制的改革，也促进了我国体育体制发生变化。1993年，国家体委下达了《国家体委关于深化体育改革的意见》，明确指出“紧紧围绕体制和运行机制中的关键问题，加大体育改革力度，推动我国体育事业登上新台阶”。体育体制改革的主要精神是改变原来计划经济体制下单纯以国家和主要依靠行政办体育的高度集中的体育体制，建立与社会主义市场经济体制相适应，符合现代体育运动规律，国家调控、依托社会、有自我发展活力的体育体制和良性循环机制，形成国家办与社会办相结合，集中与分散相结合的格局。体育权力从政府重返社会，调动了国家、社会、集体、个人共同兴办体育赛事的积极性。

当体育体制改革后，体育回归社会，促使了社会各界积极兴办体育，从客观上促进了我国体育赛事的发展。进入 21 世纪后，我国政治经济文化等领域都有了较大幅度的进步，体育赛事作为体育事业中的核心内容也越来越受到国家的重视。尤其是 2014 年 9 月 2 日，李克强总理在国务院会议上指出：“简政放权，取消群众性体育赛事审批权，放宽体育赛事媒体转播权。”这对于体育赛事，尤其是群众性体育赛事的发展来说意义重大。由此我国的体育赛事发展进入了新的蓬勃期，全国各地开始积极兴办马拉松、自行车等群众基础较好的赛事，更为不同区域体育赛事文化的形成打下了坚实的基础。

第二节　政治赋予赛事文化的要求与希望

约有 20 名国际政要出席了 2014 年索契冬季奥运会开幕式，这一现状充分说明了大型国际体育赛事的政治影响力。同时，本届冬季奥运会也因为俄罗斯的人权问题、反对同性恋法案问题、环境问题、动物权利等议题而广遭争议。为什么现代国际重要体育赛事的举办会成功吸引政经届人士的关注？又为何会遭遇来自不同领域对之的非议？体育赛事是否拥有足够的力量去影响国际政治的发展呢？体育赛事对于国家或民族间的友好和平发展是否有重要的积极促进作用呢？体育赛事对于提升民族自信心是否有着重要的价值呢？体育赛事是否能够影响一个国家或民族的国际声望呢？这些都是值得我们关注的问题。

一、体育赛事是民族或国家之间友好交流的重要手段

体育比赛具有双边性和交往性。尤其是国际比赛中，运动员往往被视作国家的代表，通过与他国选手的接触，展示自身诉求，加深与他国人民的友谊，可以起到非正式的功能。同时还应看到，竞技比赛至少在形式上具有非政治性，可以使任何国家，甚至政治上有隔阂乃至敌对国家的运动员走到一起，同场竞技。与此同时，双方的官员也要进行必要的接触。因此，在特定情况下，为打破外交僵局，常以比赛为契机，进行外交接触，往往会在人们意想不到的时刻取得重大的外交突破。如奥林匹克运动从诞生之际就不是一项纯政治运动，但因人类的社会性及人类活动天然具有的一系列社会属性，奥林匹克运动又成了政治力量的一种载体。奥林匹克文化提倡和平、平等、秩序、正义等精神，“和”是中国传统文化长久以来不断传承的文化精髓，也应该是全人类共同的理想政治理念，奥林匹克的“神圣休战”制度就是最好的体现，同时也是要鼓励和教育青少年追求和

平和正义。演变至今，“神圣休战”制度的精神依然存在，它要求全人类应该在和平稳定的国际大环境下进行友好的政治、经济、文化交流，促进人类共同发展。

1971年中美的“乒乓外交”更是典型的代表，即中华人民共和国与美国两国乒乓球队互访的一系列事件。中美两国乒乓球队的友好往来，不仅推动了中美两国关系“正常化”发展的进程，也加速了新中国走向世界的步伐（图6–1）。

图6–1　中美两国“乒乓外交”

“乒乓外交”作为一个历史意义极为深远的体育赛事文化现象被后人津津乐道，也是政治与体育赛事的最好结合。究其本质，“乒乓外交”所反映出的文化内涵是这其中所蕴含的“和平”“友谊”“平等与公正”，这既是体育比赛的客观属性，同时也是中国传统文化的精髓。有“礼”有“和”是我国一向倡导的“以礼之节”的相处之道，即平等有原则，同时我国又一向主张和平共处五项原则，即所谓“和”之内涵。20世纪四五十年代，中美关系的发展一度走向了极端的偏见，持续了长达二十余年的对峙，在这个历史时刻，中美两国领导人以乒乓球运动为桥梁，敏锐地通过政治推进，开启了一段破冰之旅，使两国重拾尊重，和平共处，相互包容，将体育运动所蕴含的文化精髓提升到人类文明的层面，被后世传颂。

二、体育赛事是增强国家认同感和民族自信心的重要载体

诸多研究表明体育赛事与国家认同感和民族自信心有密切关联，良好的体育赛事活动常常能够增进一国或一族居民的国家认同感及民族自信心，反之则会削减甚至贬损该国国民、该民族族人的国家认同感及民族自信心。学者徐开春、刘红霞在2008年北京奥运会及2010年温哥华冬奥会期间曾对我国18岁以上成年

人有关国家自豪感和体育成就之间的关系进行过抽样调查，结果表明体育可以促进人们团结、民众的热情和国家认同感的形成。

究其原因，因为很多体育赛事，特别是顶级赛事，虽然它们常常是跨越国家和民族的世界性盛会，但其中的体育运动员或运动队却有着各自的国家和民族，他们常常代表本民族或本国家出征。同时，观众在欣赏体育赛事时也会有着强烈的代入情绪，比赛结果、运动员的精神风貌也会被他们情不自禁地与国家、民族的综合情况相关联，成为该国或该民族软硬实力、形象、口碑等方面的隐喻或象征。因此，大型体育比赛常常成为备受各国人民瞩目的社会活动，因为它可以抒发爱国情感，振奋民族精神，鼓舞国民士气，弘扬国家威风。这种巨大精神力量和凝聚效应对普通民众增强民族自信心、自豪感与认同感有着重要的促进作用。改革开放以来中国女子排球队的发展及其形成的中国“女排精神”就是关于体育赛事文化推动提升国家及民族自信心、认同感及国民精神风貌的经典案例，它象征着新中国在改革开放以来的时代精神，成为激励一代又一代的中国人热爱祖国、奋发拼搏的精神图腾。

“女排精神”概念第一次提出是在1981年11月16日。时值中国女排在日本举行的第3届世界杯排球赛中首次获得世界杯冠军，全国妇联贺电中写道：“你们是祖国的骄傲、妇女的骄傲，向你们学习、向你们致敬，让‘女排精神’在我国四化建设的道路上永放光辉。”随后，中国女排在1982年第9届世锦赛、1984年洛杉矶奥运会、1985年世界杯、1986年第10届世锦赛接连夺取冠军，完成史无前例的五连冠，成就中国体育史上的光辉传奇，从此“女排精神”广为传颂。此后，中国女排在比赛成绩上一度陷入低谷，几经沉浮后分别在2004年、2016年两届奥运会获得冠军，重新回到世界顶尖水平之列，再续辉煌。现如今，女排的成绩和“女排精神”是中国体育界留给国人的一笔伟大精神财富，关于中国女排历史、成绩、辉煌的图书、电影、文艺作品日益繁荣，深受广大人民群众的喜爱和追捧。“女排精神”早已超越了摘金夺银的意义，不仅在体育领域激励各项目运动队勇创佳绩，更成为增强一代又一代的中国人民族自信心和自豪感的重要载体。

三、体育赛事是展现与提升国家形象、综合国力的重要平台

国家形象对于政治传播有着深刻的国家认知与强烈的民族自我认定，是国家

力量和民族精神的表现和象征，是综合国力的重要体现，是一个国家最重要的无形资产。决定一个国家国际声望的因素有很多，但竞技比赛，特别是奥运会等大型国际赛事，对世界各地的影响面之广，输送信息之明确，产生效应之迅速，是其他任何活动所无法比拟的。比赛的胜负直接关系到国家的荣誉，正因为如此各国越来越重视竞技赛事，在多极化的世界发展背景之下，世界体坛未来竞争将更加激烈。奥运会作为奥林匹克运动的最高殿堂，现如今与政治也是密不可分的，当然人们不必过分敏感，政治与奥运会并不是水火不容的，特别是20世纪80年代后，现代奥运会的国际影响与日俱增，各个国家都希望通过奥运会这样一个巨大的舞台来实现一些政治意愿，国旗和国歌在奥运赛场上出现对于每一个国家都是一个重要的时刻。虽然奥运会的举办地是以城市角色出现的，但都不同程度地由政府通过一些政策来支持，通过财政支出予以保障。即使是参加奥运会的国家，也大多由政府组织成立代表团，由国家牵头实施整个奥运备战及参赛计划，并且上述这些政治力量往往成为奥运会成功举办或参与的重要支撑。历届奥运会开闭幕式上都会出现各国政要齐聚一堂的场面，而举办国更是希望利用奥运会展示自己的综合国力，结合奥林匹克精神宣扬本国的政治主张。

第23届冬季奥林匹克运动会已于2018年2月9日至25日在韩国平昌顺利举办，这是东亚地区继日本札幌和长野后又一次成功举办冬季奥林匹克运动会。在平昌冬奥会的闭幕式上，由张艺谋导演指导的“北京八分钟”表演有着极大的看点。在影像的变换过程中，方方面面展示出了中国科技力量的强大和综合国力的提升。24块机器人电子屏幕上，展示了从古至今中国在发展的道路上所取得的成就，同时展现出了中国在新时代的新四大发明和科技的进步，运用现代思维及手法，表现出国运昌盛，最后“2022相约北京”也发出了对世人的热情邀约。冰雪运动因素，展示着中国的大国形象；《歌唱祖国》的配乐潜移默化地传递出国家力量的强大。该表演借助平昌冬奥会这一平台向全世界展示出了一个强大的中国国家形象，让中国以一个文化自信、科技发达、政治清明的姿态屹立在世界民族之林，展示了中国对于人类命运共同体理念的理解，其主题“欢迎八方来客，展示大国风范”也表现得淋漓尽致。可以说，这八分钟的影像对于国家形象的展示有着特殊意义。

现代奥运会的举办对于政治身份的构建，以及国际影响力的扩张均具有很强的现实意义，是民族认同感和认知感高度统一的重要体现。北京于1993年和2001年两次申办夏季奥运会，并于2008年在北京成功举办第29届夏季奥林匹克运动会，在闭幕式上，时任国际奥委会主席罗格先生更是给出了“无与伦比”

的盛赞。北京奥运会举办之时正是我国改革开放三十周年之际，经济快速发展，社会文明、国民素质、创新成果、观念与理念等都在不断提升。北京奥运会的成功举办经受住了各方面复杂的考验，向世界展示了一个发展中国家的飞速进步，展示了社会主义制度的优越性，展示了一个全新的北京，是中华民族发展历程及奥林匹克运动发展史上的里程碑。北京奥运会所提倡的“绿色奥运、科技奥运、人文奥运”之口号，很好地诠释了奥林匹克运动文化的内涵。它的精髓就在于，人类应该在现代科技的推动下，在洁净健康的环境下实现身心的和谐发展。北京奥运会高举“绿色奥运”的大旗，牢固树立可持续发展的理念，以“文明与和谐”为主题，让人们看到一个新北京、新奥运，这是对奥林匹克文化的又一次完美升华和传承。奥运会期间，通过国家媒体平台不断借助奥运文化、奥运精神来向全世界人们传递当代中国和平、开放、包容的民族情怀，北京奥运会使中国与世界形成了一次前所未有的融合，既是奥运会提供了展示中国形象的良好机缘，同时也为中国及全世界留下了宝贵的文化遗产，为树立中国新形象增添了新的光彩。

第三节　过度政治化给体育赛事文化带来的负面影响与应对策略

体育赛事文化本应是人们参与体育竞技运动所衍生出的精神遗产，这种精神遗产应该是积极的、推动人类进步的巨大力量，政治异化出现是因为在竞技体育、体育赛事中所涉及的关系、利益的复杂性。如 1984 年洛杉矶奥运会的一系列改革虽拯救了现代奥林匹克运动会，但也大大地滋生了体育赛事异化的土壤，人们在本质的奥林匹克精神之外，带上了极大的利益心、功利心去参与体育赛事，抛弃公平，急功近利，不择手段，体育赛事的精神内涵不断地被分离和丑化，被反动的意图利用后反制体育赛事的发展，其中一些人作为体育活动的主角也开始被影响，慢慢发生变化。故而，正确认识政治异化体育赛事的表现形式，建立合理预防政治异化体育赛事的应对之策显得尤其重要。

一、政治异化体育赛事的表现形式

（一）体育赛事受到一些独立分子的利用

奥林匹克圣火是奥林匹克精神的最高象征，奥林匹克火炬点燃的是人们对奥运会的激情，传递的是和平与友谊，代表的是希望和梦想。完成奥运火炬的全球之旅，是全世界爱好和平的人们共同的心愿。然而，一些独立分子借助奥运火炬传递、赛事举办之机实施破坏活动，博取特定的政治利益，对赛事文化带来了一些不利的影响。当然，人们对于赛事普遍的持有积极向上的认知，比如奥林匹克圣火属于全世界人民，极少数人公然挑衅奥林匹克精神的行径不得人心。在一些独立分子破坏奥运火炬传递的行径发生后，也激起了爱好和平、拥护奥林匹克宗旨的人们的强烈愤慨，这些破坏注定是要失败的。

（二）体育赛事中存在一定程度的种族歧视

在体育赛事中存在着一定程度的种族歧视现象，成为体育赛事文化的一个杂音，最为典型的例子就是纳粹德国。当时的纳粹政权明确提出：德国体育的目的就是“使每一个国民具有民族自觉、种族优胜、胜任军役、拥护领袖的意志”。他们就是要利用体育来培养忠于法西斯和希特勒、信仰种族主义，并有强健的身体能为其侵略战争服务的工具。希特勒上台以后，意识到办奥运会可为其政治服务，是捞取政治资本的极好机会，便利用奥运会的和平口号掩盖了其扩充军备、准备发动侵略战争的真实面貌，从而转移了世界各国的视线，给当时的德国法西斯蒙上了一层和平的面纱。希特勒不加掩饰地鼓吹德意志民族的优越，宣扬法西斯德国的所谓成就，据说他们还铸造了一座大钟，象征法西斯的一只雄鹰，踩在奥运的五环标志上，底座上镌刻着“我号召全世界青年”，昭示着他妄想把法西斯主义推向全世界的野心。时至今日，我们仍然要警惕反动政治对体育赛事的利用。

（三）体育赛事有时会成为恐怖主义的目标

各类体育赛事尤其是各类大中型体育赛事具有人群集聚、影响广泛、关注度高等特征，使得体育赛事的赛场有时会成为恐怖势力的袭击目标。20 世纪后半叶以来，当恐怖活动在世界范围活跃起来后，一些恐怖主义组织将奥运会作为袭击目标，国家武装力量介入竞技体育进行反恐怖的政治斗争也显得越发的重要，使得安保工作成为奥运会主办国的沉重负担。其中最具有代表性的是 1972 年慕尼黑奥运会期间，巴勒斯坦恐怖组织为解救被关在以色列的 234 名政治犯，袭击了以色列奥运代表团驻地，最终造成 11 名以色列运动员死亡。此后，1996 年第 26 届夏季奥运会举办期间，在奥林匹克公园内发生炸弹爆炸，也造成 100 多人死伤。2010 年 1 月 8 日非洲国家杯比赛期间，多哥国家队在大巴上遭到了反政府武装的机枪扫射，最终导致一名助理教练和多哥首席记者在此次恐怖袭击中不幸丧生。2015 年 11 月 14 日巴黎恐袭，其中一起袭击针对的是巴黎法兰西大球场，当天德国和法国队正在这里进行一场热身赛。大型体育赛场人员非常密集，每场比赛在现场的观众和场外的观众人数往往接近 10 万人，而且体育设施往往都是当地的地标，比较明显，在进行恐怖袭击时，人口的密集更容易造成伤害，而且由于人数众多，想要及时进行疏散也是非常困难的。不仅如此，这些体育赛事是全人类都很关注的焦点之一，其恐怖袭击的效应更大。

二、政治对体育赛事造成负面影响的应对之策

当代世界，国家利用体育赛事的某种特性达到其政治的目的，体育则借助政治达到其自身发展的目的。两者因果循环，其效应遂从“复利法则”不断累聚。体育与政治一体化这把“双刃剑”，一方面积极地开拓着体育赛事的发展道路，另一方面又阻碍着体育自身的发展。如何利用好这把“双刃剑”是当前需要解决的一大问题。

（一）正确认识政治与体育赛事之间的关系

为防止政治异化体育赛事，有必要对体育赛事与政治之间的关系重新进行梳理。一是体育的发展是受政治制约的。但不能把体育和政治等同起来，不能把体育问题总是与政治问题搅在一起，要分清楚什么是政治问题，什么是体育问题。政治问题要按政治规律办事，体育问题要按体育规律办事；二是体育是多功能的复杂结构，应当重视并注意发挥体育的政治功能，但不能片面地强调体育的政治功能，忽视或贬低体育的其他功能，否则就会违背体育自身的规律而畸形发展；三是要寻求体育为政治服务的恰当途径，使体育与政治的联系从刚性联系转变为柔性联系。鉴于过去提“体育为政治服务”产生了消极作用，今后不宜提“体育为政治服务”的口号；四是要清醒地认识体育的本质，正确理解体育与政治的关系，适当地发挥体育政治功利性的一面，全面了解体育与政治一体化的利弊得失，在体育的政治使用时，将其阻碍体育的反方向作用降到最低程度。

（二）合理处理政治体制与体育赛事之间的关系

体育作为一种现代文明、健康的生活方式，引起了各国政府的高度重视，并通过各种手段推动本国大众体育的发展。从现状来看，发达国家都将体育作为人

的一项基本权力立入宪法之中，这种通过国家政治手段来保障大众体育运行的做法，客观上促进了群众体育的迅速发展。我国也致力于保障每个公民的基本权利，满足人民对美好生活向往的需求。在人民参与体育上不断地追求广泛的主动性与平等性。而通过体育赛事营造体育氛围，满足人们体育观赏需要，为人们搭建体育参与展示的舞台是当下政府、社会、社区、学校等推进体育发展的重要手段，赛事是这一做法的核心。体育赛事既关系着群众体育的发展，也关系着体育产业的升级，同时又关系着百姓的幸福，要正确处理政治体制与体育赛事的关系，促进体育赛事的良性发展，同时促进体育赛事促进健康、塑造文化等多元价值的实现。

（三）妥善应对体育中的政治功利性问题

政治功利性是指国家为了实现或达到某种特定的政治目的，直接对体育行使权利，使体育为政治服务。第二次世界大战后，体育在社会政治、经济、文化生活中的作用空前放大。许多国家的政府更加重视竞技体育运动，把它作为提高国家声望、增强民族凝聚力，达到某种政治目的的手段。政治的功利性促使我国选择了竞技体育优先发展的道路，创造了辉煌的成绩。但随着时代的发展，也逐渐暴露了一些问题，并付出了一定的代价。竞技体育发展中的“唯金牌论”、过度追求奖牌“GDP”的不良倾向引起了人们的反思。21 世纪，面对政治功利性对体育的干扰，我们如何冷却思想，放长眼光，淡化体育过度的政治功利性倾向，科学制订和解释“奥运战略”，让体育回归社会，回归人民，妥善应对体育中的政治功利性问题，是我国今后体育发展的正确方向。

本章小结

体育与政治是相互依存的，无论是体育为政治服务，还是政治弘扬体育精神与文化，前提都是要有一个正确的价值观，这样，无论是其产生的精神文明成果还是物质文明成果才能被全人类共同接受。文化的产生和传播可以受政治制约，也必将受政治制约，但是不能把体育赛事文化同政治混淆。体育赛事本身的功能和价值永远都是最重要的，不能片面地强调体育中的政治属性，淡化政治色彩才是未来体育文化发展的方向。世界各国制度不同，文化不同，思想意识也不同，但向往和平和发展永远是世界共同的追求，体育赛事和其精神内涵、文化传播依然是人类进步的重要力量。本章首先认为体育赛事的政治功能是客观存在的，体育赛事的政治属性出发点应该是积极的，目的在于维护体育运动精神，通过体育赛事的平台维护世界和平和团结；其次政治对体育赛事文化形成的推动作用主要体现在国家政治环境的稳定奠定了体育赛事的发展基石和国家政治体制的改革促进了体育赛事的健康发展两个方面；最后体育赛事对政治发展有三方面的积极影响，即体育赛事是民族或国家之间友好交流的重要手段、体育赛事是增强民族自信心和自豪感的重要载体和展现与提升国家形象、综合国力的重要平台。应正确认识政治与体育赛事之间的关系，合理处理政治体制与体育赛事之间的关系并妥善应对体育中的政治功利性问题以更好地预防政治异化体育赛事文化。

思考题

1. 体育赛事的政治属性是什么？
2. 政治影响体育赛事发展的内在原因是什么？
3. 政治如何促进体育赛事文化的形成？
4. 体育赛事对于政治的主要影响是什么？
5. 政治异化体育赛事的内因是什么？
6. 政治异化体育赛事的主要表现形式有哪些？
7. 如何应对政治异化体育赛事？

延伸阅读：

从体育与政治的关系浅谈“WADA 对俄禁赛 4 年”

体育赛事无关政治

CHAPTER 07

第七章　体育赛事文化与经济

学习目标：

- 了解经济对体育赛事文化形成与发展的促进作用。
- 掌握体育赛事文化发展推动经济增长的具体路径。
- 结合实际理解经济异化体育赛事文化的主要表现及应对策略。

体育赛事文化与经济密不可分，可以说体育赛事是一种极具商业价值和产业属性的文化现象。伴随着体育产业成为国民经济的支柱产业、“幸福产业”，作为体育产业中核心门类“体育赛事”的发展也进入了快车道。不论是群众基础较好的大众型体育赛事，还是少部分人参与的专业型体育赛事，均如雨后春笋般拔地而起。我国的体育赛事从无到有、从有到多、从多到广、从广到全，在日益成熟的产业体系基础上，进一步形成了丰富多元的体育赛事文化体系。在当前市场经济体制之下，体育赛事文化的经济价值不断被开发放大，这表现在体育赛事文化所产生的连带反应可以促进社会经济发展，同时体育赛事文化的形成与发展也备受社会经济的支撑，可以说体育赛事文化建设与经济发展相辅相成，二者密不可分。因此，本章将立足于二者之间关系的梳理，从经济影响体育赛事文化发展和体育赛事文化促进经济增长两个维度辩证分析体育赛事文化与经济间复杂而密切的关系，既包括经济促进体育赛事文化的发展，又涵盖过度追求经济效益对于体育赛事文化的消极影响。

第一节　经济促进体育赛事文化的形成与发展

体育赛事这一特殊的社会文化产物，在不同的社会阶段有着不同的特点，其发展和变化是一个有着自然规律的历史进程。从历史发展的角度来看，体育赛事由原先的祭祀文化发展到现在社会生活中不可或缺的文娱活动，其功能、价值、形态一直在不断地变化，这些变化都离不开社会的进步，经济的发展。不难看出，经济是促进体育赛事文化形成与发展的基础，经济状况的好坏是影响体育赛事发展现代化进程的重要因素，表现为：经济发展水平直接影响体育赛事发展水平、经济增长提升社会对体育赛事的需求、经济发展健全体育赛事运行机制。

一、经济发展水平直接影响体育赛事发展水平

卡尔·马克思曾说过，经济基础决定上层建筑。一个国家、地区的体育赛事发展水平、体育赛事文化发展程度受制于该国、该地区的经济发展水平。以竞技体育成绩为例，作为能够简洁反映一个国家、一个地区体育赛事发展程度的重要指标，不同国家、地区的成绩排名的高低与各国、各地区经济水平在全球的排名密切相关。

（一）经济发展水平直接影响体育赛事成绩

国际上，以 2016 年巴西里约热内卢奥运会为例，获得奖牌数位居前 10 名的国家同时也是全球 GDP 总量排名靠前的第一梯队国家（表 7-1）。由此可见，国家或地区的体育赛事成绩与其经济水平之间存在正相关关系。

表 7-1　里约奥运会奖牌榜前 10 的国家及该国 GDP 总量排名表（单位：10 亿美元）

排名	国家	奖牌总数/块	2016 年该国 GDP 总量及全球排名
1	美国	121	18959.22（1）
2	中国	70	11968.41（2）
3	英国	67	2981.53（5）
4	俄罗斯	56	1375.56（12）
5	德国	42	3513.63（4）
6	法国	42	2526.32（6）
7	日本	41	4348.05（3）
8	澳大利亚	29	1281.73（14）
9	意大利	28	1880.88（9）
10	加拿大	22	1684.29（10）

在国内，全运会是最高级别的综合性体育赛事，每4年举办一届，汇聚着全国各地最为优秀的竞技运动选手，展现国内各运动项目的顶尖水平。因此，各省市、地区在全运会上获得的奖牌数量不仅可以反映所在地竞技体育的发展水平，同时也能作为衡量该地区体育赛事发展水平的重要指标。以第13届全运会上获得的奖牌数量排名前10的省市为例，其当年在全国GDP总量排名均在15名之内（天津除外，天津为本届全运会的主办地，有东道主优势）（表7-2）。地方省市经济发展的总体水平对竞技体育赛事成绩产生直接的影响。这也进一步说明，在国内外，经济发展水平直接影响体育赛事发展水平。

表7-2 第13届全运会奖牌榜前10省市及其GDP总量排名表（单位：亿元）

排名	省市	奖牌总数/块	2017年该地GDP总量及排名
1	山东	125	72678（3）
2	广东	96	89900（1）
3	江苏	88	85869（2）
4	浙江	77	51768（4）
5	上海	73	30133（11）
6	辽宁	65	23409（14）
7	河北	56	36000（8）
8	四川	56	36980（6）
9	北京	55	28000（12）
10	天津	54	18595（20）

（二）经济发展水平决定体育基础设施建设水平

体育基础设施既是开展体育竞赛必不可少的硬件条件，也是体育文化形成的重要载体，更是城市建设的重要组成部分。尤其是大型体育场馆及设施的建设，不仅可以承接大型体育赛事，举办各类文艺活动，更可能是一个城市，乃至一个地区的标签。它们既有举办大型赛事活动的功能，又可以彰显城市地标的作用。如北京的鸟巢、水立方等。

然而，不同经济发展水平的国家能支配、调动到体育赛事发展中的财力、物力、人力是不同的。那些经济发展水平较高的国家和地区，对于区域体育场馆及设施的建设花费较高，能够负担起这笔不菲的投入。以夏季奥运会为例，由于作为一个体量庞大的全球顶级综合性赛事，其举办所需要的场馆、所在地的基础设施要求规格很高，因此一般都是在经济水平较高国家的大型、特大型城市举办。

除此之外，当赛事举办完之后，很多大型体育场馆面临着一个十分严峻的问题，即除了承担一些公共体育服务之外，体育场馆几乎处于闲置状态。从目前体育场馆的营运状况来看，这些大型体育场馆的建设与赛后维护费用仍需要地方政府财政的大力支持，如果地方经济发展水平不高则无法从财政中拨款去满足体育场馆设施的建设及维护需求。所以说，经济发展水平决定着体育场馆设施建设的水平。

(三) 经济发展水平决定体育赛事承办能力

体育赛事作为社会大文化中的重要组成部分之一，是体育赛事物质文明和精神文明共同作用下的产物，它的产生与发展是以社会生产力水平为基础的。一个国家、一个地区、一个城市能举办多大规模的体育赛事、能举办多少场次的大型体育赛事，取决于当地社会经济条件能为体育赛事的举办提供多少人力、财力和物力的支持，也取决于社会经济条件的社会成员对体育赛事需求的性质和需要的强度。

以2008年北京奥运会和2016年里约热内卢奥运会的举办为例。按照IMF（国际货币基金组织）公开的相关信息，2008年中国的GDP约为4.598万亿美元，而2016年巴西的GDP仅有1.8万亿美元（注：2008年人民币对美元的平均汇率为6.9444）。北京奥运会上，作为东道主的中国代表队不仅在金牌总数上获得第一，从举办奥运会的角度上来说，也是十分成功的，这届奥运会不仅向全世界展示了中华民族的优秀传统历史文化，北京城市的热情风貌，更是以赛事举办的“零差评”完美收官。相比较而言，2016年的里约热内卢奥运会则要逊色很多。甚至《纽约时报》将里约奥运会称为“奥运之灾”，在开幕之前就面临“四面楚歌”——“场馆建设速度问题、水上赛事举办地水污染问题、配套地铁线要开幕式前4天才能通车，还有吓退了一拨运动员的寨卡病毒、未配备电视的奥运村房间……”不难看出，在举办奥运会时，中国的经济水平是要明显好于巴西的，这也从侧面证明了国家的经济好坏直接影响着大型体育赛事承办的水平高低。

二、经济增长提升社会对体育赛事的需求

马斯洛曾提出过“需求层次”理论，认为人的需求分为五个等级：生理需

求、安全需求、社交需求、尊重需求和自我价值实现需求。也有人将需求分为生存资料的需求、享受型需求和发展需求。从体育的功能和价值来看，人对于体育的需求应归属于享受型和发展型。这两种需求的满足应建立在一定的经济基础上，也就是当社会生产力很低下的时候，人们主要为生存而斗争。而自改革开放以来，生产力水平不断提升，我国国民生产总值和人均收入增长，经济迎来了飞速发展时期。居民的生活状态先后经历了贫困阶段、温饱阶段和小康阶段，现已迈向富裕阶段。伴随着居民生活水平的提高，居民的需求层次也在不断地升级。目前，我国人均 GDP 超过 8000 美元，从国际经验看，已经进入居民消费全面跃升的重要阶段，从基础的物质资料性消费向精神性、服务性消费跃升。有专家认为，巨大的消费潜力将会带动体育产业出现井喷式发展，这其中就包括体育赛事产业。

同时国家层面也相继出台了多项政策以促进体育赛事产业的发展，释放居民体育赛事方面的消费潜能，如《关于加快发展体育产业促进体育消费的若干意见》《关于加快发展体育竞赛表演产业的指导意见》《完善促进消费体制机制实施方案（2018—2020 年）》《关于进一步加强体育赛事活动监督管理的意见》等，重点强调"推动专业赛事发展，丰富业余赛事，探索完善赛事市场开发和运作模式……"。这些政令表明，体育赛事的价值已经得到了政府部门的承认与许可，诸多政策红利也将会吸引更多的社会力量参与大型体育赛事的组织与申办，从而进一步激发市场活力，刺激体育消费需求，更好地满足人民群众日益增长的物质文化需要与精神文化需要。

三、经济发展健全体育赛事运行机制

体育赛事是一项复杂而系统的大工程，其能否顺利、常态化运行下去有赖于体育赛事运行机制。一般来说，影响体育赛事运行机制的重要因素为体育管理体制，而我国体育管理体制是伴随着市场经济体制的到来而逐步确立和完善的。因此，在经济发展过程中建立的中国特色社会主义市场经济体制推动了我国体育管理体制改革，进而推动我国体育赛事形成良性运行机制。

（一）市场经济明确了我国体育管理体制改革方向

自 1949 年新中国成立至 1992 年党的十四大召开之前，中国的经济体制进行了一系列的改革与发展。1949 年至 1956 年确定了"计划经济体制"，又称为

“指令性经济”体制，是对生产、资源分配及产品消费事先进行计划的经济体制。在这种经济体制之下，国家包办了一切经济活动，包括体育在内的一切事业活动，逐步形成国家所有、国家管理、政事企一体化的管理模式。1992 年在党的十四大上第一次明确提出了建立社会主义市场经济体制。

经济体制转变后为我国体育管理体制改革提供了重要的方向。同年，在北京红山口召开了“足球改革”工作会议，“足球”作为中国职业体育改革的突破口，吹响了中国体育改革的号角，我国的体育管理体制开始向市场管理体制转变。体育市场逐步开发，体育用品被大量生产，体育服务出现在人们的生活中，国外的职业体育进入中国。一些群众普及率高的运动项目逐渐走向产业化道路，各类民间投资举办的体育场馆不断兴起。总体来看，在这一时期由于我国经济体制发生了根本性的转变，市场观念成为时代的主题，体育逐渐摆脱了完全由政府包办的模式，政府的功能逐渐向服务性政府过渡，体育事业逐步进入商业化、市场化运行时期，体育赛事开始蓬勃发展。

（二）体育管理体制改革推动体育赛事运行机制创新

随着市场经济体制的逐步发展，我国体育管理体制已经初步改变了在以往计划经济条件下由政府垄断体育事业的局面，逐步形成政府、社会和市场共同进行的状态。2014 年 9 月 2 日，国务院总理李克强主持召开国务院常务会议，会议指出务必加快发展体育产业、促进体育消费推动大众健身；积极推进公共体育设施向社会开放，支持社会力量办大众体育健身场所，取消商业性和群众性体育赛事审批。2014 年 10 月 20 日，国务院以国发〔2014〕46 号下发了《关于加快发展体育产业促进体育消费的若干意见》，再次提到要加快政府职能转变，进一步简政放权，减少微观事务管理；加强规划、政策、标准引导，创新服务方式，强化市场监管，营造竞争有序、平等参与的市场环境，发挥市场作用；遵循产业发展规律，完善市场机制，积极培育多元市场主体，吸引社会资本参与，充分调动全社会积极性与创造力，提供适应群众需求、丰富多样的产品和服务。政策的红利为体育赛事的发展创造了有利的经济环境，社会资本纷纷投资体育赛事，推动体育赛事运行机制的转变，为体育赛事运行机制改变带来了新思路——从“一条腿走路”到“三驾马车”并行的模式，即体育赛事的运行逐渐形成政府主导、社会组织协同、全社会群体共同参与的运行机制。

第二节　体育赛事文化发展促进经济增长

体育产业已经被作为国民经济支柱产业来打造，是典型的幸福产业和朝阳产业，成为拉动经济的重要推手。作为体育产业中的核心内容——体育赛事及其产业融合，有利于催生一批促进消费升级的新经济、新业态，有利于培育和打造中国经济新动能，优化产业结构调整，推动中国经济持续、健康、高质量发展。体育赛事文化发展对经济的拉动作用在实现形式上主要表现为体育赛事产业的拉动效应，拉动的维度可以分为体育赛事产业内部既有体系的推动、内外部产业融合的拉动，以及外部协同带动优化其他产业，合力拉动经济发展。此外，体育赛事还可以通过扩大就业市场、提升就业率来拉动经济不断持续发展。

一、内部拉动：体育赛事产业既有体系不断壮大经济发展基础

根据 2018 年国家体育总局公布的体育产业统计门类，体育产业逐渐形成了包括体育管理活动，体育竞赛表演活动，体育健身休闲活动，体育场地和设施管理，体育经纪与代理、广告与会展、表演与设计服务，体育教育与培训，体育传媒与信息服务，其他体育服务，体育用品及相关产品制造，体育用品及相关产品销售、出租与贸易代理，体育场地设施建设 11 个产业大类。其中，体育赛事产业日渐完善成熟，在整个体育产业中占据核心地位。这些产业门类绝大多数都和体育赛事产业直接相关，并伴随着体育赛事的繁荣而繁荣，进而促进着国民经济的发展（图 7–1）。

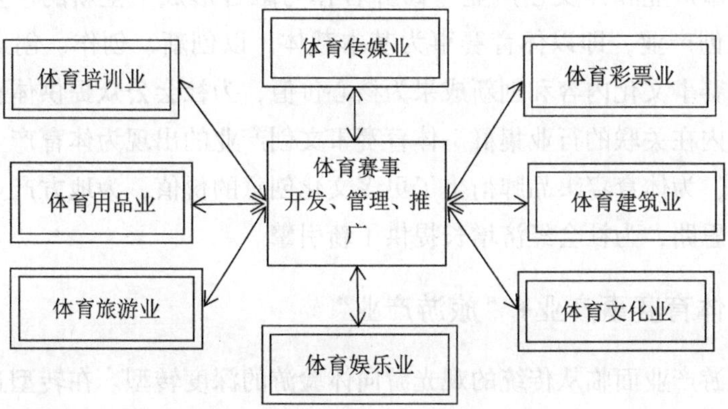

图 7–1　体育赛事的产业结构图

根据国家统计局公布的数据看，2017 年我国体育产业增加值 7811 亿元，2014 年到2017 年，我国体育产业增加值年均增速达到24.6%，处在快速发展期。同时，国家体育总局预计称，到 2035 年体育产业总量将会达到占 GDP 的 4%左右的规模，成为真正的国民经济支柱产业。其中，如足球产业、马拉松路跑产业、户外运动产业、冰雪运动产业、篮球产业、搏击类运动产业、乒羽运动产业和游泳健身业被誉为快速发展的 8 大运动项目产业。它们极好地拓展了我国体育产业发展的基础，并成为重要的经济发展增长点。

二、内外部联动：体育赛事融合产业不断创新经济发展模式

体育赛事产业是产业融合时代具有显著融合属性和条件的产业。他能够依托内部产业结构，向外争取、交换相关资源与条件，与时俱进创造性地生成全新的、融合式的产业形态，以产业内外联动的形式，不断创新经济发展模式。

（一）体育赛事产业+“文创产业”

体育历来和文化之间就有很深的溯源。近年来，伴随着北京奥运会、广州亚运会、深圳世界大学生运动会等众多具有重大影响力的体育赛事成功地在我国举办，文化创意产业已渗透到大型体育赛事的筹办中来。从会徽、吉祥物、大型场馆的设计和构建、开闭幕式都体现出前所未有的体育赛事文化创意。除了大型体育赛事之外，在“取消群众性体育赛事审批”的背景之下，大量的群众性体育赛事在各地如火如荼地举办，如马拉松、自行车等。文化也融于这些由各地所承办的中小型体育赛事的各个组成部分，如奖牌的设计、赛道的设计等。

体育赛事产业和“文创产业”跨界合作与融合形成了全新的产业领域——体育赛事文创产业，即以体育赛事为基本载体，以创新、创作、创造为根本手段，以体育赛事文化内容和创新成果为核心价值，为社会公众提供体育赛事文化体验的具有内在关联的行业集群。体育赛事文创产业的出现为体育产业的发展增加了新内容，为体育赛事品牌衍生了更多文化创意的价值，为地方产业结构的转型提供了新思路，为社会经济增长提供了新引擎。

（二）体育赛事产业+“旅游产业”

目前旅游产业面临从传统的观光游向体验游的深度转型。在转型过程中，旅游产业看到体育赛事既是一种旅游资源，又是一种旅游产品。它可以形成新的旅

游吸引物和旅游目的地，触发人们的旅游动机，满足游客体验需求，有利于扩大旅游客源市场，加速旅游业的升级转型。这是体育旅游产业形成的动力所在。体育赛事对城市旅游业有极强的推动效应。在我国曾有多个城市因举办体育赛事而受益，如广州受益于亚运会、深圳受益于世界大学生夏季运动会等。经相关部门估算，亚运会为广州旅游业带来的是旅游消费约 8000 万美元的境外收入和旅游消费约 10 亿元人民币的境内收入，游客量高达 65 万人次。

目前，体育旅游产业在全国范围内普遍开花，形成了汇聚体育旅游线路、体育旅游赛事、体育旅游目的地等诸多形式的体育旅游业态，为旅游经济注入了新的发展动力。根据 2018 中国体育旅游博览会公布数据：2018 年全国申报体育旅游精品项目的数量为 969 个，其中景区 328 项、线路 129 项、赛事 393 项、目的地 119 项，覆盖范围和项目数量均创历史新高，申报数量比 2013 年的 144 项增长了近 6 倍。在这些体育旅游项目中，体育赛事旅游占比较高（表 7–3）。

表 7–3　中国体育旅游博览会连续 3 年体育旅游精品项目

序号	单位	连续 3 年体育旅游精品项目
1	上海	碧海金沙
2	上海	东方绿舟
3	海南	海口观澜湖旅游度假区
4	湖北	神农架野人五项户外体验线路
5	安徽	徽杭古道
6	上海	上海劳力士大师赛
7	河南	郑州国际少林武术节
8	甘肃	中国·张掖祁连山国际超百公里户外挑战赛
9	青海	环青海湖国际公路自行车赛

三、外部促动：体育赛事带动并优化其他产业，推动经济发展

体育赛事产业在体育产业链中可以和非体育相关产业产生较强的关联性，和各行业部门建立相互作用、相互依存的关系，进而带动非体育相关产业发展。这是体育产业的外部结构效应，即体育赛事和国民经济体系中的众多行业的关联关系。从外部结构来看，体育赛事与三大产业均有着密切的联系。其中对于第一、

第二产业的影响主要体现在：对于拉动科技含量高的生产制造业发展有着巨大的推动作用，如体育服装、体育器材、体育场馆的修建、赛事组织管理信息系统等；对于优化农业产业结构和加快农村城镇化进程有着重要意义，由体育赛事拉动的农业部门属于现代农业范畴，绿色农业、观光农业、创汇农业都能得到促进。体育赛事与区域第三产业的关系最为密切，其中包括餐饮、住宿娱乐、商业、交通、金融保险、旅游会展、文化等一批城市服务业。

在推动相关产业发展的同时，体育赛事还可以优化各产业在国民经济中的结构。体育赛事对于提升产业结构的贡献主要体现在：拉动第二产业的增长，尤其是科技含量高的制造业发展，如彰显城市特色的大型体育场馆建设、科技化智能化的体育竞赛设施设备的生产制造等；在第三产业方面，拉动了商业服务业、金融保险业、旅游会展业及相关文化产业等的发展，对城市关联性在体育赛事的各个时期都有所体现。以2005年在南京举办的全运会为例，根据南京市统计局数据，2005年三大产业的增加值分别为3.2%、49.8%和47%。由此可见，体育赛事对于升级地方产业结构有着重要的影响。

四、其他方面：体育赛事扩大就业市场，提高就业率

互联网时代的到来，带来了很大的便捷性，但同时对于我国实体经济冲击巨大，大量的企业倒闭、人员失业，影响着社会的稳定发展。就业率是一项客观的经济衡量指标，对于经济长久、稳健、持续性发展意义重大。由于体育赛事举办引发的巨大需求必然刺激各行业（如餐饮、住宿、交通、旅游及相关生产制造业等）的供给相应地增加，需要大量的生产力、资本等要素投入其中，给城市提供了大量的就业岗位。劳动力生产要素的充分利用，对于经济的增长自然也会产生促进作用。体育赛事在举办过程中所带来的就业机会分为短期和长期，短期主要是指，在赛事举办过程中因体育赛事的“峰聚效应”而产生的临时性工作岗位，诸如赛事旅游接待、引座员、检票员等，这些就业机会及工作岗位大多是临时性、兼职性的。长期就业是由于体育赛事而产生的长期就业岗位，如新体育场馆维护、管理和运营等。因此，体育赛事举办周期内不仅提供了大量就业岗位，而且在后续阶段也会辅助就业率的普遍上升，对当地的人力资源发展，乃至后续的就业水平上升均具备明显效果。

第三节　过度经济化对体育赛事文化发展的消极影响及应对策略

经济对促进体育赛事文化的正向发展有着重要作用，但有时体育赛事的过度经济化诉求也使得体育赛事变了味，丧失了特定的文化内涵。近年来，伴随社会经济的不断发展，体育赛事现代化进程不断加快，出现了“唯金牌论”“过度商业化”“兴奋剂”等一系列体育赛事负面现象和文化风气，其中很多问题都和经济相关。因此，为了促进体育赛事健康持续发展，避免体育赛事文化被经济异化，我们需要全面考察经济异化体育赛事文化时的种种表现，并思考应对之策。

一、经济对体育赛事文化发展的消极表现及内容

（一）过度追求经济利益损害体育赛事精神

体育精神是指体育运动中所蕴含的对人的发展具有启迪和影响作用的有价值的思想作风和意识。它超出了体育运动本身，内化为一种信念和追求。如奥林匹克旗帜上相扣的五环象征着五大洲团结友好的精神，奥林匹克的口号象征着拼搏与进取的精神等。在市场经济条件下，人们的思想观念不可避免地受到了诸如功利主义、拜金主义思想的影响，作为现代社会文化的产物，“体育赛事”不可避免地也受到了严重的影响。有些运动员、教练员、裁判员过分地追求金钱、荣誉，出现诸如黑哨、假球、赌球、体育暴力等违背体育精神的不良现象。以世界第一运动“足球”相关赛事为例，足球赛事能够带来不可估量的商业价值与经济利益。在这种巨大的经济利益的驱使下，“赌球”开始出现，除正规的博彩公司之外，也有不合法的地下赌球市场，一时间世界各地涉及的赌球金额多到无法想象。为了能够获取丰厚的利益，有些赌球者开始不惜一切代价地向足球相关人员贿赂，包括上级官员、裁判，甚至是场上的球员。金钱逐渐蒙蔽了部分人的双眼，“假球、黑哨”现象时有发生，体育精神遭到一定程度的异化。

（二）过度追求经济效益影响体育赛事正常运行

伴随着人们生活水平的提高，互联网技术的不断进步，体育赛事运营的商业价值被不断挖掘，不论是门票、广告、赞助、特许商品的销售，还是赛事媒体版权都被开发得淋漓尽致，其中最具有代表性的便是媒体版权的运营。体育赛事媒

体版权又可称为赛事的转播权，是指赛事主办方所拥有的，可以通过交易授权给媒体机构、传媒中介等组织，由相应机构借助照相机、摄像机等信息采集设备，将一系列图像固定在载体上，并可借助一定仪器、设备放映或以其他方式传播作品享有的合法权利，其实质是一种包含知识产权在内的“信号传输权”。拥有赛事转播权能够为持有者带来一系列的效益，主要表现为能够有效扩充用户流量，为企业带来更多的商业赞助，促进衍生产品的销售，推进整个企业生态链的塑造等。由于赛事转播权所带来的巨大经济效益，引得大量资本市场对其疯狂抢购。如体奥动力以 80 亿元的天价竞得中超赛事 2016—2020 赛季 5 年的赛事媒体版权。对标国外的顶级职业联赛媒体版权，虽然也有天价，但相比较体奥动力的“80 亿”也是小巫见大巫。更有人在分析了中超所有的报表和数据后认为，这 5 年的赛事媒体版权不过价值 10 亿元。

(三) 过度经济追求影响着体育赛事竞赛规则

伴随着经济的不断进步，科学技术得到了飞速发展，越来越多的高科技技术应用到了体育竞赛中。利用高科技能够有效地促进体育设施、运动装备的更新，制订更加科学的训练计划，实施全面的比赛监控，提供更加客观的比赛评价等，从而帮助运动员不断突破身体极限，提升竞技体育的观赏性。但是，科技进步的同时也异化了体育竞赛公平公正的规则，越来越多的国家包括运动员，为了获得比赛的胜利，破坏竞技比赛中的“规则”，非法利用科技获取好成绩。其中最典型的就是兴奋剂的滥用。运动员在比赛前使用兴奋剂，能够瞬间激发出身体的潜能，帮助运动员取得好成绩甚至夺冠。如今，滥用兴奋剂已经成为了现代竞技运动领域的一大顽疾。滥用兴奋剂不是为了追求更好的成绩，而是为了追求成绩所带来的各种经济价值。过度经济追求所带来的竞赛规则改变还体现在为了适应媒体转播调整赛事的比赛时间、修改比赛规则等方面。

二、体育赛事文化过度经济化的应对策略

(一) 坚持以人为本，推进体育赛事可持续性发展

人的全面发展是竞技体育的基本价值导向，任何体育赛事的终极目的都应该遵循“以人为本”的基本原则，都需要通过满足人的不同层次需求充分实现人的尊严和自由。故而体育赛事在实现健康发展过程中必须将价值观念进行转

变——回归人的全面发展、回归竞技体育的基本价值。在推进体育赛事可持续发展的过程中，不仅要提高竞技体育水平，更要加强舆论宣传，积极引导大众思维，弱化竞技体育的功利目的，持续推进群众体育，普及全民健身活动，丰富文化娱乐，完善教育过程，即实现人的身心健康、促进人的全面发展，为增强人民体质迈出坚实的步子。

（二）完善体育法制建设，建立健全体育赛事反腐网络

法制建设是体育赛事健康发展的有效保证，体育赛事只有在健全的司法保障体系下，才能规避功利目标导向的体育赛事异化现象，促进体育赛事良性、持久、健康发展。故而加快体育赛事立法工作、建立和完善体育赛事司法体系，不断推进体育赛事法制化意义重大。在“互联网+”时代背景下，体育赛事反腐工作需顺应时代潮流，紧跟时代步伐，创新发展模式，形成“互联网+体育赛事反腐”新状态。积极开发手机 App 和微信公众号，在移动端进行体育赛事反腐，加大举报力度，加强举报宣传，增加举报渠道。完全打掉体育赛事腐败滋生的温床，净化体育赛事文化大环境，促进体育赛事文化健康、可持续发展。

（三）强化规则价值，加强道德约束，坚持体育赛事公平竞争

规则既是体育的契约，更是体育的“法度”。于体育赛事发展而言，规则是实现公平竞争的前提条件。而如今，规则被打破、本质被异化已经屡见不鲜。要充分发挥体育道德在推进“规则回归体育”过程中的作用，一方面，要树立正确的体育道德观，坚信市场经济条件下，体育道德是体育竞赛行为的立足之本、发展之道，是贯彻落实体育法规制度的内在动力；另一方面，加强教育，摒弃传统保守的体育道德思想和观念。实践证明，无论市场经济体制的建立和完善、市场秩序的维系、法律的维护和实施，还是克服市场本身的弱点及不可避免的消极影响，都离不开教育和德治。体育道德教育是一种道德自律，是对体育行为主体思想意识的内在约束和引导，是主体精神力量的积累。它既能促进体育法规体系的建立，也可通过对体育道德的弘扬，实现体育法规无法达到的效果，推动体育赛事健康发展。

本章小结

体育赛事始终运行在社会生活之中，经济作为社会生活中几个重要的系统之

一，将体育赛事包罗其中，同时体育赛事本身也是一种独特的经济现象，与社会其他经济系统与行为之间具有高度关联。可以说体育赛事与经济有着“你中有我、我中有你”的千丝万缕的联系。在本章中，我们从马克思主义哲学的唯物主义出发，看到了经济对体育赛事的决定性作用，因此首先分析的是经济发展水平对体育赛事形成与发展的具体促进作用，表现为经济发展水平直接影响体育赛事发展水平、经济增长提升社会对体育赛事的需求、经济发展健全体育赛事运行机制。随后，重点分析了体育赛事对于经济发展的促进作用，发现体育赛事产业既有体系不断壮大经济发展基础、体育赛事融合产业不断创新经济发展模式、体育赛事带动并优化其他产业，推动经济发展，以及体育赛事扩大就业市场，提高就业率。最后，我们坚持马克思主义哲学中的辩证法，理性看待经济对体育赛事产生的异化现象，并针对性地提出了应对之策。经过这一章的学习，希望同学们在所学知识的基础上，立足当下立足实际，在今后的实践中不断提升体育赛事对经济的促进作用，并警惕各种负面现象，将不良影响最小化。

思考题

1. 经济发展水平直接影响体育赛事发展水平的表现有哪些？
2. 我国改革后的体育赛事运行机制是什么？
3. 体育赛事文化发展是如何推动经济持续增长的？
4. 我国体育产业有哪几大门类？
5. 当前有哪些新兴的体育赛事融合产业？
6. 经济异化体育赛事的表现及内容是什么？
7. 经济异化体育赛事的应对策略有哪些？
8. 请你针对当前体育赛事实践，做一份围绕体育赛事与经济展开的社会调查报告。

延伸阅读：

经济危机拖累里约奥运

出手 80 亿，“体奥动力”背后“金主”有多阔？

中超赛事的运行机制的变化

体育赛事为新疆旅游业“画龙点睛”

CHAPTER 08

第八章 体育赛事文化与社会

学习目标：

- 了解体育赛事社会身份、性别主义和种族主义的相关概念。
- 熟悉体育赛事中的性别主义和种族主义的表现内容。
- 掌握体育赛事的社会角色定位与功能。

近年来，随着国家层面对于体育发展重视度的不断提高，体育赛事备受社会各界的关注，各种大小不一的体育赛事活动遍地开花，体育赛事文化日渐风行。我们可以看到，这些体育赛事文化真实地发生于社会之中，离不开社会，有赖于社会多方成员的支持、协调及参与，体育赛事是一项集体性的社会活动。作为社会活动的体育赛事已经渗透到社会发展的每个角落，与社会生活的方方面面发生着联系。体育赛事文化既是一个大平台，吸引社会上的各个系统、各个组织团体及个人竞相在舞台上展开表演；体育赛事文化又像一面大镜子，照见社会的基本面貌、成就和动向，照见社会中交织的各种复杂的社会关系和矛盾问题。新时期社会环境为大型体育赛事不仅带来了发展契机，也对其提出了新的要求。新时期体育赛事“要成为怎样的一种赛事，该怎样实现我国社会、政治、经济等方面对其的期望”，不是一个已经解决的命题，而是一个需要继续构建的概念，也是新时期发展的必然。本章将从与体育赛事文化密切相关的社会议题出发，重点考察体育赛事文化的社会身份，体育赛事文化中承载的性别主义和种族主义等突出社会议题，从而更深刻地理解体育赛事所蕴含的社会性议题、体育赛事所发生的时代社会背景，更好地明确、弘扬体育赛事所肩负的精神文化价值使命。

第一节　体育赛事的社会身份

社会性是人的本质属性。一个人生活在社会中，必然拥有一定的社会身份，扮演相应的社会角色。大型体育赛事，是在社会生产力提高、人们物质生活水平提高的背景下产生并发展起来的，在其发展过程中，社会大系统的政治、经济和文化为其提供了发展资料，但同时也要受到政治、经济和社会发展的制约，使其运作、方式和功能等方面也在不断地发生变化。体育赛事作为社会成员中不可或缺的一部分，自然存在其自身价值属性，拥有其独特的社会身份。大型体育赛事是一种社会存在，是一种具有社会关系的社会结构之一，在社会舞台中，大型体育赛事因其特殊性，也决定了它的社会角色。

一、体育赛事的社会角色

（一）体育赛事社会角色的概念

角色是个体在社会网络中所处的地位，是社会地位的外在表现形式，是符合社会要求和期待的行为模式。社会角色（socialrole）是在社会系统中与一定社会位置相关联的符合社会要求的一套个人行为模式，也可以理解为个体在社会群体中被赋予的身份及该身份应发挥的功能。换言之，每个角色都代表着一系列有关行为的社会标准，这些标准决定了个体在社会中应有的责任与行为。

社会角色主要包括了三种含义，即社会角色是一套社会行为模式；社会角色是由人的社会地位和身份所决定，而非自定的；社会角色是符合社会期望（社会规范、责任、义务等）的。因此，对于任何一种角色行为，只要符合上述三点特征，都可以被认为是社会角色。

上述角色和社会角色概念及含义的梳理，为更好地理解体育赛事社会角色奠定了一定的理论借鉴基础。体育赛事社会角色的定义存在离不开社会发展规律和要求，它是一种要满足社会诸多要素对其期待的特定社会行为模式的集合。它与外界保持诸多稳定性关系，在社会中发挥特定的功能和价值。故而，本教材认为体育赛事也有其社会角色，并将体育赛事社会角色定义为：在社会发展的进程中，社会对特定体育赛事赋予的期望所形成的特色的体育赛事社会文化身份，表现在体育赛事的发展模式及功能定位上。

（二）体育赛事社会角色的定位

体育赛事的社会角色属于一个动态发展的概念，在不同的时代，肩负着不同的历史使命。从体育赛事发展的历史线条来看，其功能在不断健全，承载的社会责任在增强，故而将以现阶段体育赛事的功能特征对体育赛事的社会角色进行定位。

1. 国家政治地位提升的助攻者

体育赛事体现着国家文化软实力和影响力，是展示国家竞争力的重要因素。国家政治地位提升是国际影响力与外交成果的体现，无论是参与体育赛事还是承办体育赛事，都能够获得世界的关注，提高参与国或承办国的政治地位，促进各国之间友好关系的塑造，拓展国家之间的外交空间，巩固国家政治地位。2008年我国通过举办第29届奥运会向全世界展示了国家政治、经济、文化实力，提升了国际曝光率，提高了知名度，增加了国际影响力，所以说体育赛事是国家政治地位提升的助攻者。

2. 国家经济增长的促进者

体育赛事是体育产业中的核心板块，整个赛事产业链包含了赛事本身（门票、广告、版权、特许商品等），以及相关产业（体育服务业、体育用品业、交通运输业、餐饮业等）。体育赛事不仅能够产生直接的经济效益，还能够创造间接的经济效益，促进相关产业的连带发展，在国民经济的增长中扮演着促进者的角色，带动举办地 GDP 的增长，为国民经济增长做出应有的贡献。因此，体育赛事是促进国家经济增长的积极社会角色。

3. 社会文化的传播者

体育赛事是展示社会文化的重要窗口，是社会文化的传播者，以体育赛事为载体，向世界各国展示赛事举办地特有的民族文化。2008 年北京奥运会的开幕式上便运用了视觉艺术的世界语言，在弘扬奥林匹克精神的同时通过故事的叙述，将中华武术、孔子《论语》、昆曲、木偶等以通俗美妙的形式呈现给全球观众，成功地展现了中国古代辉煌的文明、中国优秀的传统文化，进而让世界更好地认识了中国文化。这说明体育赛事文化是传承本国、本地区、本民族优秀传统文化的社会角色。

4. 生态环境的保护者

可持续发展是科学发展观的基本要求之一，新时代，体育赛事被赋予了新的角色使命：倡导生态平衡，做社会生态环境的保护者。体育赛事始终主张以生态环境为发展框架，赛事的举办过程都与生态环境有着密切的联系，在合理开发生态资源的同时承担着保护生态的责任。例如，我国在 2000 年悉尼奥运会的申办中就提出了“绿色奥运”的环保主张；2010 年的广州亚运会，广州市政府投入了 190 亿元用于环境的治理工作；2022 年的北京冬奥会一直倡导“可持续发展”的理念，比赛场馆的建设坚持节约、利民、循环使用的原则。

5. 人类社会和平发展的推动者

体育赛事是以人为主体的社会文化活动，不同民族、不同种族、不同信仰的人们因为同一个梦想而相聚在一起，不同国家通过赛事搭建的桥梁进行沟通、交流，化干戈为玉帛。体育赛事本身所特有的这种包容性给予了它特殊的使命，它加强着不同国家、种族、地区及不同宗教信仰人们的交流，为人们提供了解不同文明的窗口，鼓励冲突、对立的国家、族群之间放下争端，支持人们对和平不懈的追求，因此体育赛事成为社会中推动世界和平、人类发展方面最重要的推动者之一。在历史上，古奥运会有“奥林匹克神圣休战”的传统，号召人们放下武器，参与到盛大的奥林匹克节事中来；2008 年，多个国家元首以北京奥运会为契机，与中国政府高层人员进行政治互动并达成一系列合作协议，加强了中国与国际的联系，稳定了和平的国际关系。

二、体育赛事社会角色功能价值的表现

新时代背景下，体育赛事在政治、经济、生态及社会稳定等方面承担的角色充分体现了当今社会发展的迫切需要，其社会角色的内在价值及功能在不断丰富，主要体现在以下几方面。

（一）改善社会民生，提升国家政治影响力

当前，各国政府对体育赛事实施严格的制度监管，全球体育赛事的服务意识不断提高，赛事的价值和意义被重新审视，越来越契合民众的需求，服务意识逐渐成为赛事的亮点。体育赛事的举办理念、目标均涉及了民生，如 2008 年北京

奥运会的“人文奥运、科技奥运、绿色奥运”；2014 年南京青奥会的“办赛事、建城市、惠民生”；2016 年里约奥运会的“一个新世界”将民生推向了新高度，体育赛事与改善民生之间形成了高度融合。赛事的举办不仅促进了城市基础设施建设，还改善了城市环境，便利了民众的生活出行，完善了社会保障制度，提高了人们的生活质量。此外，赛事的举办带动了举办国家及城市相关产业的发展，包括旅游业、建筑业、服务业等，产业壮大的同时为人们提供了大量就业岗位，有效地解决了就业问题。据了解，2008 年的北京奥运会，为北京市创造了近 200 万个就业岗位。2016 年的里约奥运会在筹办期间每年新增就业岗位约 12 万个，赛事结束后每年产生连带就业新岗位约 13 万个。

（二）促进体育产业发展，提升社会经济实力

体育赛事是体育产业中的核心内容，体育赛事的举办能够促进体育产业的发展，为经济社会的发展增添新动能。各国都在致力于借助体育赛事深化“体育赛事+”融合发展，促进体育文化旅游产业的发展，从而带动城市经济发展，提升社会经济实力。目前，以“体育赛事+”为核心的体育产业发展模式已经成为全球体育产业发展的典型做法。通过举办体育赛事促进体育产业与文旅产业的融合已经成为一种发展趋势，其中“体育赛事+旅游”的模式已经十分普遍，如马拉松比赛选手一边“跑马”一边旅游已经发展成社会新风尚。

（三）传承社会文化，彰显民族精神

体育赛事是世界体育文化传承交流的对话平台，其宗旨是为了促进东西方文化的交流，传承社会文化。每 4 年一届的奥运会实质上是奥林匹克先进文化的传承，同时也是社会文化的传承。每一届奥运会都会衍生出不同的符号标志，包括场馆、奖牌、火炬、服装、会徽等，不仅延续了上一届奥运会的文化，也将新时代、新观念、新文化融入其中，每一个举办国家的城市形象标识、形象景观、文化遗产都在世界范围内得到了迅速、广泛的传播，散发出浓郁的时代气息和文化艺术品位。

（四）坚持可持续发展，保护社会生态环境

体育赛事是全球生态环境的保护者和倡导者，近几年来“绿色”、环保的办赛理念逐渐在世界各国被广泛推广。赛事中投放的各种公益性、商业性广告都发挥了环保宣传的功能，通过赛事将环保意识传播到整个社会，对于社会群众具有深刻的环保教育意义。人们在享受体育赛事的过程中养成了环保意识，开始自觉

地承担起保护生态环境的责任。2008 年的北京奥运会在比赛前期就针对城市的环境做了绿化工作，承诺要将“绿色”献给整个世界。整个奥运会的筹备都体现着“绿色”理念，几乎所有的比赛场馆都优先使用“绿色材料”、纸张要求双面利用、拒绝使用一次性物品等，从而全面实现城市的“零排放”“零污染”。

（五）彰显外交功能，促进全球和平

体育是世界人民的共同语言，赛场既是各国运动员的竞技场也是结交友谊的纽带，运动员之间不仅是技艺的切磋更是文化的交流。体育赛事为世界各国搭建了一座相互了解、相互认同的平台，帮助打破国家与国家之间根深蒂固的成见与敌意，拉近国家之间的距离，维护世界和平。正如《奥林匹克宪章》上所提到的：“奥林匹克主义的宗旨是体育运动为人的和谐发展服务，以促进建立一个维护人的尊严的和平的社会。”奥运会的休战协议、朝鲜与韩国以同一代表团参赛，以及 1971 年的中美“乒乓外交”，均彰显了体育赛事的外交功能，促进全球走向和平。

第二节　体育赛事的性别主义文化

一直以来，人们会将性别视为纯粹自然的过程，即性别的自然决定论。但是直到近现代社会，在社会学家、心理学家及哲学家们的不断反思下，人们打开了性别形成背后的黑箱，看到性别与社会之间的紧密联系，进而推动越来越多的普通民众和社会组织开始反思社会中各种性别主义现象，为实现社会进步与人人平等提出了女权主义等相关主张，并开展相关实践。性别主义在体育赛事中有着突出的体现，自古代奥运会开始性别在体育赛事和体育参与中就有着较大的区别，在现代体育赛事体系中性别差异也广泛存在于不同的场景中。男性职业体育项目发展普遍优于女性，男性体育商业价值普遍高于女性，男性媒体关注度普遍高于女性等。

一、性别主义概述

（一）性别主义概念

性别主义是指一种认为不同性别的个体有优劣和高下之分的社会偏见。性别

主义产生的本质是由于男女在社会化过程中被赋予的不同身份和价值，故而形成了这种基于性别差异的价值判断偏见。在奴隶制社会和封建制社会背景下，“男尊女卑”的社会认同是最典型的表现形态。例如，中国古代（除母系社会时期外）女性的家庭地位和社会地位一直不高，最突出的表现为“三从四德”。儒家礼教规范根据“内外有别，男尊女卑”的原则，要求妇女的道德、行为与修养要遵循一定的准则，其中“四德”（妇德、妇言、妇容、妇功）是为“三从”（在家从父、既嫁从夫、夫死从子）而存在的。可以看出，这是历史束缚妇女的思想根源，这也是对于女性不平等对待的重要体现。随着时代的变迁、社会的发展，这种“男尊女卑”的思想受到了广泛的批判与唾弃，但传统的思想观念根深蒂固，现代社会仍然可以看到“性别主义”的魅影出现在社会生活中的不同地区和领域。比如日本作家上野千鹤子在《厌女：日本的女性嫌恶》一书中就对日本社会的性别主义进行了激烈批判。

（二）体育赛事中的性别主义

在竞技体育中，男女不平等的问题一直以来备受社会各界关注，主要表现在媒体报道、体育竞赛参与和体育竞赛指导与管理等方面。

1. 媒体报道中的性别主义

媒体不仅通过语言、文字、图片等方式对体育赛事实践过程中的赛况、事件等热点进行播报，同时还承担着体育赛事文化传播的作用，通过媒体的传播将体育赛事中的运动员个体、教练员、裁判员等参与赛事实践主体产生的物质、精神、制度等影响的文化形态传播给受众群体。当前体育赛事媒体传播的内容主要是围绕着运动员进行播报，但是新闻媒体播报运动员时存在明显的性别歧视。如2000年电视媒体对女子体育的报道数量明显下滑，女子体育的相关内容报道比例大约占总报道的6.3%，与1990年的5%一样低。一份关于娱乐体育节目网的“体育中心”栏目内容的研究显示，男性报道有778篇，约是女性报道篇幅数量的49倍。男性体育比赛比女性体育比赛更受人们欢迎，人们经常将男性体育比赛升华或是赋予特殊意义，反而会以无关紧要的态度去叙述女性体育比赛，报道言辞上有着明显差距，并且在报道女性时忽略女性的体育成就而着重于女性的生活、外貌等。

2. 体育竞赛参与中的性别主义

从奥林匹克运动会最初的禁止女性参加到今天的女性取得运动参与权，这是一个漫长的过程，其间女性体育文化的发展曲折而缓慢。时至今日，女性获得的运动参与机会虽有一定幅度的提升，但与男性的运动参与机会还是不完全平等的。自体育赛事出现开始，体育竞赛就带有性别色彩，主要体现在体育观赛参与和体育竞赛参与两方面。

体育观赛参与的性别不平等自古有之，如在古希腊时期奴隶社会的奥运会，女性和奴隶一样，被严禁观赛，一经发现将面临被活活推下山崖摔死的极刑。如今，体育观赛参与的性别歧视在少数国家还有残余，部分民族或国家禁止或限定女性观看体育赛事的条件。比如伊朗虽然解除了女性观看体育赛事的禁令，但是对于观赛条件仍然有限制，女性不允许观看摔跤、游泳等过于“阳刚”的运动，因为在这些运动中，男运动员大部分身体都处于裸露状态。在如今全球化的世界，伊朗是为数不多禁止女性现场观看男性体育赛事的国家，这与他自身的传统文化是分不开的。虽然女性社会地位在不断上升，但是受民族传统思想观念影响，部分国家或地区对于女性参与体育仍然存在一定的歧视。

对体育竞赛参与方面的性别歧视的标志性突破发生在1900年巴黎举行的第2届奥运会上。作为主办方的法国率先打破两千年来对女性的“戒令”，允许12名年轻女性参加了网球和高尔夫球比赛，其中美国网球运动员夏洛特·库伯（Charlotte Cooper）获得了女子网球单打冠军，是现代奥运会上的第一位女子冠军。从禁止参加奥运会项目到全部项目可以参加，女性在奥运的路上走了整整116年，直到2012年伦敦奥运会，拳击项目对女运动员首次解禁女性才被允许参加所有项目。

3. 体育竞赛指导与管理中的性别主义

体育竞赛的性别主义不仅在运动员、观众中体现，女性在担任体育竞赛指导、管理等相关职业和岗位时外界的偏见依然存在。比如，著名网球运动员穆雷曾在多处场合以不同的形式表达对体育竞赛中对女性不公的不满。他与女性教练艾米丽进行搭档合作时，外界将穆雷输球的原因怪罪于艾米丽身上，批评声、质疑声严重地影响了艾米丽的生活。穆雷表示艾米丽的遭遇是他所有前教练未曾遇到的，外界对于女性教练的歧视太过偏激。

除了女性教练员面临的被动局面，历史上在各种体育赛事管理岗位中，女性的数量和话语权也较为稀少。1981 年之前奥林匹克委员会的成员中没有 1 位女性，到了 1989 年，86 名委员中也仅有 6 名女性，女性委员占比 6.98%，反映了男性依然是体育赛事的主要管理者。相关研究显示，1972 年美国大学中有 90% 以上的女子体育运动计划由男性主导；1984 年之前，只有 17%的体育女子运动计划是由女性管理；1984 年后，女性担任大学女子体育运动计划的主导者的比例仍然很低。随着社会的发展，在性别平等理念的影响下，许多体育赛事组织都进行了调整。在国际奥委会 2019 年人员组成情况公布中，27 名女性委员占比达到 45.4%，这主要得益于《奥林匹克 2020 议程》。国际奥委会的女性委员数量不断增长，在国际奥委会最新任命的 6 位委员会主席中有 3 位为女性，这一现象反映了体育赛事指导的相关职位对于女性的偏见在逐渐淡化，性别平等逐渐取代了女性歧视的观念。

二、体育赛事与性别平等的进步

伴随着全球性别平等理念的普及，以及女性运动员在各个领域取得的傲人成绩，有力地打破了性别歧视者的偏见。在各界有识之士的努力下，女性在体育赛事中的地位大幅度提升。主要表现在以下几个方面。

（一）女性参与体育的水平飞速提升，维权意识增强，错误观念开始扭转，实力得到认可

随着妇女体育的蓬勃开展和科技现代化的提高，妇女的运动能力和技术水平发展较快，在奥运会上创下了惊人的成绩。例如，在第 26 届奥运会上，南非选手海因斯垄断女子蛙泳 2 枚金牌，并打破了女子 100 米蛙泳的世界纪录，她的成绩甚至超过了第 19 届奥运会同一项目的男子冠军。她们出色的表现使人们对妇女的身体条件不适宜参加激烈运动的理论逐渐失去了站脚。此外，很多卓越的女性运动员、教练员，以及其他秉持性别平等的进步人士参与到争取女性权益、推动性别平等的斗争中。以奥运会为例，2012 年伦敦奥运会英国运动员尼古拉·亚当斯（Nicola Adams）在比赛中击出最后一拳并赢得首枚女子拳击项目金牌，这标志着在现代奥运会历史上，女性首次能够参与奥运会所有项目的竞赛，是奥林匹克运动史上一个重要的里程碑事件，同时也是人类在不断实现性别平等道路上的重要一笔。此外，冬奥会方面性别平等也在不断贯彻。据国际奥委会称，北京冬奥会上，女性运动员在全体运动员中的占比为 45.44%，将创下冬奥会历史

新高；女性运动员将参加 46 个小项，同样为历届冬奥会之最。参赛运动员的男女比例更趋于平衡。

（二）薪资待遇的平等，同工同酬日渐成为共识

在法律上同工同酬是指用人单位对于技术和劳动熟练程度相同的劳动者在从事同种工作时，不分性别、年龄、民族、区域等差别，只要提供相同的劳动量，就获得相同的劳动报酬。但在体育领域男女同工同酬却并非易事。在福布斯 2017 年全球运动员收入排行榜中，只有小威 1 名女性运动员跻身前百。前世界排名第 1 的女子壁球选手劳拉-马萨罗（Laura Massaro）表示："我们参加的比赛场数和男子选手一样多，在训练中付出的努力也不比他们少，但就因为大家认为我们的运动水平比男子选手低一些，我们就拿不到和他们一样的报酬，这真的让我很沮丧。"但是近年来，同工同酬在越来越多的项目上成为共识，很多运动项目协会致力于推动这项工作，每年开始主动实施男女同工同酬原则的运动项目都在递增（图 8-1）。

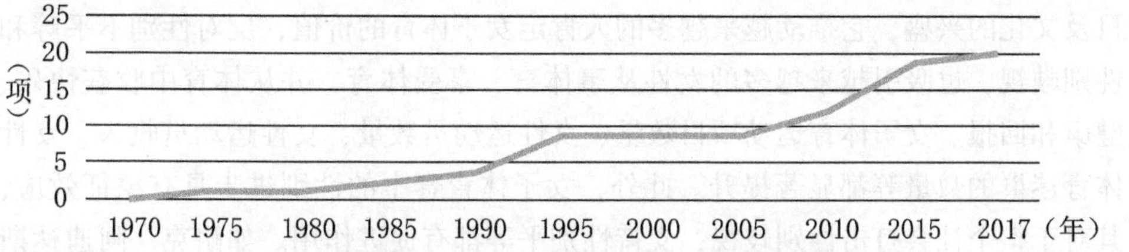

图 8-1 采取男女同工同酬待遇的运动项目数量统计图

资料来源：BBC 全球体育调查资料。

（三）女性在体育赛事管理层和指导层所占比例提高，话语权提升

1995 年，国际奥委会建立了一个女性与体育工作组，它在 2004 年发展成为一个委员会。它的任务是鼓励女性参与奥运会和一切体育活动，帮助更多女性进入体育决策层，争取更多的社会关注及传播相关的信息。自此以后，全球最具影响力的体育赛事无论在管理层还是在其他指导岗位，女性的数量不断增加，话语权不断提升。近年来，为了在追求性别平等方面取得真正的进步，2014 年 4 月，国际奥委会与联合国签署了一项历史性的合作协议，关注通过体育培养年轻女孩和成年女性的领导能力，以及解决全球范围的性别暴力问题。协议框架包括与各国奥委会、国际单项联合会、联合国专门机构和联合国基金会紧密合作，建立一

个可持续的系统，使各国女性能够获得更多体育参与的权力。

（四）体育赛事媒体报道中的性别平等

新闻报道开始重视性别平等，更多大众传媒传递女性体育的力量。很多新闻单位开始反思性别歧视等错误观念对新闻报道的染指，将报道的重点逐渐转向女性运动员的成就、女子运动项目的发展等方面。此外，除了新闻报道以外，越来越多的大众传媒从业者积极发现体育赛事中的杰出女性，并以她们为原型，宣扬性别平等，肯定女子体育，并制作成具有世界影响力的作品。如风靡全球的电影《摔跤吧爸爸》，就是根据印度摔跤手马哈维亚·辛格·珀尕的真实故事改编，讲述了曾经的摔跤冠军辛格培养两个女儿成为女子摔跤冠军，打破印度传统的励志故事。原型之一的女儿吉塔曾在2010年获得英联邦运动会女子摔跤55公斤级冠军，是印度运动史上第一位获得摔跤冠军的女运动员。这给男权社会下的印度女孩带来了极大的精神鼓励，吸引了很多印度女孩从事摔跤这项运动，同时也挑战了印度社会中对女性的落后观念，间接推动印度社会文化的进步。

以上全球体育在性别平等方面取得的重大进步极大地促进了女子体育赛事项目及文化的兴盛，它推动越来越多的人肯定女子体育的价值，反对性别不平等和性别歧视，也吸引越来越多的女性从事体育、享受体育，并从体育中收获快乐、健康和回报。女子体育运动项目数量、女性运动员数量、女性运动员收入、女性体育迷群的数量等都显著提升。此外，女子体育赛事的性别进步具有象征效应，其对于整个社会打击性别歧视，支持性别平等都有促进作用。如耐克、阿迪达斯等商业组织积极为处在性别弱势地位的女性和其他群体发声，以制作宣传片的方式在全球传递性别平等的观念。芭比娃娃公司也看到优秀女子运动员对于女孩成长的激励作用，纷纷推出运动员形象产品，为女孩子树立性别英雄榜样，如足球运动员萨拉·珈玛（Sara Gama）、里约奥运会击剑铜牌得主伊布蒂哈·穆罕默德（Ibtihaj Muhammad），以及我国排球运动员惠若琪。

第三节　体育赛事的种族主义文化

“种族主义”一直以来备受社会各界的关注与批判，在一些国家种族歧视问题也通过相应的立法得到一定程度上的缓解，但当今社会中仍然存有很多种族歧视的事件。或许是无心之举，或许是刻意安排，但这既不利于国家、地区、民族及社会的和谐稳定，也不利于个体的权益维护及平等发展。体育赛事作为社会重要的文化体育活动载体，也是各种族人们竞相展示自己的重要平台，是人们关注的焦点。因此体育赛事注定与种族议题密不可分，具有复杂多样的交互关系。这一方面表现在体育赛事对于缓和种族歧视、促进种族融合有着重要的价值；另一方面，有时体育赛事也会成为种族主义者及种族主义行为的温床，这是我们要在今后的体育赛事中努力清除的。

一、体育赛事种族主义概述

（一）种族主义的概念

种族又称为“人种”，是指在体质形态上具有某些共同遗传特征的人群。如今，通常将全世界的现代人类按照本质主义的方式（以体质特征为标准）划分为四大人种：东亚人种（黄种人）、高加索人种（白种人）、尼格罗人种（黑种人）和澳洲人种（棕种人）。

种族主义（racism）是指秉承着以自我为中心的态度，持有民族优越感，认为种族差异决定人类社会历史和文化发展，认为自己所属的团体，如人种、民族或国家，优越于其他的团体。其中白种人优越论是种族主义的根源之一，该理论认为肤色的亮度决定了种族的等级，白人是最高级别，黑人则是最低级别。这种理论的出现源于特定的历史时期，只不过是为欧洲列强大肆掠夺非洲资源，并且掠夺当地居民进行奴隶售卖提供的说辞而已。种族主义根深蒂固的另一思想来源是早期基督教信仰中的天赋使命感，这是种族主义的核心，早期的天赋使命感源于《旧约全书》，是指上帝以以色列民族为自己的选民。

（二）体育赛事中种族主义的表现

体育赛事中的种族主义问题一直以来都是备受社会关注的话题，也是影响社会稳定的重要因素。尽管社会在不断进步，关于种族歧视问题正在不断地被淡化，但在体育赛事中仍然暴露出很多种族歧视的问题，主要体现在以下三个方面。

1. 体育赛事报道中的种族主义

新闻报道不仅是对信息和资讯的传递，一同被传递出去的还有报道背后的价值观念和主张。有时记者、编辑和媒体组织会自觉或不自觉地将他们的情感、态度、判断等嫁接在报道中。在体育赛事的报道中也是如此，体育传媒者在处理相关赛事信息过程中，可能由于自身持有的种族主义错误观念，在体育赛事报道中带有一定的倾向性，这不仅违背了新闻媒体客观报道的原则，同时也会给相关的运动员、观众等群体带来严重伤害，加剧社会对报道人物和事件的歧视，给赛事蒙上一层阴影，进而带来极其恶劣的社会影响。例如，在 2012 年的伦敦奥运会上，黑人体操选手道格拉斯先后获得女子团体及女子个人全能的金牌，成为首位非洲裔奥运体操金牌得主，但是接踵而来的不是赞赏却是种族歧视。美国 NBC 电视台在报道道格拉斯成为冠军的同时插播了一则穿着体操服的黑色猴子做体操动作的商业广告，带有明显的歧视嫌疑（因为黑人往往是被描绘成猴子去歧视的）。这位 17 岁的小姑娘在接受脱口秀女王奥普拉·温弗瑞的采访时，亲口透露自己长期生活在嘲讽与歧视的环境之中，甚至被队友当作“奴隶”，只因为自己是黑人的身份，即使夺得了冠军这段阴影也无法抹去。

2. 运动参与中的种族主义

在国际体育赛事中，无论是赛事的章程或宪章都拒绝种族歧视出现在赛场上，但仍然屡禁不止。例如，《奥林匹克宪章》中明确表示，任何种族和宗教都享有同等参赛的资格，然而在 1936 年德国奥运会上，纳粹从心底拒绝犹太人和黑人出现在奥林匹克赛场，希特勒在给冠军颁奖时拒绝为黑人冠军颁发金牌。在人人平等的今天，种族歧视仍然会不定时地出现在体育赛场的各个角落。2004 年 11 月，在罗马奥林匹克体育场，拉齐奥的球迷向贝尔格莱德游击队的喀麦隆球员波耶和尼日利亚球员埃梅加拉呼喊种族歧视性的口号长达 15 分钟。体育赛场出现的种族歧视及其他不平等现象，都被视为对人权的不尊重、对人权的侵犯，是违反《联合国宪章》《世界人权宣言》《公民权利和政治权利国际公约》《经济、社会、文化权利国际公约》《发展权利宣言》精神的，将严重制约和谐社会的建设。

3. 体育竞赛指导中的种族主义

体育赛事中还有一些看不见的种族歧视横亘在人们面前——体育竞赛指导中的种族歧视。从平均水平看，那些亚裔、黑人等族群在各大体育联盟、体育组织中担任领导岗位、教练员角色的比例要远远低于白人。根据拉普齐克和马修的统计，2004 年，美国院校男子体育项目中，第Ⅰ级院校中的白人总教练的比例是 89.5%，黑人总教练比例 7.7%，拉美裔总教练 1.6%；第Ⅱ级院校中白人总教练的比例是 90.5%，黑人总教练比例 3.4%，拉美裔总教练 3.4%；第Ⅲ级院校中白人总教练的比例是93%，黑人总教练比例4.1%，拉美裔总教练1.5%，几乎没有亚裔或美国土著担任总教练。2004 年在足球的种族与性别评估报告中，MLS 联盟职业岗位的有色人种所占比例达到了24%，较之前有了一定的提高，但是仍然没有有色人种成为教练或者总经理。体育竞赛指导的相关职业岗位中种族歧视依然是存在的，要实现体育竞赛种族平等目标，还有很长的一段路要走。

二、警惕体育赛事种族主义，促进种族平等

（一）坚持多种族平等、共同参与体育，增进各种族间交往与互动

体育赛事是一支能够促进种族平等的社会力量。不同层次的体育比赛能对全社会追求平等起到积极作用。不同种族和民族文化背景的人在体育运动中会很自然地融合到一起，尤其是一些需要团队作战的项目（如篮球、足球等），因为只有队员通力合作、相互配合，才有可能取得最终的胜利。当来自不同种族的运动员在体育竞赛中彼此对抗时，他们也会学着尊重对方球员不俗的运动成绩。因此体育赛事也是一个良好的媒介，为来自不同种族、具有不同肤色的人们提供了一个平等交往、共同参与体育的机会。在参与体育赛事的活动中，同时也收获了友谊，打破了种族区隔。

此外，我们还要致力于增进体育指导与管理层的种族平等，以多样化的手段鼓励体育管理层、指导层的种族多样化，为处于弱势地位的族群创设、提供支持，以提升他们在整个管理层、指导层所占的数量、权重及话语权；致力于对于受到不公正对待的群体的司法救济和制度保障，完善、健全他们的维权之路。

（二）警惕、抵制种族主义异化体育赛事，提升受歧视种族体育境况待遇

种族主义是人类和平发展的思想毒瘤，对体育赛事的作用往往是消极的，可能会扭曲竞技体育的形象，异化体育赛事的功能，降低体育的威信力。但是体育赛事在作为一种社会力量促进种族关系的同时，其富有的强烈竞争性又造成了种族之间不和谐的“斗争”，加深了种族隔阂。正因如此，我们要格外警惕、强烈抵制种族主义对体育赛事的异化，谨防体育赛事被种族主义者利用，以及成为恐怖主义的标靶等。最具有代表性的案例为，1936 年在柏林举办的第 11 届奥运会，被以希特勒为首的种族主义者所利用。这次奥运会的举办，不仅违反了奥林匹克

精神，更给包括德国在内的全世界人们带来了巨大的灾难，成为奥运会历史上的一大“败笔”。

此外，我们还要致力于提升体育中受歧视种族的境况和待遇，推动体育发展的同时也推动个人发展。对于很多受歧视的种族来说，他们在社会中受到诸多不公正的对待，其发展环境也严格受限，因此体育有时反而能够成为他们打破种族藩篱、跨越阶级流动的方法。以黑人社区为例，美国黑人社区分为两类，一类是专业人士、医生、律师或商人的中产阶级；另一类是逃避社会现实成为街头混混，甚至走上犯罪之路的穷人。爱德华兹曾表示，体育是一条摆脱贫困、犯罪和理想破灭的出路。在爱德华兹看来，在体育方面的成功会对少数青少年群体产生重大的影响。他们在赛场上的英勇表现赢得同龄人与社区的尊重，使其更加坚信自身的价值，可能会成为团队中的领导者，或者是团队中普通的一员，但不管是什么角色，都可以帮助其更好地融入主流生活中。此外，在运动员、教练员等群体的竞技环境中，在薪资、福利及其他待遇方面，要坚持各种族一律平等，不因种族差异而差别对待，尽早推动实现同工同酬。

（三）媒体报道中坚守、传播种族平等观念，增进各种族间了解

媒体由于处在社会话语场域的中间位置，有时候一些关于种族主义不当的言论和观点会带来不可估量的后果。因此，我们需要严格审查媒体从业者职业道德水平及相关专业素质，对于涉及相关种族主义及种族歧视的言论和责任人零容忍，一经发现，要从严处理，并且控制传播流通及公开道歉。比如 2012 年 ESPN 就曾因对华裔运动员林书豪的不当报道而进行道歉。2012 年 2 月 17 日在对阵黄蜂的比赛中，林书豪得到 26 分，5 次助攻 4 次抢断，但有 9 次失误导致球队输球。ESPN 随即用“c***k in the armor”做标题报道了这场比赛。这话原出处是一句美国谚语“a hog in armor is still a hog（猪穿甲胄还是猪）”。c***k 一词本身就涉嫌对华裔的侮辱，用在此处其指代性不言而喻。在被抗议之后，ESPN 立马撤下了这条新闻，涉事编辑被开除，ESPN 公开道歉。但同样的情况屡见不鲜，黑人运动员也在体育赛场上遭遇到严重的种族歧视言论，媒体会使用 N***r 或 N***o等明显恶意的词语羞辱黑人运动员。这是我们今后在体育赛事的相关报道中应严厉查处的。

本章小结

体育赛事所承载的各种社会议题，诸如体育赛事与社会身份、体育赛事与性别平等及体育赛事与种族平等常常成为人们关注的焦点。因此本章主要围绕这三个方面进行了全面的探讨，以体育赛事的社会身份、性别主义及种族主义为核心关键词，梳理了以上三者在体育赛事中的体现，批评了体育赛事中的性别歧视、种族歧视，以使体育赛事在社会层面发挥好自己的角色。同时，硬币的另一面是体育赛事在推动性别平等、种族平等等方面的巨大潜能，也寄希望于对如何治理性别主义、种族主义，更好发挥体育赛事的社会角色的探讨，推动体育赛事及社会的发展。其中体育赛事的社会功能价值主要体现在改善社会民生，提升国家政治影响力，促进体育产业发展，提升社会经济实力，传承社会文化，彰显民族精神，坚持可持续发展，保护社会生态环境和彰显外交功能，促进世界和平等方面。体育赛事与性别平等的进步主要表现为女性参与体育的水平飞速提升，维权意识增强，错误观念开始扭转，实力得到认可，薪资待遇的平等，同工同酬日渐成为共识，女性在体育赛事管理层和指导层所占比例提高，话语权提升和体育赛事媒体报道中的性别平等方面。警惕体育赛事种族主义，促进种族平等则需要坚持多种族平等、共同参与体育，增进各种族间交往与互动、警惕、抵制种族主义异化体育赛事，提升受歧视种族体育境况待遇和媒体报道中坚守、传播种族平等观念，增进各种族间了解。

思考题

1. 体育赛事社会角色的概念是什么？
2. 体育赛事社会角色的定位是什么？
3. 体育赛事社会角色功能价值的表现有哪些？
4. 性别主义的概念是什么？
5. 体育赛事中性别歧视的表现有哪些？
6. 女性在体育赛事中的地位大幅度提升的表现有哪些？
7. 种族主义的概念是什么？
8. 体育赛事中种族歧视的表现有哪些？
9. 警惕体育赛事种族主义，促进种族平等的做法有哪些？

延伸阅读：

安迪·穆雷：伟大冠军、女权主义者、一个好人

国米球迷种族歧视引政府关注 高层：裁判继续比赛是正确的

网球传奇“金夫人”：终身致力于网球运动的性别平等

CHAPTER 09

第九章 体育赛事文化与媒介

学习目标：

- 结合实践掌握媒介体育的概念、类别及发展趋势。
- 了解媒体对体育赛事文化发展的促进作用。
- 正确认知体育赛事文化对媒体的独特内容价值。
- 结合延伸材料自主探究媒体与赛事文化共同发展中产生的负效应。

耦合是源自物理学的概念，指的是两个或两个以上的系统或运动形式之间通过各种相互作用而彼此影响，通过各自系统发挥各自作用，相互促进、相互协调、相互依赖的一种动态关联以至联合起来的现象。从系统论来看，社会作为一个大系统，其中次生无数个子系统，子系统之间通过各种形式的相互作用而彼此影响，也就形成了不同子系统之间的耦合现象。但是并非所有子系统之间都能发生耦合，除非两个子系统内的各要素之间发生作用，进而形成稳定的要素耦合机制。

体育赛事系统与传播媒介系统都是近现代社会迅速崛起的两个重要社会子系统。在实践中，体育赛事系统内蕴要素与媒介系统内蕴要素之间勾连紧密，交互频繁。特别在各种新兴媒介技术赋能下，体育赛事与媒体之间要素互动的深度和广度不断加强，两大耦合机制不断创新，成为当代社会令人瞩目的现象。为了厘清体育赛事文化和媒介之间复杂的相互关系与交互作用，本章将从耦合视角展开阐述：第一节主要阐述媒介对体育赛事文化的积极耦合作用；第二节主要阐述体育赛事文化对媒介的积极耦合作用；第三节以专题形式重点介绍赛事文化与媒体耦合的最高级形态——媒介体育。但是二者间的耦合机制也会有失灵、低效甚至违规的时候，为了辩证全面地考察体育赛事文化与媒体关系，因此在最后增加了关于如何更好实现媒介与体育赛事文化耦合发展，消解负面问题，更好地指引我们从事相关实践的相关内容。

第一节　媒介促进体育赛事文化的发展

传播学创始人施拉姆认为，媒介就是传播过程中，用以扩大并延伸信息传送的工具。体育赛事文化是媒介传播对象与客体。媒介对处在不同历史时期、不同空间区域、不同行业维度、不同参与场景的体育赛事文化发展有着重要而复杂的作用。为了方便论述和便于理解，本章将借鉴传播学奠基人之一拉斯韦尔所提出的关于传播过程的“5W”模型，基于他所细分的媒介传播的五大要素和环节，总结概括媒介在促进体育赛事文化发展的五大表现（图 9-1）。

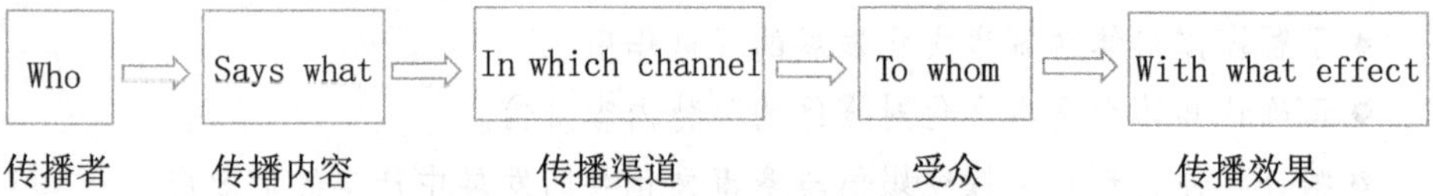

图 9-1　传播过程的“5W”模型

一、媒介成为体育赛事文化的重要传播主体

1992 年美国海湾战争发生，法国著名的后现代哲学家鲍德里亚却专门撰文称“海湾战争没有发生”，因为在他看来，美国进行的“人跟人不接触”的战争方式及利用传媒系统的舆论影响，更像是一种以电子游戏和电视新闻表演进行的虚拟战争，而战争在战场上短兵相接的实在性意义已经消失了，取而代之的是发生在电视屏幕中的虚拟化、电子化的战争。对于普通人来说，大众媒介提供的信息就是关于战争的全部。这个后现代哲学家用看似荒诞的论点传达了关于当代社会本质特征的一个洞见，即在社会日益媒介化的时代，任何事物如果没有媒体的报道和参与，那么它就没有“发生”。

同理，在当下社会，离开媒介的体育赛事不可想象：顶级竞技性赛事将无人关注与欣赏；普通业余性赛事将无人知晓并报名参与。这说明体育赛事这一独特的群体性文化实践形式，只要它想要追求更大的影响力、更广的知名度及成长久的传承力，那么它必须依赖体育赛事文化传播的重要主体——媒介的力量。

（一）媒介在体育赛事文化传播中的主体构成

体育赛事文化传播中的媒介数量庞杂，类型多样。除了从媒介特性把它们划分为报纸、广播、电视、网络新媒体等主体类型外，还可以根据媒介在体育赛事文化传播中发挥的主要功能进行划分，包括：主营信息生产与传递的媒体，如各大新闻单位及其对赛事新闻的采写编播活动；主营赛事转播服务的媒体转播公司或单位；主营赛事营销、创意传播方面业务的整合营销公司；为体育赛事搭建诸如注册、报名、参赛等服务的特殊媒体公司。

此外，还可以根据媒体与体育赛事组织者的关系，分为赛事的外生型媒体和内生型媒体。外生型媒体如 ESPN、CCTV5、《体坛周报》、腾讯体育等社会中专职体育传播的机构。内生型媒体是指赛事自主成立的内部的、独立的部门，专门用来开展赛事信息生产或对外传播服务业务。如奥林匹克组织体系中单独设置了“奥林匹克广播服务公司”（Olympic Broadcasting Services，OBS）。其负责制作和传播奥运会的电视和广播报道，运营奥运会期间的广播和电视运行中心——国际广播中心（IBC），在场馆和 IBC 为转播权持有者协调和提供转播设施和服务，包括转播设备和通信服务等。

（二）媒介在体育赛事文化传播中的主体优势

我国古代著名的文学家韩愈曾说过“术业有专攻”，管理学中也有一条著名的法则：专业的事交给专业的人去做。体育赛事文化需要扩大影响、提升参与度、知名度、美誉度，就迫切需要解决传播的问题。在现代社会，各种各样的媒介是最专业的信息传播者、社会活动发起者，其主体优势主要表现在媒介具有的专业的传播能力方面。

1. 准确的新闻敏感

新闻敏感是媒体人具有的独特“嗅觉”能力。体育赛事由无数个人、事件和各种细节组成，是一个庞杂巨量的综合体。受过职业训练的媒体可以凭借丰富的经验，如快刀斩乱麻一般从中挑选出最有价值的事实进行精准报道。

2. 深刻的洞察

体育赛事总是处在特定的历史社会之中，有着自己独特的发展规律。大众传播媒介除了基本的赛事信息传递之外，可以深刻洞察体育赛事表象之下的精神文化内涵，并不断对其进行阐释和宣扬，使得今天的赛事新闻载入明日的历史。如中国女排精神，在20世纪80年代是最先通过大众传播媒介而广为流传的，后逐渐成为鼓舞全国人民的重要体育精神。

3. 超快的速度

体育赛事如同一场饕餮盛宴，人们迫切需要在第一时间知晓它的动态进展，是一种独特的“快消品”。媒体经过专业训练，练就“倚马可待”的报道功底。且伴随时代发展，新闻传播的速度也在不断突破，从“TNT”模式升级到了“NNN”模式，即从“今日新闻今日报”（Today News Today）提升到“现在的新闻现在报”（Now News Now）。

4. 先进的技术

媒体拥有许多专业采写编播录的设备，这些设备功能强大、技术先进但造价昂贵，其他普通人或者组织难以承受。如赛事转播方面，其牵涉现场声画采集、信息传输、信号制作等复杂的技术系统，保障了高质量的赛事文化传播。

5. 高效的组织

媒体人可以是单数，但是媒体一定是一个复数概念。以北京奥运会为例，吸引超过21600名中外记者成为北京奥运会的注册记者，规模再创新高。这说明越是高规格的赛事，对其的传播就越需要大规模且高效率的组织从事传播服务。

6. 广泛的受众基础

媒体具有公信力和号召力，是人们生活中重要的意见领袖，也是人们接触世界的窗户。媒介受众覆盖着社会的绝大多数人口，这些人口也是体育赛事文化重要的受众。

总而言之，过去只属于特定阶层和时空范围的体育赛事，经过专业化、组织化的媒介主体的传播报道，突破了赛事文化的时空限制，飞向寻常百姓家，成为现代社会醒目的景观。

二、媒介承载体育赛事文化的重要内容

体育赛事是一种独特的文化内容，需要依赖特定的事物才能展开和传播，常

见的方式有：神话传说、史书记载、文学创作、建筑遗迹或文物考古等。经由这些方式传递的体育赛事文化内容常常带有浓重的艺术加工色彩，具有一定的传播滞后性、表达个体性等特点，且常常限定在专家学者等特定群体中传播。但是这种情况随着大众传媒的勃兴而发生了重要改变。在社会日益媒介化的背景下，媒介以其独特的优势，开始承载当代体育赛事文化的重要内容。

（一）媒介全面记录、存储体育赛事内容

在人类历史的长河中，很多体育赛事文化由于社会生产力水平低下、保护传承意识不强、没有相应的记录、存储手段等原因而逐渐失传，成为历史中沉默的黑洞。但是媒介的出现，尤其是进入到电子传播时代，人类存储、记录体育赛事内容的实力大大增强。比如在 1932 年，双镜头照相机、终点摄影仪等媒介技术，第一次非正式地在洛杉矶奥运会上使用。4 年后这些设备在 1936 年的柏林奥运会上进一步改进，新闻和广播设备的质量大大提高。从 1936 年开始，组委会采用电影的形式对奥运会进行了完整的记录，这不仅给奥林匹克运动留下了宝贵的资料，而且促进了这一运动在全世界的普及。由此可见，现代社会的体育赛事内容越来越多地由媒介记录，被存储在纸张、胶卷、磁带、光盘、云存储等设备或网络中。用媒介手段存储可以高度还原体育赛事，降低存储成本、节省存储空间，同时还具有便携性等显著优点。

（二）媒介艺术化加工、处理体育赛事内容

媒介是一种表现和再现的艺术，它可以通过丰富多样的手段对体育赛事内容进行艺术化加工和处理，从而增强赛事内容的艺术效果，吸引更多的人关注体育赛事。这里的加工、处理作用主要体现在：①升华内容主题。体育赛事千千万，每场各有不同，如果没有人把它重新剪裁、修饰的话，很多时候只是原材料。但是媒体可以敏锐地为不同的体育赛事赋予一个大众化、世俗化的主题并进行报道，如“英雄主题”“家国民族主题”“自我实现主题”“失败者主题”等，从而使得赛事具有更深刻的精神文化内涵，也让体育赛事变得独具特色、易于接受和传播；②丰富叙述视角。传统人们观看体育赛事时大多数采用看台观众视角。但是媒体可以借助自身各种技术设备，在观众视角基础之上，增添诸如天空视角、运动员视角、动作视角，甚至还能打破比赛时间流，带来日常生活中人们体验不到的 360 度慢动作视角；③强化艺术表现力。媒体可以借助强大的科技手段丰富赛事内容的艺术表现力。如将 VR、AR、全息投影、8K 等信息技术应用在

体育赛事的现场直播中，将现实的赛事融合数字艺术的魅力，从而带来震撼的感官体验。

三、媒介形成体育赛事文化传播的主要渠道

体育赛事文化是一种动态文化，是不固定的、处于流动状态的文化。它因人们的交往互动而兴起，也随人们对赛事的学习、实践、交流而得到普及传播。从过程论来看，任何传播都必然沿着某些渠道进行，体育赛事文化亦是如此。

在当代，赛事文化的主要传播渠道多由媒体推动形成。媒介对赛事文化渠道形成的推动作用主要表现在两个方面。一方面赛事文化传播渠道辐射面不断扩大，从“窄传”渠道拓展至“泛传”渠道；另一方面是从扁平的线性传播渠道走向了立体、全面覆盖的网络渠道体系。根据麦奎尔《大众传播学》中的整理归纳，大众传播就涉及了报纸、图书、杂志、广播、电视、CD、电影、广告、新媒体等类型，每一个类型都构成一个重要的传播渠道。报刊有报刊发行渠道，图书有图书发行渠道，广播电视有广播电视网络渠道，电影有电影发行渠道，新媒体有着当下最为重要的互联网渠道等，它们每一个都构成当代社会的信息文化传播的“主动脉”。赛事文化抓住媒介业已形成的渠道优势，将自身的文化内容负载至这些动脉之上，依托现有的媒介渠道体系进行广泛传播，将自己输送到社会各个角落。

四、媒介培育体育赛事文化的重要受众

（一）媒介受众与赛事文化密切相关且数量巨大

当下媒介产品已经成为绝大部分家庭的必备品、多数人的必需品。在我国几乎每个家庭平均至少有一台电视机，手机持有量则更多，还有些家庭订阅了报纸、杂志等媒介产品。特别是互联网快速发展，我们迎来了多屏媒体时代，笔记本、智能手机、平板电脑、户外 LED 大屏、电子报刊栏等，每个人几乎都成为屏幕的观看者，即媒体的受众。根据联合国国际电信联盟（ITU）发表的报告显示，截至 2018 年 12 月，全球使用互联网的人口达 39 亿，首次超过全球人口的一半。根据中国互联网络信息中心（CNNIC）发布的《中国互联网络发展状况统计报告》显示，截至 2018 年 12 月，我国网民规模达 8.29 亿，互联网普及率为 59.6%。以上说明，无论是新兴媒体还是传统媒体，它们合力覆盖了社会的方方

面面，拥有了几乎覆盖全民的占大部分人口基数的广泛受众群。

同时，体育赛事文化在全球不同国家和地区也拥有着数量庞大的爱好者（表9-1），根据欧洲著名杂志《经济学人》发布的中国体育产业相关报告显示，我国体育赛事人口高达4.34亿。

表9-1　全球十大赛事项目人口及主要分布

排名	赛事项目	赛事人口	主要分布区域
1	足球	约35亿	欧洲、非洲、亚洲、美洲
2	板球	约25亿	亚洲、澳大利亚、英国
3	曲棍球	约20亿	欧洲、非洲、亚洲、澳大利亚
4	网球	约10亿	欧洲、亚洲、美洲
5	排球	约9亿	欧洲、澳大利亚、亚洲、美洲
6	乒乓球	约8.5亿	欧洲、非洲、亚洲、美洲
7	棒球	约5亿	美洲、日本
8	高尔夫	约4.5亿	欧洲、亚洲、美洲、加拿大
9	篮球	约4亿	美洲、亚洲、欧洲
10	橄榄球	约4亿	欧洲、非洲、亚洲、美洲、澳大利亚

值得注意的是，全球体育赛事人群和媒体受众人群高度重合，而且后者对于前者的形成具有重要推动作用。根据互联网数据资讯网（GWI）发布的最新报告《世界各地的体育运动——2018全球体育运动消费调查报告》（*Sports Around the World*）显示，85%的互联网用户表示他们经常在网上或电视上观看至少1项运动。在观看比赛方面，将近1/5的Facebook受访者虽然未表明自己是体育迷，但仍会上网观看比赛。将近60%的Facebook体育迷表示他们会上网观看比赛。这说明，当代体育赛事文化的受众与媒介受众高度相关，并且后者成为体育赛事文化受众重要的孵化平台。

（二）培育机制：媒体如何把受众转化成赛事文化受众

在培育赛事文化群体方面，媒介主要从两个维度发挥作用：①对既有群体的强化功能。体育赛事文化群体人口基数庞大，对于相关赛事的积极性高，对赛事的卷入度高。媒体往往通过赛事报道、直播通道、群体交流互动平台、赛事话题发布等服务，让那些不能去现场、不能亲身参加赛事的赛事迷群得以接近体育赛事，获得需求满足，强化了该群体对体育赛事的追随与热爱。②对普通受众的转化功能，即通过媒体传播服务将原本不熟悉体育赛事文化的普通人转化为爱好者和追随者。传播学中“议程设置”理论认为，大众媒体不能告诉人们怎么想（what to think），但是可以告诉人们想什么（what to think about）。对于体育赛事而言，媒体不断地把各种赛事设置到每天的报道议程中去，让人们觉得它很重要或者值得关心。在实践中，媒体把各种顶级赛事当作一年中甚至几年中最为重要的议题进行集中宣传，从而让很多体育圈之外的人接触到赛事，并且逐渐喜欢上该项赛事，实现了将普通的受众转化为赛事受众的目的。如每届世界杯举行之际，会出现很多“伪球迷”积极收看直播，关注球赛球星等，这为日后发展成“真”球迷打下了基础。

五、媒介强化体育赛事文化的综合效益

“有了媒体的理解与支持，企业和个人的品牌形象将扶摇直上；而一旦成为媒体的攻击对象，他们所有的努力和希望都有可能在一夜之间被粉碎。在信息化、网络化的现代社会里，可以毫不夸张地说成也媒体，败也媒体”。在现代社会，媒体就像放大器，如果在体育赛事中合作得好，其效益将会在体育赛事原有效益的基础上放大无数倍。此处主要谈论的是正面积极效益，集中从经济和文化效益两方面谈。

（一）经济效益不断提升

以转播收入为主的盈利模式逐渐稳定。体育赛事，尤其是大型体育赛事是一项庞大的社会工程，它的举办常牵涉大规模的人力、财力和物力资源的调动和使用。以奥运会为例，根据德国著名统计机构 Statista 公布的数据显示，奥运会的举办成本至少 20 亿美元，而且除了北京，大多数举办城市实际支出都严重超出预算。但是为什么奥运会举办权的争夺又会如此激烈？那是因为自 1984 年洛杉矶奥运会以来，奥运会逐渐摸索出一条以向媒体出售转播权为核心的收支平衡的发展之路。根据历年国际奥委会公布的数据显示，媒体为奥运会支付的转播费已经成为奥运会最为重要的收入来源之一，超过了赞助商、门票、彩票、衍生品等收入。如在 2013 年至 2016 年这个奥运周期，奥运会转播权收入达到了 41 亿美元，比上一个奥运周期增长了 7.1%。以转播权收益为核心的新模式为奥运会的持续性发展提供了有力的支撑。一方面，奥运会转播权收入可以覆盖大部分预

算，使得奥运会有了自我造血的功能，避免因为成本压力而影响奥运会赛事的稳定举行；另一方面，媒体通过转播权益的获得从而为获得更高收视率提供了有力保障，是一个双赢的模式。

（二）文化效益不断提升

宣扬普及赛事精神内涵。媒体传播是一种文化活动，它除了信息传递之外，还具有着伸张态度、塑造观念、传播思想、引领精神等功能。对媒体而言，它并不满足于每天对体育赛事的简单的反映，更想深入把握赛事内在逻辑与意义，也就是精神文化内涵。因为正是这些精神内涵构成了赛事与赛事之间最大的区别，也是人们之所以追逐体育赛事、热爱体育赛事的深层原因。因此，媒体努力通过多种方式，发现体育赛事表象下的精神文化内涵，并加以宣扬普及。这是媒体为体育赛事带来的文化效益。如在奥运会的报道中，媒体十分重视对奥运会理念的传播。在对赛场健儿报道中，融入了健儿们对“更高、更快、更强”的追求与突破精神；在国与国的较量中，强调着“重要的是参与，而不是取胜”等奥运会宝贵的思想遗产。比起枯燥的说教，将体育赛事精神内涵融入传播过程之中，以潜移默化的方式推动人们对于体育赛事精神的深入领会，这是媒体独特的提升赛事文化效益的手段。

第二节　体育赛事文化丰富媒介的内容

体育赛事作为一种独特的内容资源，具有极高的市场价值。澳大利亚竞争与消费者委员会主席格雷姆·塞缪尔曾把媒体内容比作“血液”，说：“如果你控制不了动脉，就去控制血液。”

一、内容素材的价值判断指标

指挥市场靠的是一只被叫作价格的“看不见的手”。对于媒体而言，也有一只“看不见的手”指挥着它的行为活动，即受众。是否对受众有益、是否受众感兴趣或者真正需要，它在很大程度上决定了媒体对于内容的选择。以新闻传播为例，传媒从业者从实践出发，逐渐总结出一套关于内容之于受众的价值大小判断学说，即“新闻价值论”，通过一定的指标体系，来判断描述所传播事实对受众的价值多寡。我们可以说，价值越高的内容素材对媒体而言就越重要，越能满足媒体对内容的需求，反之价值越低的内容素材，对媒体而言就越不重要，媒体对它们的需求就越低乃至于没有需求。那么具有何种特征的内容素材具有高价值内容属性呢？根据中国人民大学陈力丹教授的整理，他认为新闻价值具有 10 个构成要素：

①事实发生的概率越小，便越有新闻价值；

②事实或状态的不确定性越大，减少不确定性的事实或信息，便越具有新闻价值；

③事实的发生与受众的利益越相关，便越具有新闻价值；

④事实的影响力越大、影响面越广，越能立即产生影响力，这三个条件同时存在，便越具有新闻价值；

⑤事实与接受者的心理距离越近（如兴趣生活、地域性别、年龄、教育程度和专业、经济收入、民族或种族或宗教的心理距离），便越具有新闻价值；

⑥越是著名人物，其身上发生的事实便越具有新闻价值；越是著名地点，那里发生的事实，也越容易引起受众的关注；

⑦凡是含有冲突的事实，多少都有新闻价值，内含的冲突越大，越具有新闻价值；

⑧越能表现人的情感的事实（悲欢离合），越具有新闻价值；

⑨越具有心理替代性的故事性事实（各种成功者、英雄母题、撒旦母题、大团圆母题等），越具有新闻价值；

⑩事实在比较中带有的反差越大，越具有新闻价值。

我们从陈力丹教授的归纳中可得出媒体内容素材选择的一般性标准，即当内容素材具有异常性、不确定性、相关性、重大性、广泛性、接近性、著名性、冲突性、情感性、代入性、反差性等特征时，具有高价值属性，也就意味着越能满足媒体的内容需求。这里不仅适用于新闻这一形式，因为对于媒体而言，无论是新闻还是专题片，或者纪录片、摄影等作品，都可以运用这个价值要素作为自身内容素材选择的标准依据。这些要素成为指挥媒体内容选择、主题创作时“看不见的手”。

二、赛事文化作为媒体内容具有重要价值

体育赛事文化因为具有诸多“高新闻价值”的属性被媒体视为具有重要价

值的传播内容，具体表现在以下几个方面。

（一）异常性

是指事情发生的频率或概率较低。体育赛事发生的频率整体较低。一方面从时间频率来看，赛事的规模越大、水平越高其发生的频率越低。一般来说，全球顶级赛事多是4年1届，单项赛事如世界杯，综合性赛事如夏季奥运会、冬季奥运会、亚运会等4年举办1次。全球顶级单项职业赛事多为2年举办1次，如世界游泳锦标赛、世界田径锦标赛等。其他洲际职业联赛每年都有赛季，在规定的时间段内开赛，如美国男篮职业联赛、欧洲冠军联赛等。另一方面从空间分布概率来看，越是顶级赛事其空间分布越是稀少。尤其像奥运会这样的全球著名的赛事，百年历程也不过在几十个城市举办过。

（二）不确定性

体育赛事最大的魅力就在于它是未知的。体育赛场不像电影电视，它没有彩排，运动员不论种族、肤色、性别、民族、地域等，必须公开、公平地进行现场竞争。同时由于赛事规则的巧妙设置及高水平运动员之间水平接近，比赛结果很难预判。如网坛“费纳对决”（费德勒与纳达尔），羽坛“林李之争”（林丹与李宗伟）。同时，赛场上不乏半路冲出黑马扭转乾坤的情况，会更加加剧不确定性。如2004年雅典奥运会上，刘翔如一匹黑马冲出赛道，最终以12.91秒的成绩一举夺冠，是历史上第一个黄种人夺得110米栏的冠军、第一个中国人夺得110米栏的冠军，打破了黄种人在田径赛场上有种族劣势的谣言。

（三）相关性、接近性和广泛性

体育赛事有着庞大的追随群体。一些经典的运动项目和赛事经过几十年甚至上百年的积淀，更是融入社会居民生活之中，为人们耳熟能详、喜闻乐见，也是人们生活所必需。同时，不同赛事的优秀运动员来自不同的地域、种族、国家和民族，他们的一举一动都会激起所在群体人们的密切关注。因此，体育赛事与各国、各地区的人们密切相关，与人们的生活十分接近，爱好群体泛布全球。

（四）重大性

体育赛事是当今社会最为重要的全球景观之一，具有重大性。它涉及政治、经济、文化、社会生活的方方面面。从经济指标来看，在发达国家，赛事产业是体育产业核心部分，而体育产业也是社会十大支柱产业之一；在政治方面，体育赛事往往成为国家间实力展示、外事交流的一个重要窗口；对文化而言，体育赛事作为文化可以促进地区之间、国家之间的文化交流和沟通；对于社会生活而言，体育赛事是社会生活的重要组成部分，也是居民间互动交往的重要活动。

（五）著名性

著名性是指体育赛事文化中的诸多要素在社会和人群中间具有较高的知名度和显著度。在体育赛事文化中，作为知识产权的赛事本身就具有较高的知名度和显著度。如奥林匹克运动就是一个传承百年的著名赛事IP。同时，赛事包含的各要素也十分著名，如优秀运动员，在社会中运动员是重要的公众人物，是社会中备受追捧的明星。

（六）情感性

体育赛事是一种高度情感卷入的事项。因为赛事本身就充满着各种精彩的看点、激烈的对抗、未知的悬念、各具特点的选手、千差万别的环境等，使得体育赛事极易激发人的各种情感。和人们常规化的、理性化的工作生活不同，人们在参与或是欣赏赛事时可以卷入强烈的诸如愉悦、兴奋、自豪、期盼、紧张、失望、焦虑甚至痛苦等复杂情绪，从而体会到这也是体育赛事的魅力所在。如著名的体操跳马运动员丘索维金娜，为了给儿子治病筹款，7次征战奥运会赛场，感动了很多人。

（七）冲突性

体育赛事是依赖身体进行较量和超越的艺术。和冗长平淡的日常进程不同，它往往是严格按照赛程和规则的限定，短时间内把高水平的运动员聚集到一起，在特定的时空场所之中进行较量比拼，它高度浓缩了各种激烈碰撞的要素，从而使得比赛充满冲突性。这主要表现在：①赛程设置的冲突性。很多赛事主办方巧妙地把赛程安排得具有较高难度和较大对抗性，如严苛的淘汰制和晋级制，从形式上首先确保了赛事的冲突；②规则设置的冲突性。体育赛事是规则的游戏，很多时候运动员要处理的是与规则的关系。有时对抗冲突本身就成为比赛规则的一部分，如橄榄球比赛中激烈的身体对抗就是比赛规则所允许的，再比如网球赛事中的底线，每一次击球落地，都是与底线的一次较量，而当争议球通过鹰眼展示出来时，观众发出的各种赞叹、惋惜都是对这种冲突性的内在回应；③运动员之间的冲突。有竞争就有冲突，由于规则限定，运动员与运动员之间处于冲突性竞争的状态，如拳击、球类运动等。此外，一些看起来是运动员独自完成的比赛，如射击、马术等，其实也蕴含着运动员对自我的突破、对纪录的突破，因此也颇具看点；④自身命运的冲突。职业运动员的生涯极其宝贵，赛场有时也是人生重要组成部分。很多时候，每个运动员不同的个性、时机和遭遇也使得赛事充满冲突性。如美国射击名将埃蒙斯连续 3 届奥运会打丢最后一枪，遗憾赛场，但是同时在场外又因为射击而收获了自己的爱情。这样的命运冲突性也最为观众津津乐道。

(八) 带入性

带入性是指人们在观看体育赛事时，对于赛场上的发展情势、运动员本人产生共鸣，自发产生的带入到运动员角色或者比赛情境中的现象。这是受众真正进入到体育赛事之中，并与体育赛事融为一体的表现。如在场外为运动员加油呐喊助威的球迷们，恨不得自己上场为心爱的球队助一臂之力。

(九) 反差性

很多顶级赛事中的胜负就在毫厘之争，但偶尔也有胜负出现压倒性的偏向，这种碾压性的表现往往就是反差效果的来源。如短道速滑项目，由于项目本身特质，运动员与运动员之间的差距往往在毫厘之间，冲过终点的那一刹很多时候要借助高清摄像机才能决出冠亚季军。但是 2018 年平昌冬奥会时，我国选手武大靖以一骑绝尘之势，领先韩国选手几个身位，毫无悬念地获得冠军，令中国观众为之沸腾。

综上，对媒体来说，体育赛事就像一座丰富的金矿，具有异常性、不确定性、相关性、重大性、广泛性、接近性、著名性、冲突性、情感性、代入性、反差性等重要特征。在实践中，不断走高的转播费及赛事版权费也证实了这一点。

第三节 赛事与媒体的进阶融合：媒介体育

伴随社会发展，从 20 世纪七八十年代以来，体育赛事与媒介间的纽带快速增多，合作不断深化，二者耦合现象越来越普遍，耦合特点越来越突出。围绕着赛事在实践中出现了“体育媒体化”及“媒体体育化”这样全新的现象和事物。“在过去 30 年里，各方面的发展，包括奥运会、足球世界杯和全美橄榄球职业联盟（NFL）的逐步商业化，都揭示了体育和媒体之间的相互关系”。这些现象是全新传播时代下的新事物，是体育赛事与媒体耦合的高级阶段，也是新时代赛事与媒体融合发展出的新产物。由于它们预示着今后体育赛事和媒体发展的新趋向，对实践具有重要启发和指导意义，因此，国内外很多学者予以密切关注，并形成了一个重要的研究概念和相应的领域：媒介体育。

一、媒介体育的概念

媒体体育一词最早出现于20世纪90年代，源自Lawrence A. Wenner主编的《媒体体育》（*Media Sport*）。后来也有其他学者继续推进研究，如Beck和Lau认为，“通过一系列的变革和经验总结，体育发展成了一种媒体，实现了合乎逻辑的，但又很彻底的延伸，逐步整合了体育的组织、物质和技术基础，使技术与人体、自然与社会、科学与文化之间的界限更加多元化和问题化”。国内最早正式提出媒介体育相关概念的是郭晴与郝勤。他们认为，“在文化工业时代，媒介通过对体育信息的选择、加工、反映和重构，产生了一种以体育为原始文本，但在形式和本质上又截然不同于体育的新的文化形态——媒介体育”。他们进而提出媒介体育的概念，媒介体育是体育信息的媒介文化形态。具体来说，媒介体育是大众认知体育现象和体育事件的中介，是大众媒介以体育为传播内容，以图像、音响、文字、色彩等系统符号为形式，囊括了与体育相关的所有新闻类、专题类、访谈类、娱乐类节目或报道的媒介文化形态（图9-2）。

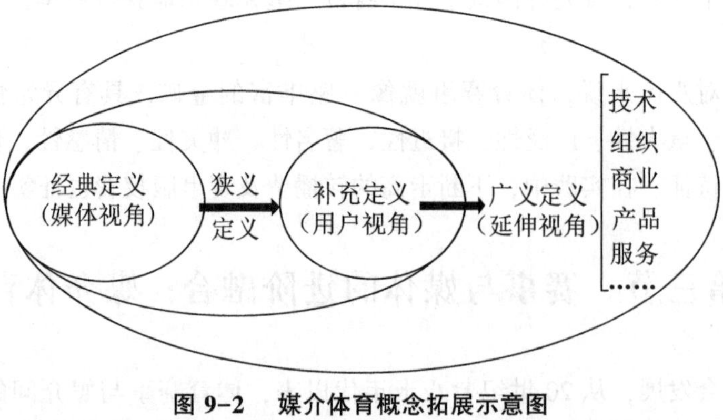

图9-2　媒介体育概念拓展示意图

本教材在前人的基础上，结合数字传播时代下体育和媒介不断深化合作的实践，认为媒介体育概念有广义和狭义之分。广义的媒介体育是指体育与媒介在所有权、战略、技术、服务、制度、商业模式、用户等方面发生的深度融合现象。狭义定义就是基于媒体产品和服务的传受双方的媒介体育，包括媒体媒介体育和用户媒介体育两大类。既指经由媒体或具有媒体属性的商业组织、参与乃至主导、创造体育的一种现象，也指用户经由媒介参与体育或者参与体育时的媒介伴随现象或支撑行为。其中用户参与既包括亲身参与到体育活动中去，也包括依托媒介、围绕体育进行的资讯阅听、信息生产和情感交流行为。

二、媒介体育的类别

数字网络时代的媒介体育主体具有双中心，媒体组织和用户是媒介体育的“双子星”。因此，按照体育传播实践中的主体不同，我们把媒介体育（狭义）分成两大类，一类是从媒体视角出发的媒体媒介体育，另一类是从媒体体育用户视角出发的用户媒介体育，二者是一体两面，互为支撑的关系（图 9-3）。

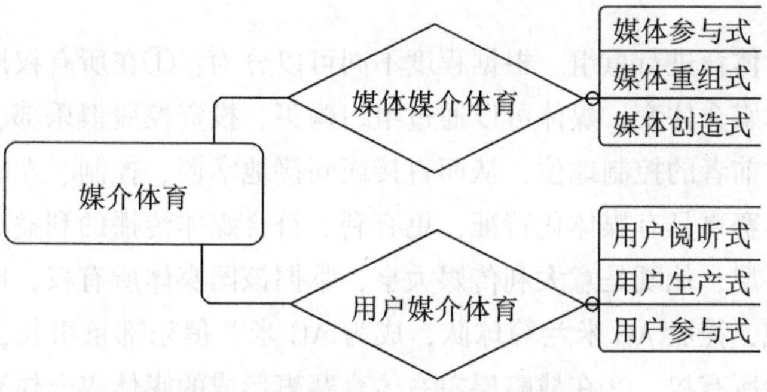

图 9-3　狭义媒介体育类型示意图

（一）媒体媒介体育

这是指经由媒体组织、参与乃至主导创造体育的一种现象。一般而言，媒体媒介体育涉及的主体是各种媒体组织，客体是各种体育行为和现象，但是最常见也是媒体最为关注的是体育赛事。一般有以下三种类别。

1. 媒体参与式

即以体育为主体主导，媒体提供各种服务参与体育之中。参与的形式主要是媒体报道服务，这是媒体媒介体育最为久远也是最为人熟知的一种形式，即侧重从体育新闻这种实务层角度理解媒介体育。例如，根据国际足联官方公布的 2018

年俄罗斯世界杯全世界范围内的收视情况来看，全世界约35.72亿人次通过官方渠道收看了本届世界杯赛事，平均每场观看人次为1.91亿。而根据2018年俄罗斯世界杯组委会公布，截至正式开赛前1个月，已售出237.4万张门票，是总数的89%。据此估算能够真正去现场观看世界杯比赛的人次约267万。那么最保守估计观看总人次与现场观看人次比值大约是1338：1，也就意味着每1338次观看中，最多只有1次是现场观看赛事，那么毫无疑问剩下的1337人次都是通过媒介化的手段接触此次赛事，并形成对赛事的感知的。如果再算上新闻资讯、社交媒体等媒介服务，这个比值将更加惊人。所以，对顶级赛事而言，媒体服务为人们搭建了一个媒介化了的体育赛事世界，夹杂着摄影师的镜头、转播的机位、解说员的赛事评论、嘉宾主持人的点评的实时影像流。从这点意义上来说，这和人们在现场观看的赛事已经是完全不同性质的两个事物，前者是真人在场的真实世界，而后者是虚拟“在场”的媒介世界，即媒体媒介体育。

2. 媒体重组式

即媒体对体育进行重组。根据程度不同可以分为：①在所有权层控制体育赛事形成的媒体媒介体育，媒体可以通过组织购买、投资控股俱乐部、协会或相关赛事而处于对前者的控制地位，从而直接或间接地掌握、控制、左右乃至改变赛事，从而使得赛事具有媒体化特征，更有利于符合媒体传播的利益。如意大利前总理贝卢斯科尼，他既是意大利传媒大亨，掌握该国媒体所有权，同时他还积极进入体育领域，控股AC米兰等球队，成为AC米兰俱乐部董事长，打通了媒体与体育赛事的所有权。②在战略层左右体育赛事形成的媒体媒介体育。媒体积极与赛事组织建立战略合作伙伴关系，共同结成互惠共赢的利益共同体，一方面媒体可以发挥其传播优势为赛事创造价值，另一方面使得赛事积极调整自身，将媒体逻辑嵌入改造计划之中，使其改造后的版本更符合媒体的传播和利益需求。③在技术架构层改写赛事形成的媒体媒介体育。当今媒介技术日新月异，较之参与式阶段单纯复刻场上画面相比，现在体育赛事方或者转播商开始大规模采用传播媒介“黑科技”，将赛场日益变成一个融合科技、媒介、娱乐等酷炫效果于一体的大型社会虚拟景观系统。如场上设置全息投影巨幕、AR叠加画面、探索VR转播、无人机视角、运动员视角等技术。而很多项技术呈现的画面声音反而是现场观众无法获得的，这使得真实赛事世界和媒介虚拟后的赛事世界更加不同，赛事改造前后的差别好比是真实对打的功夫和很多港台武打片中经过艺术化处理之后的“屏幕武术”的区别。

3. 媒体创造式

和前两者不同，创造式是对体育赛事根本性的革命，如果说前两者还是在体育赛事这个前提和本体上进行参与、重组而形成媒介体育的话，而后者就是完全依照数字媒介逻辑、网络逻辑重新创造事物，使之具有体育赛事的特征。如网络体育游戏、电子竞技直播。所谓体育形式的底层逻辑和支撑形式就是媒介，竞技项目本身就是媒介，比赛围绕媒介进行。在这个层面上，体育赛事就是媒介，媒介也就是体育赛事。以电竞为例，电子游戏也是一种高互动性、深沉浸性的媒体。从目前发展形势来看，无论是政策层面、实际层面还是研究层面，电子竞技作为一种媒介为底层逻辑的体育竞技项目，取得越来越多的共识。HAMARI J 和 SJBLMM（2017 年）认为，电子竞技是“体育的一种形式，其关键部分受电子系统的操控，玩家及团体进行输入的同时，电子竞技系统进行输出，二者通过人机交互界面得以媒介化呈现”。2013 年，国家体育总局首次成立中国电子竞技国家队；2018 年印度尼西亚雅加达亚运会第一次将电子竞技纳入比赛项目，包括《英雄联盟》《实况足球》《炉石传说》等游戏；2019 年公布的《体育产业统计分类（2019）》将电子竞技和足、篮、排、棒、乒、羽等项目一起归为体育竞赛项目。这说明，媒介在数字时代创造性地创造了一种全新的体育赛事样态，在未来媒介体育赛事也必然会发展成重要的体育赛事门类。

（二）用户媒介体育

这里指的是用户经由媒介参与体育或者参与体育时发生的媒介伴随或支撑行为。根据用户对媒介的使用不同、用户所处的空间场域的不同，可以将用户媒介体育分为三大类。

1. 用户阅听式——媒介创造的现场

用户阅听式媒介体育是指用户通过不断接收各种媒体汇聚而来的体育相关资讯而产生的一种用户媒介体育类型。它和经典的“媒介体育”概念是一体两面的对应关系，它们都围绕媒介创造的有关体育的“第二现场”展开。只不过后者强调的是媒介传者角色，而用户阅听式媒介体育强调的是受传者角色。该类型的实质是用户凭借媒介建构的“第二现场”达成接近体育的目的。用户并非亲临现场参与体育及相关赛事，而是通过媒体建构的体育赛事“拟态环境”间接参与。用户阅听式一直是媒介体育最主要的构成形式，因为它能在短时间内掀起全球同时阅听体育的高潮。而且伴随媒介科技进化，媒体创造的“第二现场”视听效果日益震撼，用户阅听的渠道和文本形态日益丰富，使得媒介体育成为最为瞩目的社会景观之一，有些甚至发展成为能够影响全球性的体育媒介仪式。以奥运传播为例，人们可以通过电视收看奥运比赛直播；在报纸杂志的体育版、体育媒体客户端阅读相关新闻；在体育媒体公众号、微博账号上接收相关资讯；去电影院收看《摔跤吧爸爸》等奥运相关的电影和纪录片；去网站在线观看奥运主题的综艺；甚至可以去体验 VR 版的奥运赛事转播。

2. 用户生产式——受众创造的现场

用户生产式媒介体育是在媒介赋权、受众崛起的背景下，用户围绕体育积极利用各大信息收集和生产工具、各大信息传输网络、各大信息交互平台等能动地进行体育信息生产与交流。和阅听式媒介体育用户相比，二者相同之处是都无法亲身经历体育的第一现场，但二者最根本的差异在于生产式的用户不再是被动的接受者，而是围绕体育积极主动进行信息生产和交流的用户，它们能积极发表自己的看法，形成高度凝聚的体育认同体，甚至还能完整地输出高质量的体育信息和作品。现在该用户群体也日益壮大，主导着体育舆情的发展、丰富着体育信息内容、吸引更多的体育迷的加入。当时间不断积累，逐渐形成了由用户主导的“用户拟态环境”，在“媒体拟态环境”之后，成为当代人们接触体育的又一镜像世界。“用户拟态环境”常见的构造方式包括：在网络赛事直播中发弹幕、在体育论坛中发表观点、在个人门户中分享体育、制作、剪辑相关体育素材、在社交媒体上创设话题、制作表情包等。在我国，目前较有影响力和知名度的“用户拟态环境”是虎扑论坛，上面聚合大量体育迷不断进行着话题生产和体育交流。

3. 用户参与式——体育创造的现场

用户参与式媒介体育是指用户以媒介为桥梁，真实、直接地参与到体育活动中去。和前两者的不同在于这次用户是直接身处体育的第一现场，或创造体育现场。此时媒介发挥的不再是屏幕或视窗功能，而是作为支撑或辅助性的工具帮助或伴随用户进行相关体育活动。在移动传播时代，人们很多体育行为都和各种移动新媒体密切地联系在一起，如有了美颜相机后人们兴起了自拍体育，手机媒体内嵌了 LBS（基于位置的服务）而兴起了打卡体育，有了咕咚、KEEP 等运动健身 App 人们进行体育的同时也在进行社交。以上这些行为都是直接参与体育时的媒介伴随或支撑行为。还有一些现象更直接地展现了人们直接参与体育时媒介的核心支撑作用。如上文中提到的电子竞技运动。由于电子竞技本身就是一种媒介体育赛事，对用户来说，离开媒介就无法直接参与赛事。网络媒介使选手可以云端组建队伍、远距离与对手对抗，游戏媒介提供具体的竞技空间、场景、规则和比拼手段等，可以说没有使用媒介，就不能直接参与体育及赛事。

三、数字网络时代媒介体育发展的六大趋向

伴随数字化、网络化等技术浪潮的洗礼，当下媒介生态发生颠覆式改变。一方面，许多传统的媒介形态逐渐走向式微，业界形容当下是媒介百年未有之变局。曾有传统媒体负责人坦言变局中的传统媒体面临着“不变等死，变则找死”的危险境地。另一方面，如网络社会学家曼纽尔·卡斯特所强调的，信息社会的核心是围绕“信息和沟通”展开的。毫无疑问，以传递信息和促成社会沟通为特长的媒介必然处于当今信息社会的圆心位置。这说明，在数字时代、网络社会背景下，媒介机遇和挑战并存。媒介的发展也使得媒介体育的发展涌现出新的特点和趋向，具体表现在以下六大方面。

（一）媒介体育技术泛化延展

在传统媒体时代，媒介技术主要围绕四大传统媒体（报纸、杂志、广播、电视）的信息生产、传播和接收功能搭建技术系统，形成了以文字、图像为核心的印刷技术，以视听符号为核心的广播电视模拟信号技术。如今，数字技术、网络技术、存储技术、计算技术、人工智能等前沿信息网络科技迁移至媒介领域，诸如5G、大数据、物联网、区块链、人工智能、VR/AR、地理信息技术等前沿技术不断进入媒介应用场景，推动媒介终端技术、数字网络技术、人机交互技术、视觉呈现技术、信息处理技术等发展。媒介技术逐渐摆脱原有以传统媒体为核心的技术发展路径，媒介科技在多点爆发并进一步泛化延展应用到体育领域，进一步服务、渗透、融合乃至重构体育及相关领域。在体育场馆方面用信息网络技术建构“智慧场馆”；在运动员方面使用可穿戴技术，实时侦测并反馈运动员的生理数据和运动影像等；在赛事转播方面用GoPro、无人机等运动摄像技术提升观赛体验等。此外，诸如体育康养+大数据、体育信息服务+区块链、体育报道+媒体算法、体育转播+VR、体育资讯+App/小程序、体育场馆+全息投影、体育户外运动+LBS等新兴前沿媒介技术不断泛化延伸至体育活动各方面，重塑数字网络时代媒介体育的想象力。

（二）媒介体育渠道融合共生

传统媒体时代媒介渠道主要指报刊发行网、广播电视有线无线网络等渠道。它们之间各自为政，彼此隔绝，而且高度集中于媒体组织。但是伴随着电信网、互联网的进一步渗透，以及国家政策牵引，广播电视网跨越原有藩篱牵手电信网和互联网，开启“三网融合”之路，媒介渠道开始融合化发展。这种融合使得原本隔绝的传输网络变得便捷、高效和易得。如体育赛事组织者不唯广播电视渠道，还可以借助互联网将内容实时发布出去。对传统媒体而言，也会考虑同样的内容如何二次开发或同步开发更新至电信网或者互联网上，进而创造更多的价值。此外，“三网融合”的核心是互联网，特别是移动互联网的发展使得渠道不再是媒体的特权而变得更加普遍化。体育组织可以自己开发或利用各种新渠道进行各项活动，使得自身也有了传播媒介的属性，并以此收益。“网站、宽频电视频道、博客、播客、苹果应用程序这些在线视频给予球队、俱乐部与体育迷进行沟通的机会很多，以此来吸引服务赞助商”。对于体育赛事及其相关服务来说，融合后的渠道选择更多，可以大大降低对以往报纸发行网络、广播调频、电视台频道的依赖力度，进而转向更多的宣传、推广、营销的渠道，渠道竞争从高度垄断和集中走向了融合后的多渠道竞争，无形中增加了体育组织者的话语权和主导地位。

（三）媒介体育文本多样输出

传统时代媒介文本形态较为单一和扁平化。早期媒介体育概念常指涉的就是诸如报纸“豆腐块”、电视台的放映带、广播的电波等文本形式，它们多是单介质文本形态。但是在媒介技术促动下，媒介输出的文本形态日渐多样化。如我们可以输出为报纸+网络（电子报）、广播+网络（网络电台）、电视+网络（视频网站）等复合式媒介文本；也可以直接输出许多全新的媒介文本，如诸多平台型媒体上流行的网络直播、短视频、gif 动图，聚合类新闻客户端的多媒体稿件，沉浸式媒体的电子游戏、VR、AR 等文本表现形式，它们是体育、媒介与数字艺术的融合创新。对于体育赛事及其相关组织者来说，多样化的媒介文本可以帮助体育解决数字化时代的发声问题，强化数字网络时代的体育展演的魅力，而且多条媒介文本产品线的开发与输出，有利于创造更多的价值和收益。如目前体育赛事版权市场越来越垂直细分其实就是对媒介文本的不断细分开发和筹谋。

（四）媒介体育组织多元涌现

传统时代的媒介组织多是专业化、建制化的组织机构，如报社、广播台、电视台。但是互联网的到来打破了此局面。“互联网恰恰激活了比机构更为基本的社会基本要素——个人，使每个个人都成为这个传播系统当中的一个元素，一个基本单位……蕴含于每个个体身上的种种资源、价值和能力在互联的连接之下被检索、被发现、被激活、利用和整合”。互联网赋权普通人、商业组织、社团组织等拥有了便捷的沟通连接条件，可以不通过传统媒体组织而自主表达。因此，类似自媒体媒介、代表社会团体的媒介组织、代表商业组织的媒介、代表政府机构的媒介组织迅速崛起，致使媒介组织的类型和数量出现了几何式的爆炸增长。它们当中很多是从其他领域跨界而来，或者具有互联网技术的基因，或者具有体育领域的相关资源。它们不囿于简单的信息生产与传递，同时积极拓展类似体育活动的组织运营、体育赛事版权购买与开发、体育产品的创意开发与营销、体育明星的经纪、体育与娱乐产业的跨界联合、体育传统文化的新媒体再现等业务，从而使得媒介组织从“信息媒”拓展至“商品媒”“服务媒”等。如 BAT 中的阿里和腾讯，它们既是互联网公司，也是新兴媒体组织，同时也是体育商业组织，手握诸多版权，开发多种赛事及周边产品和服务。因此，它们是横跨多个领域的新兴媒介体育组织。

（五）媒介体育用户赋权崛起

媒介具有为用户搭建行动空间、创设行为场景、供给活动资源的能力。且媒介技术发展程度越高，媒介赋予用户的实践自由就越高。尤其是进入 Web2.0 时代后，互联网作为一种全新的高维度媒介，具有分布式去中心化的结构、强大的交互功能和稳定便捷的连接网络等技术优势，为受众提供了前所未有的媒介实践空间。用户面对媒介体育不再只有单薄的体育“阅听人”身份，而是从被动传播的靶子变身为积极主动的传播参与者、创造者，真正实现了媒介赋权下的受众崛起。在媒介赋权后，体育语境下的人类行为得到了充分的拓展，媒介各项支持资源逐步落地。在原来基础上，逐步将被动的受众转化为积极主动的体育行动者或体育媒介用户。媒介用户的赋权崛起主要表现在四个方面：①用户在媒介上“阅听”体育的行为不断升级优化。媒介可以通过应用更先进的媒介传播技术，使得媒介体育的视听感官效果不断加强，如以科技办奥运知名的日本，号称要在 2020 东京奥运会上采用 8K+5G+3D 全息实时投影等前沿媒介科技，预计将会大举提升受众的阅听体验。②用户在媒介上“创造分享”体育的行为开始兴盛壮大。以往生产、传播体育被专业化的大众媒体组织垄断，即PGC（Professionally-Generated Content）模式。但是新媒体赋权受众后，普通人也可以自主创造、生产、编辑、分享体育，兴起了UGC（User-Generated Content）模式。由此，受众拟态环境逐渐壮大并形成气候。③用户体育行为中的媒介伴随行为不断增多。在移动传播时代媒介就像人体的延伸一样，与人们寸步不离。越来越多的体育爱好者在参加体育活动时，也在同时使用媒介对自己的体育活动进行媒介化表达、记录或交往。如跑步时使用运动类App进行轨迹记录、成绩展示、行程共享和情感交流。④以媒介为前提条件和主要形式的体育项目不断增多。如基于电子游戏的电子竞技（esports），就是在电子游戏这一媒介中创造的新的体育类型。

（六）媒介体育产业融合加速

目前，国家层面十分重视体育产业和媒介产业的融合发展。李克强总理将体育产业和文化产业一同纳入国民经济五大幸福产业，其中媒介产业是文化产业的核心门类。国务院也先后出台了涉及两个产业融合发展的指导意见或政策规划，如《关于推进文化创意和设计服务与相关产业融合发展的若干意见》《关于加快发展体育产业促进体育消费的若干意见》《国务院办公厅关于加快发展竞赛表演产业的指导意见》等（具体名录见表9-2）。这些政策利好为体育产业和媒介深入融合创设有利条件，进一步推动了媒介体育在产业要素层、产业运营层、产业传播层、产业衍生层及产业支撑层等实现全面融合和快速发展，使得体育产业核心组成部分的竞赛表演业、健身休闲业、体育用品制造及销售业、体育场馆服务业、体育中介服务业等门类，都与媒介展开了深入合作与渗透。如竞赛表演业也是媒介文化演艺业务的重要组成部分。一些前沿媒介科创项目也成为注入健身休闲业的新元素，如VR体验园。在媒介用品制造销售方面更是借力于媒介产业中的文创设计及IP孵化能力，为体育产品及服务带来了价值链延伸和产品溢价空间。

表9-2　体育产业与文化产业融合发展相关指导意见或政策规划名录

出台时间	名称	单位
2014年	《关于加快发展体育产业促进体育消费的若干意见》	国务院
2014年	《推进文化创意和设计服务与相关产业融合发展的若干意见》	国务院

续表

出台时间	名称	单位
2016 年	《关于加快发展健身休闲产业的指导意见》	国务院办公厅
2016 年	《关于大力发展体育旅游的指导意见》	国家旅游局、国家体育总局
2016 年	《关于进一步扩大旅游文化体育健康养老教育培训等领域消费的意见》	国务院办公厅
2017 年	《关于推动运动休闲特色小镇建设工作的通知》	体育总局办公厅
2017 年	《文化部“十三五”时期文化产业发展规划》	文化部
2017 年	《体育产业发展“十三五”规划》	国家发改委
2018 年	《关于全域旅游发展的指导意见》	国务院办公厅
2018 年	《国务院办公厅关于加快发展体育竞赛表演产业的指导意见》	国务院办公厅
2019 年	《体育强国建设纲要》	国务院办公厅
2019 年	《武术产业发展规划（2019—2025 年）》	体育总局、文化和旅游部等十四部委

四、媒介体育耦合发展过程中的突出问题及反思

前面主要介绍媒介与体育之间耦合的基本原理、过程及具体分析，涉及的都是正面积极效应。但是在实际中，出于各种各样的原因，二者间的耦合机制也会有失灵、低效甚至违规的时候，其中最为显著的表现是媒介与体育耦合发展时出现的一些精神价值迷失现象。如在媒体的一些报道中，往往忽视了这些宝贵的精神文化和价值观，出现了一些典型失范现象，这在国体体育传播中屡见不鲜。

（一）锦标主义和唯金牌论

很多媒体在赛事的报道中过于关注量化的数据及比赛胜负结果。如在早先的奥运报道中，很多媒体都会只关注金牌榜和奖牌榜，甚至对输掉比赛的球员和球队进行公开羞辱，遮蔽掉了竞技运动真正的精彩和精神。这不仅给运动员带来了极大的心理压力，使得他们在报道中被工具化和功利化，同时，也不利于受众形成正确的赛事观。

（二）狭隘民族主义和地方保护主义

体育是全人类交流的聚会，是和平的场所。但是有些媒体具有狭隘的民族主

义或者地方保护主义，在报道中刻意贬损对方选手，煽动地区间、民族间的仇恨情绪，这是十分不可取的。

（三）消费主义

媒体是当代消费文化的主要鼓动者。国内学者王庆军指出，（电视媒体）凭借先进的科技，营造出了比现场体育更加精彩、绝伦、刺激、浪漫的“体育生活形态”本身来刺激并吸引人们……其诱惑不仅使你产生向往之情，更让你欲罢不能，直至拥有它的乌托邦的欲望想象。因此，情色暗示、金钱角逐、暴力宣泄等各种形式的愿望叙事“汹涌澎湃”，以及形体放纵、隐私自爆、人格出卖等迎合窥私欲的欲望叙事“泛滥成灾”，实际上都只是电视体育文本生产过程中欲望和消费的一种有组织的延伸而已。而这恰恰暗合了以吸引眼球、推销商品、促成消费为目的的广告商心理。

（四）娱乐至上主义

体育赛事最早起源于原始宗教的祭祀仪式，其讲究的是赛事的崇高性和圣洁性。如古希腊奥林匹克运动最早就是献给宙斯的“娱神”之礼。“（人们）在祭坛前向神灵献上技艺，展示自己的健力美，博取诸神的欢心，便成为最虔诚的宗教祭祀”。但是，在注意力经济的压力和媒介娱乐至死的文化的裹挟下，很多赛事的报道无视体育赛事具有的崇高精神性的一面，反而通过各种花边绯闻、恶搞俗料，极尽可能地搜索赛事的娱乐内涵，从而满足、喂养人们低俗的爱好和口味。于是体育赛事就变成了充满性、血腥和暴力的场所，体育的纯洁性荡然无存也无法伸张。

以上国际媒介与体育赛事文化耦合发展中出现的问题值得引起我们的注意与思考。我们在做好媒介传播的同时，必须坚守体育赛事文化的核心价值理念，确保积极、向上的体育赛事精神文化内涵源远流长，成为时代与国家发展的正能量。

本章小结

媒介与体育赛事有着千丝万缕的联系，在现代社会二者相辅相成，互为依靠。从二者的关系来看，一方面媒体促进着体育赛事文化的发展，另一方面体育赛事也在源源不断地为媒体提供着极具传播价值的素材。尤其当今进入到数字时代、信息时代以来，媒介和体育赛事的关系就变得更加密不可分，出现了“媒体体育化”和“体育媒体化”的发展趋势，并诞生了“媒介体育”这样高度成熟的新兴的融合产物。但是面对当今体育媒体黄金蜜月期，我们也要看到在二者不断耦合的过程中，由于媒体的缘故出现的负效应，这是我们在今后的实践中要予以重视、反思和规避的。

思考题

1. 媒介是如何促进体育赛事文化发展的？
2. 媒介在体育赛事文化传播中的主体优势有哪些？
3. 媒体如何把受众转化成赛事文化受众？它的机制如何？
4. 媒介如何强化体育赛事的综合效果？
5. 作为媒体内容的体育赛事文化具有哪些价值？
6. 什么是媒介体育？
7. 媒介体育有哪些类别？
8. 数字网络时代媒介体育发展的趋向是什么？

延伸阅读：

腾讯体育——新媒介体育开发典范

成为一名优秀的体育记者路上要避开哪些“坑”？

CHAPTER 10

第十章 城市与体育赛事文化

学习目标：

- 掌握体育赛事对城市内部结构改造的方式。
- 了解体育赛事对城市外部轮廓的扩展及环境的优化。
- 掌握体育赛事对城市文化塑造的两种方式。
- 了解体育赛事对城市文化传播的主要表现。
- 能够结合案例自主探究城市与体育赛事的负面现象并提出对策。

“人类所有伟大文化都是由城市所产生的，世界历史就是城市的历史、市民的历史，这就是世界史的真正标准”。体育赛事与城市关系密切，亘古有之。城市是体育赛事的摇篮，城市孕育体育赛事，为体育赛事提供赖以生存和发展的土壤和环境。因此，体育赛事也是城市的产物。另外，伴随体育赛事不断发展，它会不断改造、影响城市的空间、环境、市民及城市形态，从而对城市及其发展产生重大的影响和形塑作用。那么当代社会情形会发生变化吗？尤其是全球城市化水平屡创新高、赛事发展如火如荼的当下，城市与体育赛事碰撞在一起会发生什么样的火花？

本章主要聚焦的就是这些问题，试图分析当代社会中体育赛事与城市的相互关系，从现代化的视角重点考察体育赛事对城市发展的影响。从系统论角度来看，赛事系统与城市在各个层次上交互，大致可以归纳为物质层交互和精神层交互。为了方便论述，本章分为三个小节递进论述。第一节着重从物质层面发掘体育赛事对于城市形态的更新改造作用，如改变城市内部结构、外部轮廓及整体环境等方面；第二节着重从精神层面发掘体育赛事对城市整体文化的塑造及传播作用。但是在有些情况下赛事与城市也并非配合完美，会在相互作用中出现一些负面现象，为了辩证全面地考察体育赛事文化与城市关系，因此第三节主要介绍城市与体育赛事文化相互作用中出现的负面现象，从而更好地指引我们在城市中举办赛事，让赛事更好地促进城市生活。

第一节　体育赛事与城市形态更新

一般认为，城市形态是城市重要的物质性维度。它是城市的前提性基础，是城市可观、可感的部分。城市形态是由结构（要素的空间布置)、形状（城市的外部轮廓）和相互关系（要素之间的相互作用和组织）所组成的一个空间系统。熊国平认为，城市形态是城市的内部结构和外部形态及其相互关系。其中，城市内部结构分为水平结构和垂直结构，即城市的用地结构与功能布局和城市的三维空间。城市外部形态即城市外部轮廓，主要指建设区边界所构成的城市形状。

体育赛事能促进城市形态更新。因为任何一个体育赛事必须在特定的场所区域发生，体育设施必须占有一定的物质场所，体育赛事运动员和现场观众们得在一定地理范围内才能集聚，体育赛事各相关要素需要在一定空间内才能流动交换，这些是体育赛事开展对城市提出的基本需求。

古希腊城邦在最为繁荣的时候，那里有很多圣地是城市中最核心的区域，其中最著名的是德尔斐的奥林匹亚圣地。据史料记载，奥林匹亚位于伯罗奔尼撒半岛伊利斯城邦南部。这里是古希腊人祭祀宇宙之神宙斯的圣地，也是古奥运会的诞生地和永久性举行地点。在那里，“人们从各地汇集，举行体育、戏剧、诗歌、演说等比赛。节日里商贩云集，圣地周围也建起竞技场、旅舍、会堂、敞廊等公共建筑。在圣地中心，建立起神庙”。奥林匹亚圣地之后历经几千年风雨沧桑，几经战火损毁，但是这项赛事文化已经深深融入到城市之中，后世不断进行复建与考古挖掘，成为当今雅典城最著名的城市名片、世界各国人民瞻仰奥林匹克精神的著名圣地（图10-1)。

而现代城市为了确保赛事顺利开展，会通过更加系统化调整、更大范围的城市形态更新来确保当代大型体育赛事需求的满足，进而保障赛事顺利进行。具体来看，当代体育赛事主要通过激发城市内部结构改造、外部轮廓扩展及整体环境完善方面实现城市形态的更新。

图 10-1 古希腊奥林匹亚圣地遗址

一、体育赛事推动城市内部结构改造

（一）内部水平结构的改造

水平结构主要指城市用地结构与功能布局。其中对城市用地结构及功能布局的改造作用主要体现在以下几点。

1. 体育赛事直接推动城市体育用地面积的攀升及用地结构的优化

场馆场地、设施设备是体育赛事开展的必需品，每一次大型体育比赛都能带来城市场馆的新建和改建、扩建。以 2010 年广州亚运会为例，亚运会设置 32~34 个比赛项目，使用 44 个正式比赛场馆和 44 个训练场馆，其中 10 个为新建场馆。随后广州在筹办亚运会的过程中新建、改建了一批高标准、高水平的国际性体育场馆，有力地支撑了 2010 年亚运会的成功举办，提升了广州日后举办国际性赛事的能力，促进了该市日后体育竞赛表演业的发展。

2. 体育赛事间接推动城市体育用地面积的攀升及用地结构的优化

体育赛事拥有巨大的号召力，是推动群众性运动发展的重要引擎。越是火热的赛事，其群众性基础越好，因此群众所需要的体育场馆场地、设施设备就越多。从政府来看，国家及各省市也十分重视体育用地对体育赛事及其衍生业态的促进作用，积极将它纳入国家及省市的体育场馆用地规划中。在国家层面，国土资源部出台《城市公共体育场馆用地控制指标》（2018 年起实施）；在省市层面，江苏省体育局率先印发《关于加快建设体育服务综合体的指导意见》（2017 年发布），明确提出到 2020 年培育打造 40 个体育服务综合体等。

3. 体育赛事推动城市逐渐形成体育功能聚集区或体育中心

随着城市体育用地面积不断攀升，用地结构不断优化，在一些发展较为成熟的大型城市会自发形成体育功能集聚区，或由城市管理者有意识地对体育用地进行大规模集中规划，并最终形成城市的体育中心。如北京随着亚运会、奥运会的举行逐渐形成了奥林匹克体育中心、五棵松体育中心、木樨园体育中心、工体体育中心等体育中心；南京在筹备青奥会的过程中，逐渐形成了河西南京奥林匹克体育中心、五台山体育中心、大行宫全民健身中心、江北新区青奥体育公园中心等功能区域；广州也在亚运会等赛事的举办过程中逐渐形成了广东奥林匹克体育中心、广州体育馆群和天河体育中心。这些体育功能区和体育中心不同于商圈或住宅，其具有较强的兼容性和公共性，不仅能够有力支撑赛事举办，还能不断优化城市内部结构，推动旧城改造，促进城市内部形态的多样化。

（二）内部垂直结构的改造

垂直结构主要指城市的三维空间。体育赛事对城市内部结构的更新不仅包括在水平扩张，还涉及城市垂直立体结构的改造。这主要体现在体育赛事推动城市形成立体特色的体育景观和配套地标。

建筑是凝固的历史。体育赛事虽然短暂，但体育赛事可以通过体育建筑在城市中永久地书写自身。对于任何一项大型赛事的筹备方来说，除了考虑场馆、场地的功能性，还需要考虑如何在建筑中融合艺术人文元素，突出设计一部分或者整体，使之能够融入城市版图、更新城市文化。因此，每当大型体育赛事举办时，往往会有一批与赛事相关的建筑物、建筑群或者建筑带成为城市著名体育景观，它们往往身材高大、体量庞大，占据着城市最有价值或者最具潜力的地段；它们常常兼具实用性与艺术性，并以其独特的美感和造型，成为城市市民活动的中心、城市旅游接待中心，最终演化成该区域最突出的景观或地标。

在体育赛事的实践中，形成了许多景观地标，其中按照景观规模大小和实用性大致分为以下四类。

1. 场馆景观

场馆景观是指体育场馆或场地以其独特的外形外貌从城市众多建筑中脱颖而出，成为著名的景观。如因北京奥运会而兴起的鸟巢体育场、水立方游泳馆等特色建筑景观。

2. 轴线景观

大型体育赛事场馆众多，很多举办地城市会建设一条奥林匹克大道将之串联起来，从而形成了独特的轴线道路景观。如 1960 年罗马奥运会的所有体育设施就由一条奥林匹克大街连在一起，构成了一个建筑群。这样就将古代与现代建筑融合在一起，将体育建筑与周围的环境融合在一起，形成了协调统一之美。

3. 区片景观

不同于单座建筑或者道路，区片景观是指城市中因体育赛事逐渐形成了连续的、成片的景观分布，并最终串联成区。这其中以奥林匹克运动建设中兴起的“奥林匹克公园模式”为主要代表。奥林匹克公园模式实质是体育建筑群的公园化，目前比较知名的有：慕尼黑奥林匹克公园、首尔奥林匹克公园、东京明治奥林匹克公园、北京奥林匹克公园、南京青奥体育公园等。公园占据大片区域，并融入了许多自然景观、文化、艺术、表演景观，在体育景观的基础之上，成为兼顾人文、绿色等理念的复合型景观。

4. 艺术造型景观

这一类景观其体育功能性较为淡化，它们因赛事而兴建，常以突出强烈的艺术设计风格成为城市的焦点。例如，2012 年伦敦奥运会配套景观建筑——安赛乐米塔尔轨道塔（arcelor mital orbit）。造型上它既不是轨道也不是传统意义上的塔，也不具备承载体育赛事的功能，而是看起来像一串扭曲向上的钢铁。此塔是目前英国最高的建筑物，成为伦敦最佳的观景台。虽然造型颇受争议，但是它在筹建之初就被官方定位为伦敦的新地标。据悉，这个创意的落地在于伦敦奥运会筹备期间，时任市长一直认为除比赛场馆外，伦敦奥林匹克公园还应该设置一些“聚焦点”，诸如塔之类的建筑物。我国比较著名的体育赛事艺术造型景观是北京奥林匹克塔。

二、体育赛事推动城市外部轮廓扩展

出于方便管理的需要，我们常用行政区划来表示城市的边界。但实际上我们很难用一个确切的边界来绝对划分城市内外。因为城市是一种各个要素的动态集聚现象，各要素之间始终处在动态交互、演变过程。每天在公路、铁路、水路及各条航线、管道、网络里，流动着的是各种人力、物资或资本。就像杜威所说，“不是传播在城市之中，而是城市在传播里”。各要素传进传出，共同编织了一张高互动的动态网络，城市就是这样的动态集合。

目前，伴随着这种互动网络不断加剧活跃，城市也在不断向外延伸扩张，触角不断外延，逐渐打破了原来的行政区划，呈现出“大城市”现象。对此，有人提出了“都市圈”的概念。如表 10-1 所示，全球最发达、人口最密集的地方一般都形成了特大型的都市圈。

表 10-1　世界主要大都市圈人口、土地比较

区域	土地面积/km^2	人口/万人	人口密度/（人 · km^{-2}）
上海都市圈	15035	3522（2014 年）	2343
北京都市圈	25996	2491（2010 年）	963
广州都市圈	19272	2497（2014 年）	1296
深圳都市圈	7948	2393（2014 年）	3011
东京都市圈	8592	3497（2010 年）	4070
首尔都市圈	4673	2245（2010 年）	4804
纽约都市圈	9882	1654（2010 年）	1674
伦敦都市圈	6921	1179（2010 年）	1704
巴黎都市圈	12089	1169（2010 年）	967

数据来源：上海、深圳相关数据来自相应统计公报，北京、广州数据来自 2010 年人口普查资料，国外都市圈数据来自 OECD 官方网站。

此外，还有学者们依据距离市中心的直线距离，由近及远地把城市划分为：都市核心圈、近郊区和远郊区（图 10-2）。核心圈一般是城市各要素聚集最为密集的中心区域，常常也是发展程度较高的老区；近郊区一般是指城市中心区域的边缘区域，一般围绕着城市周边分布；远郊区是围绕着近郊区边缘分布的区域，一般是指在城市辐射范围内，交通通达较为便利，与城市核心圈、近郊区互动较为频繁的区域。上一节主要论述的就是体育赛事在都市核心圈内部对城市内部结构的更新作用，这一节聚焦的是体育赛事对城市近郊和远郊区的作用，即通过对近郊、远郊的带动效应，拓展城市外部轮廓。

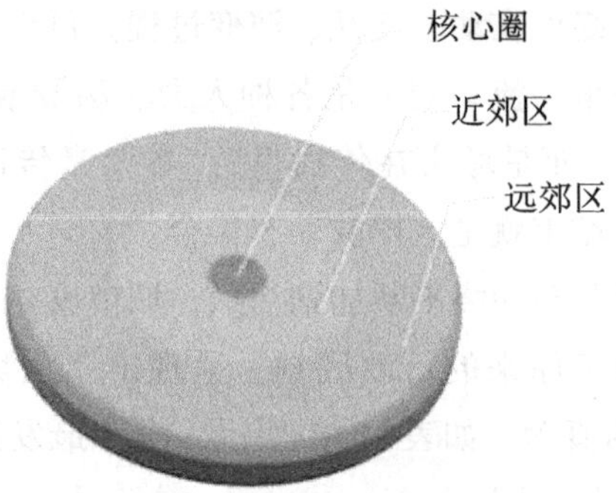

图 10-2　大都市圈城市构成图

(一) 体育赛事推动城市轮廓向近郊拓展

1. 城市发展拓容需要新区建设

中国城市化发展的一大特点就是新区建设。所谓新区，就是在原有城市的城区边缘或者是在距离城市有一定距离的地方开辟的城市发展新空间，以区别于老城区，也就是近郊区。据不完全统计，全国县及县以上各类新区的数量超过 3500 个，其中国家级新区 19 个，国家级开发区 552 个，省级开发区 1991 个，而县以下各类工业园区则多达上万个。当前仅 19 个国家级新区的规划面积（陆地）就高达 26247 平方公里，相当于当前全部设市城市建成区总面积的 1/2。新区的建设能够在城市原有空间紧张的情况下，为城市产业发展及更新提供更多的用地空间，能够在城市人口不断增长、中心城区压力不断累积的情况下向近郊释放压力，改善城市人口居住及生活条件。

但是在新区建设的热潮中城市也面临着一些发展中的问题。如一些新区建设盲目强调工业建设和房地产开发，以至于新区建设得并不宜居，很难吸引人才和相应的服务配套聚集，出现了搭建好戏台，无人唱戏的情况，甚至有些城市新区因为无法有效承接城市中心外溢的各个要素，没有合理组织新区发展，变成了孤岛或空城。所以，如何真正夯实新区建设基础、拉动新区人气、带动新区发展，成为摆在城市面前的重大问题。而体育赛事成为解决这一问题的办法之一。

2. 体育赛事的“筑巢引凤”效应能有效带动新区发展

“城市，让生活更美好”是中国2010年上海世界博览会的主题。现在无论是人们选择工作、住所，还是企业选址设厂办公，能否让工作和生活更美好、增强市民和企业的获得感、幸福感成为非常重要的考虑因素。体育赛事属于体育产业核心门类。国务院总理李克强曾表示，体育产业是国民五大“幸福产业”之一。它能够在增强人们幸福感的同时拉动消费增长、促进经济转型升级、培育发展新动能，成为我国经济发展的一个亮点。这些对于发展新区来说尤为重要。在实践中，体育赛事常常成为推动新区发展的重要引擎，发挥了筑巢引凤的作用。如举办过两次全运会的广州，就得益于体育赛事对新区建设的拉动效应，号称“六运热天河、九运旺黄村”。具体来看，这种拉动作用主要表现在以下四个方面。

（1）体育赛事改善新区环境和基础设施

伴随绿色办赛理念在全球日渐达成共识，体育赛事对举办地环境的要求标准逐渐升高。一般来说，通过赛事的牵引作用，可以提高新区建设的环境标准，推动相应的环境问题治理及环境优化。此外，办好一场体育赛事对于城市基础设施要求较高，这部分内容将在后文详细展开论述。

（2）体育赛事优化产业结构

新区犹如一张白纸，新区建设常常是工业园模式和房地产模式。但产业链条不完善，产业结构不健全。体育赛事属于第三产业、服务产业，在很多发达国家也是国民支柱产业，产业增值空间较大。因此，在新区开展体育赛事可以带动经济发展、优化产业结构。此外，体育赛事产业还衍生了诸如体育用品装备制造业、体育旅游业、体育建筑业、体育福利彩票业等相关产业，这些都能够推动新区发展。

（3）体育赛事打响新区知名度

体育赛事往往是社会瞩目的焦点。级别越高，它的曝光效应就越强。在注意力成为稀缺资源的当下，可以说，体育赛事成为了城市最好的宣传窗口，免费带来巨大的关注度，进而提升新区影响力。

（4）体育赛事实现人口聚集

体育赛事是一种人力密集型行业。一方面它的成功举办需要城市提供和培养大量的专业人才，如专业的运动员、教练员及裁判群体、志愿者群体、场馆设施建设、维护和运营群体；另一方面，赛事作为稀缺性的体育资源，将会吸引一大批体育迷群从全球各地赶来，短时间内能够带来一大波旅游、消费的红利。

（二）体育赛事推动城市轮廓向远郊延伸

1. 特色体育赛事巨大的市场价值

近些年来随着改革开放的不断深化、国际体育交流的日益加深，在传统的大小球、田径、游泳等老牌运动项目及赛事基础上，越来越多的特色体育项目被引入国内，落地开花，如山地户外、水上、航空、冰雪、汽车、摩托车、自行车、马术等赛事项目。它们是我国健身休闲产业的重要组成部分，是满足人民群众多样化体育需求的重要途径，能有效地拉动区域体育、休闲、文化、旅游等产业的协同发展，是释放体育产业潜力的重要内容。它们对推进城市体育产业供给侧结构性改革，开发城市水、陆、空、山自然人文四季资源，推动城市经济社会转型升级，以及建设体育中心城市，实现高质量发展具有重要意义和独特价值。

随着我国人均 GDP 不断实现跨越式发展，特色体育运动发展前景广阔。国家体育总局等八部委表示我国即将迎来山地户外运动产业发展的“黄金期”，预计 2020 年山地户外运动产业总规模将达到 4000 亿元。此外，全国水上运动产业产值 2020 年预计突破 3000 亿元。冰雪产业 2020 年全国总规模将达 6000 亿元人民币，2025 年达 10000 亿元人民币……很多城市纷纷抢抓机遇，希望通过特色体育运动及赛事项目的推广，布局新的经济增长点，创造价值，实现经济社会的跨越发展、居民休闲娱乐水平的提升。

2. 特色体育项目对远郊的依附性

虽然在国家层面大力推动相关特色产业的发展，如国家体育总局先后颁布了《航空运动产业发展规划》《水上运动发展规划》《山地户外运动发展规划》《冰雪运动发展规划（2016—2025 年）》等产业发展规划，十分重视特色体育运动项目和赛事的引进、推广。但是这些新兴特色运动项目对场地、场馆及自然空间环境要求较高，往往在城市核心圈及近郊区域难以开展起来。以山地户外运动赛事为例，其基本分类主要有：丛林系列、峡谷系列、登山攀岩系列、荒原系列、高原探险系列、水平运动、群体活动等，其中很多项目只有在远郊空间腹地广阔、配套自然资源齐全的区域才能开展。

3. 特色体育赛事项目远郊开发的机遇

较之核心圈和近郊区，远郊区具有得天独厚的自然资源优势。很多远郊区由于开发程度低，地形地貌尚未被改造或者破坏，自然资源保护完好，成为很多人游览观光、休闲度假、亲近自然、放松心情、从事体育活动的首要选择。但是，由于城市的远郊区距离城市中心较远，其交通、人口、建筑、资本等要素和都市核心圈、都市近郊区相比，分布密度较低，开发成本较高，因此发展程度普遍较低。那么寻找能够撬动城市远郊区发展的项目，进而推动自然资源合理开发，满足人们多种需求就显得尤为重要了。

目前，在国际体育赛事热度不减、国内体育产业大发展的背景下，吸引越来越多的特色体育赛事落地近郊、加大相关项目投资落地成为城市轮廓向远郊延伸的重要手段。以南京市为例，它以特色体育项目为抓手，以体育综合体及体育相关基础设施建设为重点，不断向远郊区拓展。如在溧水区白马镇布局国家冰雪极限运动白马训练基地及冰雪小镇，在江宁区汤山镇布局明月高端冰雪小镇，在六合金牛湖水域布局金牛湖国民水上运动中心并配套建设相关综合体，在江北新区老山腹地布局山地户外运动示范公园，在高淳区拟建设固城湖水上飞机华东总部基地并配套建设相关航空运动小镇，在溧水开发区布局国际汽车公园。通过以上大型特色体育项目综合体的投资带动，极大地促进了南京城市远郊区域的开发，拓展了城市轮廓，推动城市形态向“水、陆、空、山”纵深拓展。

三、体育赛事推动城市整体环境优化

按照地理学常用分类，一般将环境分为自然环境和人工环境。自然环境包括大气、水、植被等构成的自然景观环境，是自然力量为主导而形成的；人工环境主要指以人工为主的环境，包括城市的道路、建筑、公园、整体的市容市貌等，它们是在自然景观的基础上，人工创造或者改造的。自然环境和人工环境一同组成了城市的环境。一般情况下，城市承办体育赛事与城市环境发展往往呈现正相关关系，即赛事举办水平越高，其对城市自然环境和人工环境的整体改造、优化作用越明显。

（一）体育赛事优化城市自然环境

体育赛事是一项特殊的活动，其对赛事举办城市的环境有着严格的标准。因为很多比赛都是在开放的空间中进行，自然环境中有些许偏差或者污染可能会对运动员的表现及健康产生难以估量的后果。此外，体育赛事作为一项短时间人口剧烈集聚的活动，其对环境的承载力亦有要求。据新闻报道，2018 年俄罗斯世界杯期间，至少有 150 万名外国游客涌入该国境内，大部分都是为世界杯而来。这对于城市环境也是一个巨大的考验。

因此，很多赛事方都会对申请举办该赛事的城市提出相应的环境标准。以奥运会为例，城市申办奥运会一般会经过申请—评估—遴选三个环节。国际奥委会派出举办城市评价委员会对各申办城市进行实地考察，并在投票表决前两个月向国际奥委会执委会报告考察结果。一般来说，考察主要包括所在城市的各个方面，但是其中一个重要指标就是城市美化的环境保护。在奥组委主席罗格来宁考察期间，南京曾持续了 20 多日的雾霾天气，引发南京青奥筹备过程中最大的危机——空气若无改善，将无限期推迟赛事。这在一定程度上对优化赛事举办城市的自然环境起到了积极的作用。

另外，很多城市在达到环境标准基线之外，进一步努力治理环境问题、提升各项环境指标数据，为的就是抢抓赛事机遇，以体育赛事为窗口，通过建设优美的城市环境而达到宣传效果。以南京青奥会为例，在环境治理和优化方面，南京政府主抓蓝天、碧水和绿树计划。通过实施蓝天计划，改善城市大气环境，自青奥比赛首日起，空气质量连续达到一级优秀级别，污染指数仅为 38；通过实施“清水工程”改善水环境，南京的清水工程一年将投入 5000 万元，“用于工业污染防治、乡镇污水处理设施、配套管网建设及污水处理设施运行补助、饮用水源保护、黑臭河道整治等……”；通过加强保护城市树木园林，提高植被覆盖率。国际奥委会青奥会协调委员会主席亚历山大·波波夫赞誉“南京是一座绿色的城市，绿色的南京是亚洲绿化最好的城市之一”。

（二）体育赛事优化城市人工环境

除了自然环境，体育赛事还能优化城市的人工环境。这里的人工环境主要指由城市基础设施构成的综合环境。一般来说，赛事规格越高，涉及的人工环境改造优化的工作量越大。因为举办体育赛事不是闭门造车，还牵涉商业、住宅、餐饮、旅游、媒体等产业的支持，需要城市确保排水系统、照明系统、绿化系统、交通系统、安保系统、网络系统、排污系统、卫生健康系统等基础设施完善。在实践中，很多城市赛事预算中的主要部分就是划拨给城市基础设施建设的。以筹建奥运会为例，城市基础设施建设在奥林匹克建设中的比重越来越大，有时甚至超过了体育设施建设的投资比重。

这种投资对很多城市来说效益显著。Hall、Essex、Chalkley 等人发现除了为体育赛事的举办提供大型体育场馆外，还带来城市公园、道路交通、基础设施等条件的改善，这些城市建设项目能为城市更新、城市形象塑造、注入新的经济活力等方面产生更为深远的影响。尤其对一些城市谋求更好的发展水平、更高的发展阶段来说，体育赛事是完善城市基础设施建设的重大契机。如南京在筹备 2014 年青奥会时就提出了“办好青奥会，建设新南京”的目标口号，相关政府曾表示：“青奥盛会作为我市承办的大型世界级体育赛事，是……加速南京国际化进程的重要机遇。”“‘后青奥’时期的南京，基本达到国际城市标准的城市功能、现代化的硬件设施、高标准的配套服务、高素质的人文绿都等，加上更广泛的国际知名度和更强大国际影响力……”。由此可见，体育赛事对城市人工环境也起到了优化作用。

第二节 体育赛事与城市文化塑传

一、体育赛事塑造城市文化

城市文化是城市的灵魂，是长久以来城市生产生活实践中积累凝结的精髓产物，是人类文明的瑰宝。每个城市都有自己的文化风格，例如，提起上海就想起了海派风尚，提到北京想起的是京韵悠扬。城市文化就像空气一样弥散在城市中，它并非一成不变，而是时刻处在变化的形成过程中。体育赛事作为城市生活重要事件、文化现象，对于城市文化的塑造具有重要影响作用，主要表现在对于城市文化的继承和创新方面。

（一）体育赛事继承城市文化

本土的就是世界的，世界的更是本土的。体育赛事想要办好比赛、办出特色、办出水平就必须积极主动与城市本土文化融合，在体育赛事及其相关领域中不断继承城市文化中的精华部分，将体育赛事打造成继承城市本土文化的重要窗口，同时也能成就经典赛事。体育赛事继承城市文化有诸多表现。

1. 在赛程设置中继承

2004 年雅典奥运会田径项目中的男、女铅球比赛是由奥组委会特意选在古奥林匹亚体育场进行的，而射箭、马拉松终点阶段比赛及男、女足球比赛，则分别于首届现代奥运会的帕那西奈科体育场与卡莱斯卡基体育场中进行。同时，雅典组委会按照传说中公元前490年希腊勇士菲里皮迪斯传递消息时所跑的原路线作为此届马拉松的比赛路线。雅典奥组委这样的安排可以很好地复原古希腊奥运历史习俗，进而向全世传递了雅典城市文化。

2. 在赛事标志中体现

会徽、吉祥物、标语口号等也往往体现出城市文化。如2016年里约奥运会会徽形象取材于该市著名的面包山形象；2014年南京青奥会会徽利用线条和色块巧妙地将南京明城墙及江南名居轮廓融入“NANJING”字样中，同时，南京雨花石文化通过青奥吉祥物“砳砳”（音：lèlè）的艺术化再现得以继承发扬。

3. 在多种城市相关的奥运活动中继承

2014年8月16日《现代快报》刊登了《国际奥委会主席巴赫来宁品“南京味”》一文，介绍了巴赫作为奥委会最高领导访问南京期间的情况并借机介绍了南京悠久的饮食文化。

4. 其他手段继承

如开闭幕式的文化表演、圣火传递的路线设置等。常常尽可能地浓缩城市文化。南京青奥会的火炬传递有两条线路，一条是“分享青春线”，又称“滨江线”，途经南京奥林匹克广场（青奥轴线）、南京国际青年文化公园、滨江公园、万景园观江风情区广场，全长约6600米，划分为55棒，可尽情领略南京的滨江风情。另一条是“共筑未来线”，又称“城墙线”，途经明城墙上东水关—中华门城堡—集庆门，全长约5200米，划分为45棒。

（二）体育赛事创新城市文化

体育赛事还具有融合文化的功能，它能够将不同时代的城市文化、外来文化及地域文化相融合，形成独特的城市文化。这表明，除了继承原有城市文化以外，体育赛事还可以积极彰显自身文化内涵，采取多元方式将体育赛事文化这样的新文化、新内涵创造性融入到城市文化版图中，从而为城市文化增添新的内容和元素。

2000年悉尼奥运会的成功举办就给该城市增添了绿色文化。2000年悉尼奥运会的组织者将悉尼郊区被严重污染的、荒弃的土地作为体育场馆的用地，建立了一个既能够容纳各种体育文化活动的大型公共场所，又具有良好生态环境的自然境域。同时，悉尼奥运会的主体育场响应“绿色奥运”，减少传统能源的使用，更多地使用太阳能等新能源。自悉尼奥运会深入贯彻“绿色奥运”的原则及赛事成功举办后，悉尼这座城市被成功地打上了“绿色”的标签。

在体育赛事创新城市文化之路上走得更远的是英国的谢菲尔德城。它曾是一个典型的传统工业城市，随着1970年欧美发达国家遭遇了严重的石油危机、经济危机及生产力提高的竞争压力，传统工业城市面临严重的衰退。直到1987年，谢菲尔德申办世界大学生运动会成功，这一事件成为谢菲尔德城市发展出现转机的关键点。

该城市迅速制定新的转型发展战略。发展战略实施初期引起广泛的不满，因为大运会体育场馆设施建设会增加谢菲尔德资金压力。但是自大运会之后，谢菲尔德对大运会的场馆遗产制定有效的旅游推广及城市营销战略，同时连续多年成功申办并举办了一系列的重大国际赛事，为城市带来不菲的经济效益和其他效益。经过长期的发展，如今的谢菲尔德已成功摆脱工业城市的形象，打造了体育名城的新名片，为城市文化注入了新的内容。

谢菲尔德最大的成功就在于将体育植入到城市文化之中，并赋予了城市发展的二次生命。在该模式的启发下，我国北京、上海、南京等城市纷纷提出类似“体育名城”的发展目标，不断引进或者自办各类高级别赛事，推动城市转型高质量发展，谋求城市文化新时代的新内涵。

二、体育赛事促进城市对外传播

（一）体育赛事承载或重塑城市形象的内容

城市形象是指从人们对于城市的主观看法而衍生的视觉表现，是国家形象的分支与重要组成部分，同时也是一种无形资产，是提升城市软实力的重要因素。一个好的城市形象不仅能够向外界散发城市自身的魅力，还能够加强城市与世界的沟通交流，吸引更多的国际资源，不断提升国际影响力。

成功的体育赛事承载或重塑城市形象的内容。形象不是可观可感可触摸的。当体育赛事把城市文化符号烙在体育场馆、体育建筑、体育公园、体育景观、体育物品时，每一次人们对相关事务的观看、感受、触摸，就是对这座城市的感知过程，并在这一过程中，逐渐具体化为城市形象。2008 年的北京奥运会会徽被称作“中国印·舞动的北京”，在设计上它采用中国印章的形式，将一个舞动跑者的形象向北京的“京”靠拢，突出了北京城市的京韵风范。

相比于体育赛事，体育俱乐部存在的时间更长，其与所在城市的关系更加密切，更能够引起全球受众的关注，成为向世界展示的城市名片。许多俱乐部的成立都早于体育赛事的建立，如 1888 年成立了英格兰足球联赛，但早在 14 年前，伯明翰市就已经成立了阿斯顿维拉足球俱乐部。俱乐部是城市历史变迁的缩影，见证了城市发展兴衰，同时也是城市形象的代表，向外界散发着所在城市特有的魅力。通过喜欢的俱乐部，人们开始真正认识、了解一个城市。例如，因为皇马足球俱乐部，我们认识到了“欧洲之门”马德里；因为米兰德比足球俱乐部，我们认识了时尚之都米兰；因为湖人队，我们认识了“天使之城”洛杉矶；因为凯尔特人队，我们认识了“智慧之城”波士顿；因为尼克斯队，我们认识了“不夜城”纽约。在国内引进大牌运动员、参与海外球队收购的苏宁集团及其足球俱乐部，使得所在城市曝光度显著提升。如 2019 年，江苏苏宁足球俱乐部引进了顶级足球巨星——贝尔，苏宁足球俱乐部一时间登上了各大媒体报道的头条，成为微博的热门内容。苏宁足球俱乐部所在的城市南京的影响力也得到了迅速提升。

除了体育赛事与俱乐部对于城市形象有着积极的推广作用，体育明星同样能够对城市形象起到一定的拉动作用。本土运动员一旦在大赛中崭露头角，不仅自身会受到很高的关注，其所在的城市一样会受到瞩目。2004 年雅典奥运会男子 110 米栏决赛中，刘翔历史性地夺得冠军。此后，刘翔这个名字连同上海市一同成为国内外媒体的报道热点。借助刘翔的个人影响力，上海市的形象与品牌也得到了全球性的宣传。

（二）体育赛事传播城市形象的方式

媒体的介入促使体育赛事与城市发展之间的联系更加密切，体育赛事的成功举办同样离不开媒体的报道与宣传，无论是报纸、电视、广播等传统媒体还是互联网、移动互联网、移动终端等新媒体，都在宣传城市形象中承担着重要的角色。从城市有意向举办体育赛事开始，就已经得到了许多媒体的关注，从赛事的申办到赛事的表决再到赛事的举办，整个过程中，媒体对于城市的关注度日益上升。通过媒体的广泛传播，能够迅速向全世界介绍城市文化、塑造城市形象、展现城市魅力、提升城市国际地位。

赛事宣传片是塑造城市形象的重要手段。国际奥委会在评选申报城市时，都会要求申办城市播放一则5分钟的申奥宣传片，展示举办城市的形象。2008年我国北京申奥成功，宣传片有着很大的功劳，正因为出彩的宣传片，加深了国际奥委会对北京这座城市的印象。此后，2015年北京凭借《紫气东来》《万事俱备》《江山代有人才出》《不虚此行》4部宣传片再次申请冬奥会成功。当时有位国际奥委会委员的夫人在吉隆坡观看了这4部宣传片之后，对自己的丈夫说道："我要去北京过春节。"北京的形象在宣传片中得到了有力的展示。

如今，体育赛事借助赛事宣传片来推广赛事的方式越来越常见，宣传片在推广赛事的同时，也进一步提升了所在城市的形象。例如，在2018年NBA总决赛多伦多猛龙队对阵金州勇士队的比赛之前，主场作战的金州勇士队就在屏幕上播放了勇士队的总冠军宣传片，不仅展示了球队曾经的种种辉煌，还将甲骨文球馆及整个城市的面貌展现给全球观众。

媒体对于体育赛事的聚焦报道能够提升所在城市的影响力。全媒体时代的到来，让体育赛事能够在全球范围内迅速推广。例如，2014年的南京青奥会共有642家媒体单位、3149名记者全程参与报道，在新闻传播方面创造了多项历史纪录。通过电视、网络、手机等载体的传播，南京地区的总收视率高达41.2%，有近2亿观众通过央视观看了青奥会开幕。通过媒体的广泛宣传，全球有近30%的人了解到南京青奥会。在比赛期间，南京市一直都是国内外媒体报道的头条，其国际都市的形象也得到了有效提升。还有2008年的北京奥运会，自2001年北京申请举办2008年奥运会成功之后，就获得了全球媒体的关注，越来越多的人主动去了解北京这座城市。北京奥运会的成功举办，不仅向世界展现了北京这作古城的历史文化底蕴，还促进北京形成了独特的城市景观。这些赛事遗留下来的景观对城市的形象建设起到了重要的作用，同时也为城市打开国际市场的大门，提升了城市的国际形象。

体育赛事是一种特殊的旅游资源，赛事的成功举办能够促进所在城市旅游业的发展。得益于体育赛事的宣传片及大量媒体铺天盖地的报道，体育赛事所在城市的知名度不断上升，全球各地的人们开始慕名而来，不仅增加了旅游收入，还提高了当地的知名度，让人们能够面对面地与城市有所接触。例如，2000年悉尼奥运会让全球人民了解到澳大利亚这个国度的热情，吸引了众多游客前往澳大利亚游玩，将澳大利亚的旅游品牌发展提前了10年。大量外国游客的涌入，不仅为悉尼的经济发展做出了巨大的贡献，还将悉尼这座城市推向国际平台，让更多的人了解到悉尼特有的城市魅力，提升了其国际形象。

第三节 城市发展体育赛事的潜在风险及治理

德国社会学家乌尔里希·贝克在 1986 年出版的《风险社会》一书中提醒人们风险是现代社会的常态。社会事件的运行常常伴随一定的技术风险、环境风险、经济风险等。在极少数情况下，不当的体育赛事运作也会诱发城市的潜在风险，为城市发展引发一系列负面问题。例如，国际奥委会曾将在举办奥运会过程中所出现的一系列连锁的问题归结为——“奥运城市综合征”。因此，为了更有效地引导体育赛事与城市的良性互动发展，规避城市发展潜在风险，本节在了解城市发展体育赛事时的一些典型风险的基础上，重点学习如何有效规避及治理城市发展体育赛事中的风险因素。

一、城市发展体育赛事的潜在风险

按照事物发展进程，我们将城市发展体育赛事存在的主要潜在风险分为赛前城市建设诱发的生态环境风险、赛中城市运营压力带来的社会风险，以及赛后城市场馆闲置带来的持续性发展风险。

（一）赛前城市建设诱发的生态环境风险

大型体育赛事在举办前，需要众多种类不同的大型体育场馆及与之配套的城市基础设施。短时期内大量的大型体育场馆和基础设施建设需求十分考验举办城市的生态承受能力。如体育赛事场馆、体育运动公园、酒店、饭店、道路、公交、停车场等各项基础设施同时施工将会带来扬尘、噪声、植被减少、水资源消耗、污水处理、建筑废料等城市生态风险。此外，在一些城市用地较为紧张的城市，大量场馆的建设势必会涉及城区拆迁改造，如果考虑不周，前期规划不够细致，可能会在一定程度上破坏城市自然人文风貌。

（二）赛中城市运营压力带来的社会风险

大型体育赛事尤其是国际大型赛事举办期间，运动员、裁判员、技术官员、观众等参与人员可达到几十万甚至上百万人次。激增人流量如果超出举办城市的容载力，城市运营压力激增，稍有不慎将会诱发各种社会风险。

1. 恐怖袭击

大型体育赛事备受瞩目，常常吸引四面八方的人汇聚，往往容易成为恐怖分子的袭击目标。对城市来说，排查隐藏在人海中的恐怖分子，摧毁恐怖袭击阴谋，确保城市民众的生命财产安全是最基本的职责。

2. 资源供给

大量的人口到访会带来大量的资源消耗，如食品、水源、住宿、网络等。如果不提前规划、设计及预留资源空间，将会带来短时期内的资源紧张和供给困难现象。

3. 环境保护

如水污染。城市短期用水、比赛用水激增后所产生的污水，面临超负荷污水处理的风险，如果不提前采取措施将会造成一定程度的污染。此外，有些水上运动项目（如赛艇、皮划艇等）如果环保措施不到位，其产生的垃圾会直接污染水源。

4. 交通堵塞

当激增的人流量超出城市公共交通最大承载能力，将造成交通拥堵，甚至引发大量的交通事故。由于举办赛事带来的众多社会问题将直接或间接影响城市的正常有序运行。

（三）赛后城市场馆闲置带来的持续性发展风险

当赛事结束后，对于举办地而言，最大的问题便是场馆资源闲置。大量体育场馆闲置不仅是对城市土地资源、人力、物力、财力的浪费，更是成为制约赛事与城市可持续发展的最大隐患。如何在赛后合理的利用大型比赛场馆一直是困扰全世界的难题，最著名的就是 1976 年的“蒙特利尔陷阱”。1976 年加拿大蒙特利尔奥运会以超过预算 15 亿美元兴建了大量比赛场馆，在新建体育场馆之前并未合理规划场馆建设，且未充分考虑赛后场馆的经营管理等问题，使蒙特利尔在赛后的 20 多年内一直背负着沉重的财政负担。如今这些大型的体育场馆大多数仍然处于荒废状态。

二、城市发展体育赛事的潜在风险治理

面对上述体育赛事可能会给城市带来的各种风险，如何在环境保护与开展体育赛事之间找到平衡点进行统筹规划，如何在承办完大型体育赛事后让体育场馆有效运营产生必要的社会经济效益，是确保体育赛事与城市协调、可持续发展的重要议题，也是风险治理的重要举措。

（一）制订严谨周密的赛事环保计划

为了合理规避体育赛事所带来的生态环境灾难，赛事组委会应根据举办地生态环境现状与赛事预期目标制订严谨周密的赛事环保计划，并将具体的环境保护规划公开。例如，在环境保护方面可称为典范的悉尼奥运会，其成功首先归功于切实可行的环境保护目标，并且在执行过程中能够严格按目标进行筹办；其次，悉尼奥运会将明确细化的指导方针，通过立法得到保障；最后，设立独立的监管机构，对于赛事开发商提出明确要求，必须按照既定时间节点上报环境情况，以确保赛事筹办各项工作都能围绕环保目标有序开展。据日本相关媒体报道，2020年东京奥运会将以韩国平昌冬奥会失败的环保经历为戒，在注重奥运竞技快乐的同时，充分考虑到生态环境保护的问题，并提出“创造更好的未来”的建设理念，尤其是注重“可持续性发展”战略，在建造新会场的同时也尽量从生态保护的角度出发，做到会场周边环境的绿化。

（二）合理规划设计比赛场馆

“凡事预则立，不预则废”。做好体育赛事的战略性规划是确保赛事有序运营的重要保证。由于大型体育赛事申办周期长、筹办时间长、实际举办时间短的特点，更加要求对赛事的申办和举办进行长远的战略性规划。比赛场馆规划合理与否，需充分考虑举办地土地资源特点、城市地理特点、城市经济发展水平、运动项目普及程度、现有场馆分布情况。尤其是比赛场馆的布局，要将工作因素、商业因素、生活因素融于一体，把各类活动放在同一相连的空间进行，这样能节约土地，降低基础设施的投入，有利于举办城市持续健康发展。体育场馆建设时也必须考虑城市现状和发展趋势，在满足当前经济水平的基础上，要与将来的发展趋势相适应，做到立足当前，考虑长远。体育场馆建设时也要考虑运动项目在城市的普及程度，如果运动项目普及发展良好，场馆建设规模可以大点，如果不

普及就考虑缩小规模，或在此项目发展良好的另一城市建设。

(三) 提高赛后场馆使用率的有效手段

体育场馆的修建并不仅仅为了满足赛事举办地比赛的需要，还要预为之谋，考虑赛事举办后使用情况，做好统筹安排。对于目前出现场馆闲置情况较严重的地方，首先，应尽快制订开放方案，尽早度过场馆使用的过渡期和培育期；其次，采取多元化的经营，包括引入职业体育俱乐部，依靠职业联赛吸引大量的主队支持者前来观看，提高场馆的使用效率和盈利能力；最后，如果政府部门不知道怎样盘活这些闲置的场馆，不如交给市场，招标一些专业的公司运作，因为公司投入的是自己的钱，它们会想尽办法来让场馆热闹起来，这样一来，办大型体育赛事的财政投入可以早日回本，实现公司有钱赚，市民有地方运动的多赢机制。

本章小结

城市离不开体育赛事，体育赛事也离不开城市。在当今城市化不断深化、体育赛事活动日益丰富多样的背景下，搞清楚体育赛事与城市发展的相互关系尤为重要。本章重点结合改革开放以来的相关经验，介绍了体育赛事推动城市在物质层、文化层大发展的诸多表现。物质层面我们学习了体育赛事主要通过激发城市内部结构改造、外部轮廓扩展及整体环境完善方面实现城市形态的更新；文化层面我们知道了体育赛事不仅能够塑造城市文化，还能促进城市对外传播。但任何事物都有两面性，在体育赛事与城市交互发展的实践中也存在一些潜在的风险。所以在本章最后一节为大家做了有关风险的针对性介绍及治理举措，也期望大家在本书内容的基础上，不断结合实际深入思考，为发展更好的体育赛事、为拥有更好的城市生活而共同努力。

思考题

1. 体育赛事对城市内部结构改造有哪两种方式？
2. 体育赛事是如何实现城市外部轮廓的扩展的？
3. 谈谈体育赛事为什么会优化城市环境？是如何优化的？
4. 请结合实践举例说明体育赛事是如何塑造及传播城市文化的？

5. 选择你感兴趣的新近发生或将要发生的某个体育赛事，探究它与城市发展是如何互动的，特别是物质层面和文化层面。是否诱发了某些风险或问题？又是如何解决或治理的？请你写一份详细的调查报告。

延伸阅读：

西班牙首都马德里与皇家马德里足球俱乐部

2022 年北京冬奥会场馆赛后开发利用构想

CHAPTER 11

第十一章　乡镇与体育赛事文化

学习目标：

- 了解乡镇体育赛事的界定属性。
- 结合实际分析体育赛事对乡镇空间的改造表现。
- 学会辩证思考乡镇经济与体育赛事之间的相互作用。
- 结合当下实践分析体育赛事对推动乡镇经济发展的作用。
- 掌握乡镇体育赛事文化的概念、构成、空间特征及对乡镇文化的促进作用。

乡镇是人类社会重要的空间类型。从全球人口来看，按照世行发布的数据，2017 年全球农村人口约为 45.261 亿，约占全球总人口 75.3 亿的 60%；从全球面积来看，农村、乡镇的土地使用面积也远高于城市用地。体育赛事离不开特定的空间及资源，尤其是乡镇空间资源。历史上很多独具特色、影响深远的赛事往往就是人们在乡村田园的自然环境中探索、实践出来的，它们诞生于人们的生产生活，同时也成为所在地人们重要的娱乐形式和社会交往方式。

如牧区人民身居塞北苦寒之地，在草原、戈壁、荒漠等自然环境中锻炼了极强的耐力和蛮勇精神，因此发展形成以骑马、狩猎、摔跤为主的乡野体育赛事文化；来自江南水乡的村落居民，在纵横交错的田园水路中逐渐形成了龙舟竞渡的水上体育赛事传统；在中国北方，踢毽子、扭秧歌、打陀螺、拔河比赛更是喜闻乐见。从古至今，这些项目始终是该区域人民喜闻乐见、踊跃参与的体育比赛项目。由此可以说，乡镇及其所覆盖的自然环境是体育赛事孕育、发展的重要空间类型。

当前国家十分重视乡镇空间中的体育赛事发展及其对农村、农村体育的振兴作用，乡镇体育赛事对实现乡镇现代化，进而实现体育现代化意义重大。本章将从乡镇空间、乡镇经济、乡镇文化三个层次入手，分别探讨体育赛事与乡镇发生的关联与互动。

第一节　体育赛事与乡镇空间

空间是一切活动的场所和载体。在广阔的乡镇拥有着丰富的传统体育基因，同时伴随乡村的城镇化进程和乡村振兴的发展，乡村所拥有的空间优势、生态优势不断得到各类主体的关注。

一、乡镇空间及与体育赛事相关的概念

（一）乡镇的概念及空间范围

地理环境既包括自然地理环境（包括大气圈对流层、水圈、生物圈和岩石圈），也包括人文地理环境（其分支学科含人口地理、文化地理、经济地理、聚落地理、政治地理、军事地理、行为地理等）。乡镇也是一个地理概念，它和“农村”“乡村”“集镇”“村镇”等词语具有相似内涵，并且常常指涉同一空间范围。

现阶段我国的行政区划共分为六级：一级行政区，如省、自治区、直辖市、特别行政区；二级行政区，如地区、盟、自治州、地级市；三级行政区，如县、自治县、旗、自治旗、县级市、市辖区、林区、特区；四级行政区，如乡、民族乡、镇、街道、苏木、民族苏木；五级行政区，如村、社区、嘎查；六级行政区，如村民小组、社区居民小组。其中省、县、乡为基本行政区划。在本教材中，乡镇概念从行政区划上是指市以下的行政覆盖范围，主要是县级及以下的镇、乡、村等空间范围，也就是“广义农村”的概念，即指与城市相对应的其他地区，里面既有村落，也有小乡镇。

（二）乡镇体育赛事相关概念

与乡镇空间有关的体育概念有很多，如农村体育、乡村体育、乡镇体育、村落体育。这些概念的内涵彼此有交集，有时指代相同或者相似事物。本教材中对乡镇体育的概念界定基于广义范围的农村，既包括集镇、县城等空间，也包括村落、村庄等空间发生的相关体育现象和活动，即广义的农村体育概念。

与乡镇空间有关的体育赛事概念同样有很多，如农村体育赛事、乡村体育赛事、乡镇体育赛事、村落体育赛事等。这些概念的内涵彼此有交集，有时指代相同或者相似事物。目前关于农村体育赛事概念的理解各有视角。一类从农村体育文化视角展开，认为农村体育赛事是以各类体育项目为客体，以健身娱乐、丰富农民文化生活为主要目的，以农民为主要参与主体的，在业余时间所开展的有组织性、规范性的农村体育实践活动。另一类从农村体育服务视角展开，认为农村体育赛事指的是在农村地区开展的以提供体育竞赛为核心产品及相关服务的特殊事件。

本教材认为，凡具有以下两种属性之一即可归为乡镇体育赛事之列。

第一，体育赛事发生在广义农村空间范围的，这里既包括县城、集镇等低于城市规模的次级聚居空间，也包括传统的村落、屯子、村组等小规模、零散式的微型聚居空间。赛事既可以是县市、乡镇及村落等基层性的在农村开展的体育活动，也可以是全国性甚至是国际性的在农村开展的体育活动，如广西平果县 CBA 季前赛、晋江市金井镇南江村篮球赛事、福建沿海乔乡农村篮球赛事等。

第二，体育赛事的参与主体是农民群体。很多农民群众热爱的赛事由于项目众多、规模较大有时在城市举办，但是由于涉及主体主要是来自乡镇的农民群体，所以仍旧认定为乡镇体育赛事。如我国定期举办的世界仅有的全国农民运动会，是由中国农民体育协会创办的，专门面向农民群体开展的体育竞赛，是五大国家级综合性体育赛事之一，曾在福建泉州市、四川绵阳市举办。

二、体育赛事对乡镇空间的依赖和改造

在古代、近代社会的体育赛事和活动一般多是小规模的，具有自发性、随意性等特点。它们往往起源于老百姓的日常生产和生活实践，借助一些简单的道具、器材就地、就近开展活动，对自然环境和乡镇空间的依附作用较大，改造作用不明显。如扁担，它是村落最常用的生产和生活工具之一，每户都有大小不一的木的或竹的扁担。围绕扁担这根农业生产的必备器具，我国南方居民逐渐形成了“扭扁担”比赛。其实像扭扁担这样扎根于农业生产生活实践，操作简单、规则简洁，不需要布置场地，亦不限时间、人数，随处都可以进行的乡镇体育比赛还有很多，如“打陀螺”“掰手腕”“赛秋千”等，它们对乡土空间具有明显的依附性。

“扭扁担，在数人劳动挑肥下田、挑谷晾晒等从事挑担的工余，在田头、地

角都可以进行比赛。一根普通的扁担，两头各一人双手紧握，相对成预备状态，叫一人充当喊口令者，口令一喊则各用力扭扁担，两个人用力向内（向怀里）扭转，坚持角力一阵，臂力和握力较小的一方便难以坚持，被迫随从对手扭转方向或松开手，则判失败。有时也换成拉、顶，力气大的能把对方拉走或顶开一步则为胜，无确定的规则。扭扁担有普通长一米多的，也有挑柴草用长约3米两头削尖的扁担，规格也不一”。

但是伴随进入现代社会，尤其是进入经济社会高速发展和体育赛事高度成熟的社会，体育赛事越来越多地开始走进乡镇空间，并给乡镇带来了大幅度的空间改造。这种改造主要体现在以下几个方面。

（一）乡镇体育空间面积不断增加

乡镇空间要想办好这些体育赛事，满足更多的乡镇居民、村民参与体育和健身的需求，就必然要在原来的空间基础上增加体育空间的比重，建设乡镇活动的公共体育空间，完善乡镇体育赛事的场地、设施、设备及器械。如《北京市体育特色乡镇标准》（2017）同样要求每个乡镇应建有至少一处文体中心/乡镇全民健身中心，并符合以下基本配置（任选3项）：

①室内乒乓球室，标准场地2片；

②健身操房，面积不少于150平方米；

③器械健身房，心肺练习器（跑步机、健身车等）不少于3台，有适量的哑铃、杠铃等力量练习器；

④室内羽毛球馆，4片标准羽毛球场地；

⑤小型游泳场地，体育场地设施应符合GB19079.1的要求。

它对乡村空间提出增加体育场地、设施的有关要求，这为开展乡镇体育比赛提供了空间保障，运动场地、设备、设施的建成将便于人们的体育赛事参与。

（二）乡镇基础设施空间不断优化

体育赛事及相关活动的举办是一个系统而综合的大工程。除了体育相关的场地设施以外，对所在地的交通、餐饮、住宿、商贸等方方面面都有要求。对于乡镇来说，开展体育赛事及相关活动还可以优化境内基础设施空间。如南京市溧水区在南京溧水国际山地马拉松赛、环溧水自行车赛、世界街舞锦标赛等著名赛事

IP 的驱动下，不断优化区域基础设施环境。以交通方面为例，在体育赛道建设的驱动下，溧水区以区、镇、村三级为网络，构建不同层次的体育公园，并且连珠成串贯通城乡 200 公里自行车慢道和人行步道，就是为让参赛选手在溧水“百里画廊”全域赛道感受“人在画中骑”的体验。这些赛道为溧水打造全域旅游环线、串联起区域内山水林田自然资源和风土文化等提供了基础。

（三）乡镇景观空间重构

相较于乡镇体育空间的增加或乡镇基础设施空间的优化这种浅表性的空间改造，通过大型体育景观、体育综合体或体育小镇的建设对乡镇空间进行大规模重新规划和建设则体现了体育赛事对原有乡镇空间的深度解构和重构。

一般来说，大型体育景观、体育综合体或体育小镇之所以会选择坐落于乡镇空间，多基于以下几点原因：城市原有空间有限和土地成本高昂；某些体育赛事对自然环境有特殊要求，城市无法满足，如山地户外、水上、航空、冰雪项目中的一些子项目；乡镇为吸引体育赛事落户而提供的各项优惠和支持。这些原因促成了诸多大型体育景观、体育综合体和体育小镇落户乡镇，并为体育赛事提供了空间保障。

其中发展好的可以形成赛事型体育特色小镇。在国外，美国小镇尤金是田径小镇，素有户外运动的伟大之城之称；英国小镇温布尔登因网球大满贯赛事而成为全球知名的网球小镇；法国阿尔卑斯山脚下有因冰雪运动而享誉百年的霞慕尼小镇。在我国，近年来体育赛事型小镇也遍地开花，有浙江建德航空小镇（建德区）、河北崇礼冰雪小镇（崇礼区）、江苏江阴的马术小镇（新桥镇）等。这些小镇解构了所在地的空间，以体育赛事为主题重新规划和安排，建构起全新的乡镇空间，形成了自身的区域和空间优势。这种基于体育赛事的空间解构和重构，最终有利于将乡镇空间整合到城乡一体化的版图之中，开发了空间价值。

三、当前我国乡镇体育赛事的空间发展特征

（一）从东部到西部，乡镇体育赛事宏观空间发展不均衡

我国东部沿海地区发展乡镇体育赛事的基础设施、相关资源及条件要比中西部地区优越，积累了一定程度的先发优势。这主要表现在以下两方面。

一方面，从国家层面到地方政府较为重视乡镇体育赛事的发展，给予东部沿

海地区农村体育发展各种优惠政策和资金支持，优先、大量配置篮球场、乒乓球台、健身路径等公共体育服务资源，从供给侧发力，夯实了乡镇体育赛事发展的物质条件基础和群众基础。

另一方面，东部沿海地区的经济、教育、卫生、消费结构等经济社会核心要素发展水平较高，不仅使当地政府有更多的财政收入用于农村体育发展，还直接促进了村民生产生活方式的转变，使他们有更多的闲暇时间用于体育锻炼，也使他们的价值观念产生了变化，参与体育锻炼的需求更加强烈，从需求侧刺激了农村体育发展。

而中西部地区，广大农民由于外出务工，导致农村“空巢现象”不断增加，使得乡镇体育赛事参与呈现“空心化”。同时，又受限于受教育程度低、思想观念落后，不能认识到参与体育锻炼的必要性。这些都导致了中西部地区农村体育的发展，尤其是篮球、乒乓球等现代体育项目的发展落后于东部沿海地区。

（二）从城镇到村落，乡镇体育赛事中观空间发展不均衡

我国在发展群众体育时始终在走“城市辐射农村”之路，通过优先发展城市体育，带动农村体育发展。我国先后出台了若干支持乡镇体育赛事的政策文件。政策牵引下的乡镇体育赛事发展也遵循“重（先）乡镇、轻（后）村落”的农村体育发展之路。

在最初的发展实践中，受限于经济条件等各方面因素，公共体育资源更多地配置在乡镇，广建篮球场、乒乓球台等体育设施，组建群众体育组织网络（建设体育指导站、体育健身点、体育社会团体）等。这些举措有力地发挥了乡镇的“集聚效应、辐射功能和带动作用”，增加了体育锻炼的吸引力和凝聚力，各种全民健身活动得以普遍展开。但与此同时也拉开了与村落之间体育赛事发展的距离。例如，由于公共体育场地设施并未建到农民身边，农民参加体育锻炼的积极性不高，且一些农民因为脱离了村落场景，参与、组织村落体育赛事的积极性不高。

但是近年来村落体育赛事广受重视，在很多地区取得突破性发展。如全国很多省市以建设特色体育村为抓手，推动乡镇体育赛事的发展。北京市就推出《北京市体育特色村标准及评选办法》，调动基层村落发展体育的积极性。

（三）从小众到大众，乡镇体育赛事微观传播有限

体育赛事传播主要指的是在一定的或者是固定的空间范围内，借助人际传

播、组织传播或者大众传播等形式所进行的体育信息、体育文化的传播。就体育赛事的乡镇传播空间而言，主要是在乡镇内部或者各乡镇之间，通过体育赛事的组织方、乡镇的大众传播，以及乡镇居民等渠道进行体育赛事信息及相关体育赛事文化的传播。较之于动辄成为全球、全国、全区域传播热点的城市体育赛事，乡镇体育赛事传播只是一种“微传播”，它囿于乡镇范围，其品牌知名度、持久性、传唱性较弱，面临“酒香也怕巷子深”的传播空间局限。如具有“农民NBA”之称的广西万村农民篮球赛，自2006年首次举行发展至今，其规模之大、覆盖面之广、参与人数之多、赛期时间之长、农民响应之强烈，在全区没有先例，在全国范围也实属罕见。但是其全国的知名度、美誉度有待进一步提升，传播能见度和影响力有待进一步扩大。

第二节　体育赛事与乡镇经济

体育赛事是上层建筑，乡镇经济是经济基础。体育赛事和乡镇经济关系密切。一方面，乡镇经济为体育赛事发展提供各种资源和条件，如乡镇经济可以开发丰富的自然人文资源，推动特色赛事的开发；乡镇经济资金支持体育赛事开展，保证赛事的稳定性和持续性；乡镇居民经济收入用于赛事消费，壮大体育赛事客群的总量。另一方面，体育赛事也能反过来推动乡镇经济的发展。它可以振兴乡镇体育产业发展，促进乡镇体育旅游，带动第一、第二、第三产业融合发展，最终带动乡镇经济整体发展。

一、乡镇经济为发展体育赛事提供基础

（一）乡镇自然人文资源开发，推动特色赛事的开发

我国地大物博，乡镇繁多，它们所拥有的地理自然环境和人文历史资源各不相同。有时候，独特的自然资源通过乡镇经济开发，可以更好地为体育赛事所使用。如东北雪乡具有可以被整合开发为冰雪赛事场地的土壤，荒漠戈壁适合汽车拉力赛等运动项目的开发，纵横角落水道密布的江南水乡是龙舟竞渡的好去处，山势陡峭的云贵高原是山地户外运动爱好者的天堂。

同时，深厚的人文历史资源也可以被经济资本开发，衍生出具有独特人文历史内涵的产品，从而给体育赛事打上别样标签，获得差异化竞争优势。如一些地

方以远征军徒步路线为灵感来源，开发云南边境的户外徒步路线；一些人依托唐代玄奘西游取经传说故事，开发了玄奘之路戈壁挑战赛，都取得了不错的反响。

（二）乡镇经济支持体育赛事开展，促进赛事的稳定和持续

近年来随着国家及乡镇经济收入的增长、财政的支持，每年乡镇可以投入乡镇体育赛事的资金也在增加。这种支撑表现在直接进行赛事赞助，推动体育赛事的顺利举办。如渝湘边区春节篮球赛，经费最先来自个人的捐助，后随着其发展壮大，举办地所在县文体局和事业单位参与赛事经费赞助，同时，对参赛队收取一定的报名费，所得经费主要用来颁发奖金、购买比赛用具和维持赛事基本开支。以第31届湘鄂渝边区春节篮球赛为例，其总经费为7400元，主要由以下几部分构成：龙山县文体局补贴3000元，事业单位赞助2000元，参赛队报名费2400元。乡镇政府及财政的支持，使得很多赛事在起步阶段获得资金支持，从而为长久持续性发展夯实基础。

（三）乡镇居民经济收入用于赛事消费，壮大体育赛事客群

体育消费有狭义的体育消费和广义的体育消费之分。狭义的体育消费主要是指直接从事体育活动的消费行为；广义的体育消费包括一切与参与体育活动有关的个人及其家庭的消费行为。乡镇体育赛事的举办对当地居民的体育消费产生了巨大的影响，使其个体体育消费有了实质性的转变，最明显的表现是人们体育消费意愿和实际行为的提升。

在很多乡镇，体育消费的意识并不深入，但在体育赛事的带动下可以促使人们转变体育消费意识。有学者研究发现，经过农运会的举办，南阳市乡镇群众居民的体育消费有了很大变化。通过乡村赛事的举办，越来越多的人群开始意识到体育锻炼的重要性，从没有自己爱好的体育项目到去体育用品店里咨询适合自己年龄特点和身体结构的体育活动项目，并促进了体育用品等的消费。

二、体育赛事为乡镇经济振兴提供新动力

当下体育赛事的经济价值和商业价值越来越显著，乡镇地区的体育赛事主要有内生型和外引型两种。内生型是指乡镇空间本土孕育的各项体育赛事，如农民运动会、农村特色篮球赛、农村的舞龙舞狮赛事等。外引型是指乡镇空间通过对外开放积极引入体育赛事，并逐渐形成自身品牌的赛事。在体育产业日渐成熟的

今天，围绕着体育赛事逐渐形成了竞赛表演业、健身休闲业、体育场馆与服务业、体育制造业等产业支柱和经济门类。无论是内生型还是外引型乡镇体育赛事，它们都有力地推动了乡镇经济发展，为乡镇振兴注入新动力。

（一）体育赛事振兴乡镇体育产业发展，带动经济发展

以内生型乡镇体育赛事为例，它对于乡镇经济发展的促动作用显著。以广西万村篮球赛为例。虽然农民篮球不会像职业篮球赛一样创造巨大、丰厚的利益，但万村农民篮球赛在一定程度上创造了体育赛事振兴乡镇经济的奇迹。

从首届广西万村农民篮球赛的各地方政府对比赛给予大额经费支持，到第2届比赛的部分地区企业独家赞助，广西万村农民篮球赛吸引着越来越多的企业和商家的关注。此外，广西万村农民篮球赛通过市场运作，在拉赞助、打广告及赛事推广等一系列营销中展现了广西农村地区的风土人情和特有的文化与物质资源，进一步加强广西农村地区与外界的联系，成为当地与外地沟通、激活当地经济的一种手段。这促进广西农村地区商贸、旅游、交通、饮食业的发展，为当地经济注入活力，增加农民收入，提高当地农民的生活质量与水平。

这说明，乡镇体育赛事不但迎合了乡镇体育项目的发展需要，同时赛事本身也在创造更多的商业价值，刺激乡镇的体育消费，推动乡镇经济发展。

（二）体育赛事促进乡镇体育旅游，带动第一、第二、第三产业融合发展

体育赛事游是体育旅游最具核心竞争力的板块，链接巨大的旅游消费市场。对很多乡镇来说，引进高水平、特色性的体育赛事，并将之打造成重要旅游吸引物，已成为振兴乡镇旅游产业的重要战略和普遍共识。根据国务院《关于加快发展体育产业促进体育消费的若干意见》《加快发展体育竞赛表演产业的指导意见》等政策指引，鼓励国内旅行社结合体育赛事活动设计开发旅游产品和路线，推出100项具有较大知名度的体育精品赛事。这其中很多精品赛事都落户在城市之外的乡镇，如马术、赛车、高尔夫、冰雪、水上、山地户外等运动项目。

随着我国体育赛事审批权的放开，未来我国乡镇体育赛事也将出现蓬勃发展的态势，乡镇体育赛事对所在地的“吃、住、行、游、娱、购”等领域的带动效应将会进一步扩大。此外，游客们除了观看赛事，乡镇远离城市的宁静氛围，独特的自然环境，也能满足游客们的体育康养和休闲需求。在此背景下，诸多乡镇开始以体育赛事为融合剂，调整产业结构，在赛事举办期间，不断整合乡镇第

一产业、第二产业和第三产业规模，推出诸如生态农业游、亲近自然游、乡镇工业体验游。以浙江建德航空小镇为例，在各类航空航天航模赛事牵引下，小镇逐渐形成航空运动休闲、航空服务和航空制造三大功能区，努力建成生态功能完整且具有全国示范效应的“航空智镇、旅游乐镇、文化兴镇、生态绿镇”，从而实现了第一、第二、第三产业的融合发展。

第三节　体育赛事与乡镇文化

体育赛事和乡镇文化都是一种文化形式，各有特色。但是当体育赛事在乡镇空间诞生、被引进并且能够持续地生存下来，这两种文化就会产生碰撞并且彼此相互作用。在这种相互作用的过程中，体育赛事既参与并成为乡镇文化的重要内容，又受到乡镇文化的深刻影响。

一、乡镇体育赛事文化的内涵、特点与建设现状

（一）乡镇体育赛事文化的内涵、关系及构成

1. 乡镇体育赛事文化的内涵及与乡镇文化的关系

乡镇的自然环境和社会环境共同构成了乡镇的人文环境，前者是指人类社会赖以生存和发展的物质基础，它提供了乡镇居民生产劳动的地理空间、生活场所、资源的硬环境；而后者是指人类生活的软环境，以社会实践活动的形式呈现出来，具体包含了乡镇居民的观念、行为、价值、制度、伦理等，也就是乡镇文化。乡镇文化是人类文明的早期摇篮，历经人类早期氏族社会、奴隶社会、封建社会及近现代社会的不断累积沉淀，形成了各具特色的乡镇文化，这其实就包括乡镇体育赛事文化。

本教材认为，乡镇体育赛事文化是指在乡镇空间中发生的，或者由乡镇主要群体主导、参与、实施体育赛事及相关活动的过程中所创造的物质和精神财富的总和，包括从体育赛事的筹备到体育赛事结束的时空中，对社会、经济、制度、精神等要素产生影响的文化形态的总和。

从文化的广义角度来看，乡镇体育赛事文化是乡镇文化和体育赛事文化的并集部分，二者具有交叉关系。一方面，一切发生在乡镇或具有乡镇体育特性的体

育赛事现象都属于乡镇文化的一部分；另一方面，体育赛事作为一种新兴的文化现象也可以注入到原有乡镇文化格局之中，成为其重要组成部分，并对原有乡镇文化格局进行创新、融合、改造，进而形成新的乡镇文化。

2. 乡镇体育赛事文化的构成

乡镇体育赛事文化集物质性、精神性和社会性为一体，是一个包含众多、牵涉多种类型和形态的文化综合体。一般而言，我们认为它由物质性乡镇赛事文化、精神性乡镇赛事文化和社会性乡镇赛事文化构成。

(1) 物质性乡镇赛事文化

即指坐落在乡镇或者与乡镇体育赛事相关的具有物质形态的有形事物，如乡镇中存有的体育赛事场馆及设施设备、器械器材等，也包括历史遗留下的一些体育赛事类物质文化遗产，如希腊的古代奥林匹克运动会遗迹。它们属于看得见摸得着的东西。

(2) 精神性乡镇赛事文化

即指坐落在乡镇或者与乡镇体育赛事相关的具有非物质形态的文化观念、思想、精神、理念等抽象的精神性事物，一般需要借助特定的媒介才能流传至今或者传播开来。如河南省焦作市温县陈家沟村人陈王廷（1600—1680）所著的《拳经总歌》，属于典型的源自乡镇的精神性赛事文化作品。

(3) 社会性乡镇赛事文化

即指基于人们在特定时空发生的动态的、参与性的、实践性的体育赛事文化，它是动态的现在时，是介于物质性和精神性之间的一种文化构成。如各大体育赛事的举办，它是在特定制度和理念指引下，在特定物质环境和条件中展开的许多人的社会行为集合。比较典型的是在农村很多地方举行的体育节赛活动。

(二) 乡镇体育赛事文化的特点

目前来看，较之于现代化、全球化、融合化的城市文化，乡镇文化具有地方性、民族性、传统性等特征，是每个国家、民族和地区的瑰宝，也是人们寻找认同的源泉。

1. 地方性——浓厚的自然烙印

体育与地理从来就有着千丝万缕的联系，它们关系密切。山川湖泊、平原旷野都为体育活动提供了场所，冷暖寒暑、春夏秋冬也影响到运动项目的季节性。乡镇体育赛事文化往往根植于独特的自然地理条件，如羽毛球运动起源于英国小镇伯明顿（Baminton）并盛行于丹麦和印度尼西亚，多少与那里多静风天气有关。随着人类驾驭地理环境能力的增强，相继出现了以海洋和湖泊为运动场所的“蓝色体育”（如冲浪、帆板、赛艇等）和以雪山冰面为运动场所的“白色体育”（如冬奥会中的项目等）。这些充分体现了形成于乡镇的特色体育赛事文化的自然烙印。

2. 民族性——浓厚的民族特征

乡镇体育赛事除了受自然的影响外，基于特定自然地理环境而形成的人文环境也十分重要，其中就包括民族给乡镇体育赛事文化带来的特性。我国是多民族的大家庭，其体育赛事文化分布也呈现出民族性的特征。特别是在边远少数民族地区传承的体育赛事文化，充满着本民族的文化特征。以武陵山区少数民族传统体育项目为例，武陵山区不同乡镇村落由于不同的民族聚居，从古至今逐渐形成了各具特色的乡镇体育赛事文化，如苗族、土家族、仡佬族、侗族、瑶族、白族等他们所喜爱的体育赛事项目也因民族不同而各具魅力（表 11-1）。

表 11-1 武陵山区少数民族传统体育项目表

序号	民族	传统体育项目
1	苗族	舞狮、舞龙、苗鼓、八人秋、接龙舞、苗拳、跳香舞、蚩尤拳、锥牛、芦笙舞、上刀梯、射弩、苗族鼓舞、猴儿鼓舞、调年舞、绺巾司刀舞、举石锁、扳手劲、龙舟赛、爬桩杆、飚桌子、打三棋、跳竹竿、登山、纸龙舟、玩龙灯、河中抢鸭、唱花灯、荡秋千、爬竹竿、跳狮子、打泥脚、射茅草箭、狮子舞、竹竿舞、板鞋舞、喜傩欢、下火海、吃火炭、打花棍、玩龙灯、苗族武术、苗族绝技、苗族气功、烧龙、板凳龙、打毛键、耍滚龙、抢狮、迎狮、留狮、狮子登高、拔河等
2	土家族	划龙舟、摆手舞、茅古斯、金钱杆、丢花包、秋千、打磨秋、莲花十八响、抢鸭子、摔跤、扁担劲、耍石陀、斗角、搭撑腰、石锁、石担、跳红灯、打飞棒、踢毽子、撒尔嗬、板凳龙、舞草把龙、地龙、踩脚马、抢贡鸡、抱磨盘赛跑、抵杠、潜水游泳、滚环、捡子、摇旱船、脚踩独龙穿急流、攀藤、倒挂金钩、跳马儿、抱蛋、武术等
3	仡佬族	打蔑球、较脚劲、高台舞狮、打磨秋、秋千、踢毽子、打茅痞等
4	侗族	抢花炮、龙舟、踩芦笙、摔跤、打三棋、裤裆棋、母猪棋、舞龙头、骑木马、哆毽、滚烂泥、学斗牛、潜水摸鱼、打泥巴仗、多高贝、踩石轮、草球、勾林、月牙挡、虾公舞等

续表

序号	民族	传统体育项目
5	瑶族	射弩、打陀螺、打猎操舞、射箭、打粉枪、独木桥、人龙、打长鼓、独木划水、打木球、鸡毛球、掷石戏、打泥陀、抛花包、点冲天炮、推竹杠播公、武术、耍春牛等
6	白族	打仗鼓、赛花船、打霸王鞭、登山、陀螺、跳火把、耍海会、人拉人拔河、老虎跳等

3. 传承性——久远的文化渊源

传统，即世代相传、从历史沿传下来的思想、文化、道德、风俗、艺术、制度及行为方式等。我国是世界体育大国，在为世界文明贡献的诸多体育赛事及相关优秀文化中，很多都是在我国乡镇村落中滋生孕育、传承壮大的。如世界知名的中国功夫，就是由传统武术演变而来的。传统武术诞生于农耕文明，历经几千年发展，在历史上留下了众多有关武术的动人诗篇，如杜甫著名的《观公孙大娘弟子舞剑器行》。时至今日，传统武术依然以民间习武群落作为主要发展方式，其生存空间多依赖于乡土社会，至今在河北、广东很多村落仍有武术流派的传承。如今，虽然武术竞技比赛多采用套路的形式，但是武术套路本身就是一连串含有技击和攻防含义的动作组合，多从中国武术历史名家名派的技击精华中整合归纳所得。

观公孙大娘弟子舞剑器行

杜甫

昔有佳人公孙氏，一舞剑器动四方。
观者如山色沮丧，天地为之久低昂。
霍如羿射九日落，矫如群帝骖龙翔。
来如雷霆收震怒，罢如江海凝清光。
绛唇珠袖两寂寞，晚有弟子传芬芳。
临颍美人在白帝，妙舞此曲神扬扬。
与余问答既有以，感时抚事增惋伤。
先帝侍女八千人，公孙剑器初第一。
五十年间似反掌，风尘澒洞昏王室。
梨园弟子散如烟，女乐馀姿映寒日。

金粟堆前木已拱，瞿唐石城草萧瑟。
玳筵急管曲复终，乐极哀来月东出。
老夫不知其所往，足茧荒山转愁疾。

4. 时代性——活跃的更新创造

自改革开放以来，我国文化打破了故步自封的状态，尤其是以传统文化为代表的乡镇文化更是积极地借鉴和吸收外来的优秀文化，使得乡镇文化的内涵不断丰富，在创新中不断发展。同时，伴随城乡一体化的发展，乡镇文化也在不断地吸收城市先进文化，这其中就包括对外来优秀的体育赛事文化的借鉴，充分体现乡镇文化发展的与时俱进。

如江苏江阴新桥镇，利用自己靠近上海、南京、苏州等地的优势，在马术运动兴起之际，将本镇打造成一个具有国际赛马文化内涵的“马文化”之都。根据《江阴市新桥镇总体规划 2012—2030 年》，该镇以欧陆骑士文化为主打，融入苏轼名人文化及白鹿地方乡土文化的“欧雅新桥、文化新镇”，海澜飞马水城通过对马文化的创承性传播、创造性转化、创新性发展，首开世界先河、创国内之最的“活体马+文物珍品马”的马文化博物馆。同时，大力引进或者创建马术相关赛事，形成高中低档结合的常态化赛事体系，尤其是在马术运动赛事和活动上，实现年年有高水平赛事、月月有大型赛事、周周有中小型赛事、日日有马术表演活动。

（三）乡镇体育赛事文化的建设现状

当前，在国家重要政策的扶持下，全国部分省市的乡镇地区已开展很多体育类活动或大型体育赛事，极大地促进了乡镇体育文化的建设。目前，我国乡镇的体育赛事文化建设主要分为三方面。

1. 部分地区举行的专业体育赛事或者非专业的特色体育运动活动

可以说，这些体育运动极大地丰富了乡镇居民的精神生活，成为乡镇体育文化建设中最重要的一部分。如声名远扬的乒乓球专业村保定市定兴县西高里村、农民篮球队叫响全国的广西万村、滑雪名天下的张家口市崇礼县西湾子镇。西高里村的乒乓球运动已有 50 年的历史，村里小孩从小开始训练，参加多项乒乓球比赛并获奖，在村里掀起国球热。1998 年被评为省级乒乓球之乡，2008 年建立了专业的球馆。

2. 部分乡镇有自己的特色体育项目和赛事

如安徽省各地方政府因地制宜开展了相关体育活动：肥西县举办了“迎新春农民体育健身活动”，颍上县举办了“三八趣味运动会”，金寨县推广“走红色旅游路线”活动等。这一系列农村体育活动丰富了农民的体育文化生活，促进了乡镇体育赛事的开展。广东省以“百万群众健身行”“南粤幸福周”“体育节”“全民健身日”“健康中国行”等活动为主题，举办了“百城千村健身气功交流赛”“万村篮球赛”“徒步健身活动”“农民体育单项运动会”“百街千镇乒乓球”等体育活动。

3. 不断加强乡镇体育公共服务平台的建设

目前，我国乡镇体育赛事文化的建设路径主要包括县文化馆、图书馆及乡镇文化站、村文化室等各种公共文化设施建设，以及广播电视、“村村通”与农村电影放映工程等文化信息资源共享工程建设。这些文化工程的建设一方面满足和丰富了乡镇居民的体育赛事相关的需求，另一方面也有助于乡镇体育赛事文化的宣传与发展。

二、体育赛事与乡镇文化的互促作用

（一）乡镇文化促进体育赛事的可持续发展

在我国的传统文化中，有很多文化都是源远流长的优秀文化，值得去追随和传承。一是中国的传统礼节，如给老人祝寿、给新生儿庆诞。晋江市金井镇南江村的人们把这个传统的庆祝方式和篮球赛事结合，表达了村民们对老人长寿和孩子健康的美好祝愿。在庆贺当天，村里的干部和亲朋好友会到该户家里道贺，早晨是接待亲朋好友和聊天聚会的时间，下午则会邀请隔壁村镇或者当地企业的篮球队和南江村的篮球队举办一场赛事。篮球赛事的内容丰富、花样繁多，在篮球比赛的过程中会有很多当地的风俗加入其中，如“舞狮”“祭祖”“拜天地”等。这些传统的中国人的祝寿习俗加入到篮球赛事中，既增添了篮球比赛的观赏性，也增加了村民观看比赛的趣味。同时，“达则兼济天下”是闽南人的又一个重要精神体现，村落家族的兼济精神的发生，固然与其血缘性基质直接相关，但更重要的则在于家族的生产方式与篮球赛事文化的公益性和平等性也在庆贺的篮球赛事中得到体现。这既推动优秀传统文化的传承，又促进体育赛事的可持续发展。

（二）体育赛事促进乡镇文化的现代化发展

目前很多被乡镇引进的流行赛事大多数都诞生于现代社会，其举办标准较为现代化，如足球、篮球、排球、羽毛球、乒乓球等运动项目。这些项目和以往乡土生活中的传统赛事不同，有着清晰的规则、较为成熟的产业体系和商业运作，因此，这些项目在乡镇的落地，可以作为先进性文化注入到乡镇原有文化之中，进而促进乡镇文化向现代化转型发展，如公平竞争文化、自我实现文化、挑战极限文化、规则文化等。如广东省，根据统计，该省大部分在农村开展的体育项目类型方面，现代体育活动较多。调查显示，近两年有79%的农村开展了现代体育活动，有12.7%的农村开展了传统体育活动。

本章小结

乡镇是人类文明诞生的地方，也是很多体育赛事文化最初萌芽的地方。在本章中，我们建构了乡镇空间、乡镇经济、乡镇文化三个层次，用以深入考察体育赛事与乡镇的深度互动关系。我们首先看到体育赛事对乡镇空间的巨大改造作用及目前乡镇体育赛事空间的现状；其次我们了解到乡镇经济对体育赛事的支撑作用表现，以及体育赛事对乡镇经济的促进作用；最后我们从乡镇文化的视角学习了乡镇体育赛事文化的内涵、构成、特点、现状及对乡镇文化的促进作用。希望通过本章的学习，可以认识到乡镇发展与体育赛事的密切关联，推动我国乡镇体育赛事发展及乡镇体育赛事文化建设，进而推动人们生活水平的提高、生活满意度的提升，最终带动我国振兴乡村战略的实现。

思考题

1. 乡镇体育赛事的界定属性是什么？
2. 乡镇体育赛事的空间发展特征是什么？
3. 体育赛事对当下乡镇空间的改造表现在哪些方面？
4. 乡镇经济是如何支撑体育赛事发展的？
5. 体育赛事是如何振兴乡镇经济的？

6. 乡镇体育赛事文化的概念是什么？
7. 乡镇体育赛事文化是如何构成的？
8. 乡镇体育赛事文化有什么特点？
9. 体育赛事对乡镇文化有哪些促进作用？

延伸阅读：

广西万村农民篮球赛概况

体育特色小镇：浙江建德航空小镇

重庆石柱县发展乡村体育运动赛事特色之路——竹铃球

温布尔登小镇与驰名世界的温布尔登网球赛

CHAPTER 12

第十二章 全球化与体育赛事文化

学习目标：

- 了解体育赛事全球化的相关概念。
- 掌握体育赛事全球化的表现形式。
- 能够结合实际分析体育赛事传播全球化的现状。

全球化（globalization）是一种概念也是社会发展的现象过程，泛指在全球联系不断增强的环境下，国家与国家之间在政治、经济等方面逐渐互相依存、紧密联系的现象。一般以15世纪欧洲的“新航路开辟”为标志性起点，因为它打破了各个大陆之间较为孤立的情况，激发了世界各个大洲在政治、经济、文化等领域的联系密切。马克思、恩格斯关于全球化曾说道：“这些工业所加工的，已经不是本地的原料，而是来自极其遥远的地区的原料；它们的产品不仅供本国消费，而且同时供世界各地消费。旧的、靠本国产品来满足的需要，被新的、要靠极其遥远的国家和地带的产品来满足的需要所代替了。过去那种地方的和民族的自给自足和闭关自守状态，被各民族的各方面的互相往来和各方面的互相依赖所代替了。”

19世纪后半叶以来，体育作为全球民众通俗易懂、喜闻乐见的语言开始在全球范围内流动传播。国际间的赛事频繁出现，国际体育组织相继成立，比赛的项目、规则开始有了统一的国际标准，知名运动员也开始获得国际声誉和国际交流比赛的机会。这说明经济、政治、文化全球化的浪潮带来了体育赛事的全球化。它代表着各个国家在体育领域相互联系、相互交流、相互进步，实现世界各个国家、各个民族之间体育文化融合发展的过程。因此，本章将聚焦全球化与体育赛事的交互关系，以“体育赛事全球化”为核心概念，考察在体育全球化的背景下，体育赛事全球化的具体构成，即体育赛事资本全球化、体育赛事模式全球化、体育赛事传播全球化，详细介绍体育赛事资本如何进行全球性的流通、体育赛事模式如何获得全球性的效仿、体育赛事如何进行全球性的传播等重要问题。

第一节　体育赛事资本的全球化

现代体育赛事本质上是以经济为支撑的体育竞赛。特别是大型体育赛事的举办需要大量的资本，如人力资本、经济资本、社会资本等，以投入到运动员训练、场馆建设、比赛管理运行等方面。“兵马未动，粮草先行”，如果离开了资本的支持，很多体育比赛将无法走向全球。目前，很多跨国公司出于投资利润报偿、提升品牌知名度、国际公关渠道、支持体育事业发展等目的，在全球各地支持体育赛事举办和运营，实现了体育赛事资本的全球性流动。具体表现在体育赛事资本中投资主体全球化、赞助商全球化及体育赛事人力资本全球化（运动员、教练员、裁判员等）。

一、体育赛事资本全球化的概念

（一）全球化、体育全球化的概念

1. 全球化的概念

究竟什么是全球化？美国经济学家奥多尔·拉维特把全球化理解为各国经济的开放度、经济的相互依赖及经济一体化的过程；英国社会哲学家吉登斯把全球化定义为“世界范围的社会关系的强化”和现代性的全球性扩张；经济学家索罗斯则把全球化理解为资本的自由流动和全球金融市场及跨国公司对各国经济日益加强的支配。类似的观点还有把全球化看作信息、资本、资本主义等因素的扩张等。在我国学界，比较普遍的观点是把全球化看作人类社会不断超越国家和民族的壁垒，实现世界的普遍交往，全球各国和民族相互依赖、相互影响的程度不断增强的过程，形成“你中有我，我中有你”的局面，是多样化与一体化的统一。以上学者对全球化的界定各有视角，但都在指向一个无可辩驳的事实：在全球联系不断增强的环境下，国家与国家之间在政治、经济等方面前所未有地相互依存，关系更加紧密。

一般认为，全球化是由政治全球化、经济全球化、文化全球化三个方面所构成，三者之间相互联系、相互依存。政治全球化是指后冷战时期世界政治格局的重组及世界系统的建立，经济全球化是指社会生产方式的重大变化，文化全球化是指全球文化间的相互交流。

2. 体育全球化概念

体育全球化是全球化的重要组成部分，是文化全球化的产物，与政治、经济活动密切相关。如奥林匹克运动作为一种体育赛事文化早就已经深入散播到世界各国，奥林匹克精神作为一种体育赛事价值观也在全球得到了广泛认同与欢迎。本教材采用张晓义的定义，认为：体育全球化是指在全球化背景下，西方体育文化向全球范围扩张过程中带来的各个民族和国家之间的体育文化相互借鉴与渗透，从而实现全球体育文化融合的历史过程。

当下，体育全球化的实践早已超越了国界与地域，从多个维度上促进世界各国在体育领域相互联系、相互交流、相互进步；逐步实现各国、各民族之间体育文化的融合发展。打破了地域环境与人文壁垒，为不同地域、民族的体育架起了多元融合、相互吸纳的桥梁，逐步演变成新的世界文化模式。

(二) 体育赛事资本的概念及构成

资本（capital）是指用于投资得到利润的本金和财产，是人类创造物质和精神财富的各种社会经济资源的总称。资本在全球范围的流动既是全球化重要的内容，也为进一步深度全球化提供了源源不断的血液。从宏观经济学视角出发，可以将资本分为物质资本（physical capital）、人力资本（human capital）、自然资源资本（natural resources capital）及技术知识资本（technological knowledge capital）。以资本作为载体，体育赛事资本可以划分为体育赛事的物质资本、体育赛事的人力资本、体育赛事的自然资源资本、体育赛事的技术知识资本。其中，体育赛事的物质资本主要指举办体育赛事所需要的资金，也包括场馆、设施设备等一些基础设施；体育赛事的人力资本是指直接参与或间接参与体育赛事的人员，包括运动员、教练员和裁判员等；体育赛事的自然资源资本是指赛事举办地先天的地理位置及自然条件；体育赛事的技术知识资本是指服务于体育赛事的一切先进技术及国内外领先的赛事理论知识。

二、体育赛事资本全球化的表现

（一）投资主体的全球化

投资主体是指从事投资活动的人，即“投资者”。投资主体对于投资方向、投资金额有着绝对的决策权，对其投资的资产享有所属权与支配权。可以分为国家层面投资主体、地方政府投资主体、企业投资主体及个人投资主体。投资主体的投资活动分为两类：直接投资与间接投资。前者是指运用资金直接进行投资活动，后者是指通过货币资金购买股份、股票的间接性投资。根据此分类，将企业对于体育赛事的投资同样分成直接投资与间接投资。直接投资是指资金用于体育赛事场馆及相关设施的建设，包括比赛场馆、体育器材、设备、运动员村、记者村等；间接投资是指将资金用于赛事举办之前的基础保障，包括交通运输（公路、航空、船舶）、城市基础项目（网络、水电、通信、安保、环保）等方面。

在经济全球化的发展背景下，体育赛事受到众多知名企业的青睐，尤其像4年1届的夏季奥运会、足球世界杯等大型的体育赛事，往往会从投资需求、营商环境及投资渠道等角度吸引或刺激举办地的企业投资。对于赛事来说，企业对于赛事的投资能够有效地解决赛事运营团队的融资问题，同样也是提升体育赛事商业价值的一种手段。对于企业而言，体育赛事的级别越高，影响力越大，越能够将企业品牌推向国际化，提高企业地位。近10年来，职业性体育赛事及娱乐性体育赛事均受到较高的关注度，人们消费水平不断提高，体育市场不断饱和，“双赢”的利好促使体育赛事成为各国企业争相投资的“新大陆”。

如2009年10月，香港富商杨嘉诚以1.51亿英镑收购当时还属于英超的伯明翰俱乐部94%的股份，也成为首位控股英超俱乐部的华人老板。收购之后的第2个赛季，伯明翰便勇夺联赛杯冠军，投资回报被看好。2014年，内陆电商巨头阿里巴巴正式进军足球赛事，与恒大足球俱乐部完成合作协议，双方各自持有50%的股份。此后，2018年4月13日，阿里巴巴的副总裁、联合创始人蔡崇信收购NBA篮网队49%股份，打开了中国资本进入NBA市场的先河。此外，苏宁集团成为以足球产业为核心的体育产业集团，旗下集齐了欧洲足球五大联赛、中超、亚洲冠军联赛等赛事版权，并投资了江苏苏宁足球俱乐部及国际AC米兰足球俱乐部。

（二）赞助商的全球化

赞助商是指企业向体育、艺术、社会团体提供资金上的支持，从而实现自己的目标，提升产品或企业知名度、塑造品牌形象的社会主体，一般以企业为主。体育赛事赞助是企业与体育赛事之间资源重新配置的深层次合作，实质是双方利益的交换合作。体育赞助本质上是一种基于商业契约的交换，一方面企业为赛事、运动队、运动员提供物质及经济上的支持，另一方面体育赛事组织者、运动队、运动员赋予企业广告权、冠名权、标志使用权及特许销售权。

体育赛事全球化发展的背景带来了体育赛事营销的全球化。全球赛事热度、关注度持续走高及各方利好政策，激发了全球各地赞助商通过赛事赞助进行全球营销的热情。据有关研究表明，2017 年全球共有 628 亿美元用于企业营销组合中的赞助，这充分说明了赞助活动在企业营销中的重要作用。与此同时，体育赞助也被认为是赞助活动中最常见的赞助方式。

受益于体育赞助所带来的积极效应，众多体育组织将体育赞助视为一种基本的融资模式。对于体育赛事而言，赞助对于赛事的好处是不言而喻的。仅仅依靠赛事主办方的资金募集无法维持赛事的正常运营，赞助商的支持很好地解决了赛事的融资问题，为体育赛事的举办提供了资金保障。赞助商对赛事的赞助能够提升企业形象、扩大品牌知名度、拓宽产品的销售渠道、增强与消费者之间的联系、塑造企业文化。赞助广告投资与传统广告媒体投资相比具有投入低、收益高的特点，意味着同样的投入，赞助商在赛事中投放广告获取的回报远高于传统广告媒体。赛事的影响力对赞助商形象起到了“增值”效应，如可口可乐公司以 1 亿美元赞助 1996 年的亚特兰大奥运会，获得了 9. 67 亿美元的经济回报。2018 年是可口可乐公司赞助国际奥委会的第 90 年，可口可乐品牌得到了很大提升，在获得上百亿元的无形资产的同时成为了奥运会上颇受尊敬的赞助商。

目前，很多顶级赛事都有着多元的、全球化的赞助商背景。如英超联赛中，各球队都有自己的主赞助商和博彩赞助商（表 12-1）。再如作为篮球大国的美国，旗下的 NBA 男子篮球职业联赛涉及全球知名品牌的赞助，包括美国的可口可乐、安德玛、德国的阿迪达斯、日本的东风日产、瑞士的 TISSOT、中国的安踏等。中国的上海国际马拉松赛同样受到了非常高的关注度，得到了许多知名企业品牌的赞助，其中包括创始赞助商东丽、至尊赞助商 Nike、荣耀赞助商 BMW 和兴业银行。

表 12-1　2017—2018 赛季英超球队赞助情况

球队	主赞助商	赞助金额/英镑	博彩赞助商
水晶宫	万博（博彩）	800 万	万博
纽卡斯尔	FUN88（博彩）	500 万	FUN88、Bet365
伯恩利	大发（博彩）	200 万	大发
斯旺西	LETOU（博彩）	400 万	LETOU、Bet365
哈德斯菲尔德	OpeBet（博彩）	650 万	OpeBet
西汉姆联	BetWay（博彩）	600 万	BetWay
伯恩茅斯	Mansion（博彩）	500 万	Mansion
阿森纳	阿联酋航空（航空）	3000 万	必发、Sportpesa、Dji
布莱顿	美国运通（金融）	350 万	—
切尔西	横滨轮胎（橡胶业）	4000 万	威廉希尔
埃弗顿	Sportpesa（博彩）	580 万	Coral、Sportpesa、威廉希尔
莱斯特城	王权免税店（零售）	100 万	壹贰博
利物浦	渣打银行（银行）	2500 万	Betvictor
曼城	伊蒂哈德航空（航空）	2000 万	Betsafe
曼联	雪佛兰（汽车）	4700 万	MarathonBet
南安普敦	维珍媒体（媒体）	600 万	Sportpesa
斯托克城	Bet365（博彩）	320 万	Bet365
托特纳姆热刺	友邦保险（保险）	1600 万	FUN88
沃特福德	浦汇（外汇经济）	300 万	申博 138
西布朗	棕榈股份（园林）	全资收购	Bet365

（三）赛事人员的全球化

体育赛事人员是指直接参与或者间接参与体育赛事的相关人员，主要包括运动员、教练员、裁判员。伴随着体育职业化、商业化程度越来越高，体育全球化进一步的深入，覆盖全球的体育市场逐渐形成，世界各国意识到体育赛事人员对于赛事的重要意义，积极地与国际体育接轨，加快了体育赛事人员的全球化趋势。

1. 运动员全球化

（1）运动员工会全球化

由于职业联赛竞争激烈，球员基于实现自身价值的需要，出现了一种运动员流动的现象，即运动员转会。在经济全球化的背景下，运动员的工会早就已经超越了体育运动的框架，开始了全球化的联合。工会全球化的表现主要是以运动项目为单位的国际运动员工会联盟的全球化发展，最具代表性的就是国际足球运动员联盟（FIFPro），是全球范围内所有足球运动员的代表组织，旗下包括50个职业足球运动员协会。与FIFPro相似的还有国际板球运动员协会联合会（FICA）和国际橄榄球运动员协会（IRPA）。

体育全球化的背景下，运动员俱乐部、体育联盟、运动员工会都在发生着全球化的变化，在这样的时代背景下，球员转会现象已经成为一种全球化的趋势。运动员为了提高自己的身价或是为了争夺冠军，开始选择转会。关注度比较高的就是足球联赛与篮球联赛。足球联赛没有工资帽的限定，对于转会的人数数量也没有限制。然而，NBA由于工资帽的限定，在很大程度上限制了球员的转会，很多情况下必须通过双方甚至是多方谈判通过人换人的方式才能够完成球员转会。

（2）运动员归化全球化

运动员的归化也是运动员人才流动的一种表现形式。归化是指某个人在出生国籍以外自愿、主动取得其他国家国籍的行为。一般是居住在国外的人，依据所居国的法律规定取得新国籍。归化运动员即拥有自身国家国籍的运动员自愿加入其他国家国籍的运动员。这是被国际所认同的，是在法律允许的范围内合理地进行竞技体育人才的流动，对于促进体育全球化发展有着深远的意义。“归化运动员”是社会经济、政治、文化全球化发展的产物。

目前归化运动员已经成为一种普遍化现象，在2018年举行的亚运会上，许多国家的参赛队员都是归化运动员，在比赛中均取得了较好的成绩。例如，卡塔尔籍尼日利亚裔运动员托辛·奥古诺德在100米决赛中夺得百米银牌；巴林籍非洲裔女将奥古诺格在女子百米和接力项目中力压中国选手夺冠。在2018年的足球世界杯上，夺得冠军的法国队23名球员中，非洲裔球员达到18名，其他欧洲强队很多也是如此，英格兰、荷兰及比利时等国家在很多年前就拥有许多非洲裔的球员，就连东道主俄罗斯的队伍中也包含了一名巴西归化的前锋球员。

(3) 体育联盟运动员构成日益全球化

在体育全球化的背景下，体育联赛、体育联盟中的球员全球化愈加明显。以美国男子职业篮球联赛 NBA 为例，根据数据统计，2000—2015 年，一共有 49 名国际球员成功成为乐透秀（选秀前 14 位）并顺利进入 NBA 职业联盟，其中 6 名荣膺状元（选秀第 1 位）。在 2014—2015 赛季，NBA 的国际球员数量达到 101 位，首次突破百人大关。2016—2017 赛季，再次刷新国际球员人数，达到 113 人。其中加拿大、法国、巴西、澳大利亚及西班牙贡献的国际球员人数最多。我国篮球运动员也积极加盟 NBA（表 12-2）。2016 年的英超足球联赛中，有 70 个国家和地区的球员参赛。参与首轮英超联赛的 220 名先发球员中，英国的本土球员只占总人数的 1/3，2/3 的球员来自全球各个国家，国际元素鲜明。同样，处于男女网球世界排名前 100 的选手分别来自 45 个国家，其中，获得过网球大满贯荣誉的球员来自 30 个不同的国家与地区。

表 12-2　我国篮球运动员加盟 NBA 情况

姓名	加盟时间	效力球队	转会情况
宋涛	1987 年	老鹰队	因伤搁浅
胡卫东	1999 年	魔术队	因伤搁浅
王治郅	2001 年	小牛队、快船队、热火队	快船队—热火队—回国
巴特尔	2001 年	掘金队、马刺队、猛龙队、魔术队、尼克斯队（自由球员签约）	马刺队—猛龙队—魔术队—尼克斯队—回国
姚明	2002 年	休斯敦火箭队（选秀）	尚未转会
薛玉祥	2003 年	单方掘金队（选秀）	未能成行
刘炜	2004 年	国王队（转会）	短期试训—回国
易建联	2006 年	雄鹿队（选秀）	雄鹿—篮网—回国
孙悦	2007 年	湖人队、尼克斯队（选秀）	尼克斯—回国
王哲林	2016 年	灰熊队（选秀）	—
周琦	2017 年	火箭队（选秀）	—

2. 教练员全球化

(1) 外籍教练员数量增多

在体育全球化的背景下，国家之间的交流更加频繁，人才流动也变得更加普遍。高水平教练员执教能够促进国际先进的体育文化交流，带来先进的教学理念、训练手段、技能战术及队员管理方式等，有利于帮助队员成长，促进队伍的提升。国家队聘请国际高水平的外籍教练执教已经成为一种全球化的趋势。如2005年，郎平被聘为美国女排主教练，当时的美国女排正处于低谷，在奥运会及世界杯赛场上均与冠军失之交臂，在郎平的执教下，美国女排异军突起，告别了无冕之王的称号，于2008年成功捧起奥运会冠军奖杯。在国内，中国男篮邀请希腊球星扬纳基斯执教，在高水平的国际化教练的指导下，球队在比赛中均取得了优异的成绩。

（2）教练员学习培训趋于国际化

教练员是运动队的核心人物，教练员的素质直接决定了运动队的发展前景。提高教练员综合素质，建立科技型和知识型教练员团队是未来教练员队伍建设和培训的核心，也是竞技体育可持续发展的核心动力。因此，必须不断提升教练员的教学水平、执行能力、综合素质。

在全球化的背景下，各个国家都致力于提高教练员水平来提升竞技体育的竞争力与影响力。最为出名的是由国际奥委会主办、国际奥委会团结基金会提供全程的资金支持、美国奥委会承办的国际教练员提高认证课程（ICEP）。此课程旨在从理论与实践两个方面对教练员进行国际化的培训，课程主要涉及运动生理、运动心理、运动队管理、训练计划等。该项目不仅为了提高教练员的执教能力、训练水平，还为了提高教练员的体育商业化运作能力、整体综合素质，从而弘扬奥林匹克文化与精神。首届ICEP（2008年）就有27个国家（包括地区）的不同运动项目的教练员参与。

3. 裁判员全球化

（1）培养目标全球化

每一项体育运动项目都需要相应的裁判员，裁判员在体育竞赛中扮演着十分重要的角色，直接影响着竞赛的顺利举行及运动员的正常发挥。在体育全球化的背景下，裁判员也逐渐与世界接轨，培养目标趋于全球化标准，根据国际上的标准将裁判员分成等级制，逐步提高裁判员的业务能力。

例如，我国的足球裁判共分为4个等级，这种等级的制定便是根据国际足联对于旗下会员协会的管理演变而来。对于不同等级的裁判员所能执裁的比赛规模有着明确的限定，从低到高分别为：第4等级裁判执裁国内青少年比赛或草根足球比赛；第3等级裁判执裁国内各省市地区足球比赛；第2等级裁判执裁国内半职业足球联赛；第1等级裁判执裁国内职业足球联赛。此外，依据国际足联裁判及我国的裁判等级分类，将国家H级及国家二级裁判分为低级裁判员；将国家一级和国家级后备力量划分为中级裁判员；将国家级和国际级裁判划分为高级裁判员；将初、中级裁判员作为培训的近期目标，将高级别裁判员作为培训的远期目标。中国足协借鉴英超、德国联赛的成功经验，引入职业裁判、建立新的行业标准与规范，推出了职业裁判制度，将裁判员的标准向国际化看齐，使裁判员的行业标准与职业规范水平更加清晰，加快与世界足球的进一步接轨。

（2）执裁全球化

在体育全球化的背景下，体育裁判员的执裁水平也在向国际化标准靠拢。各个体育赛事项目都致力于开展国际裁判员培训班，不断提高裁判员的执裁水平。例如，国际武联每2年组织一次国际武术裁判员培训和认证班，以期培养更多素质较高、技术过硬的国际武术裁判人才。如2018年国际武联举办的国际武术裁判员培训和认证班就有来自22个国家和地区的140名国际裁判员参加，包括马来西亚、新加坡、突尼斯、巴基斯坦、日本、文莱、菲律宾、中国、中国澳门、中国香港、尼泊尔、印度、吉尔吉斯斯坦、中国台北、缅甸、印度尼西亚、斯里兰卡、黎巴嫩、韩国、约旦、俄罗斯和阿尔及利亚等。此外，中国足球协会也十分重视执裁的国际化，坚持“走出去，请进来”的交流定位，不断加强国际裁判的交流力度，向欧洲等足球裁判发达国家学习经验技术，邀请国际高水平裁判员参与中国足球联赛的执法工作，为本土裁判员提供观摩学习的机会，进一步提高裁判员执裁水平。此外，将国际足联上的视频助理裁判技术（VAR）引入中超，协助裁判员执裁；与体育院校合作成立中国足球裁判员培训学院，加强裁判员队伍的教育培训工作，对裁判员进行更加专业的培养训练，不断壮大裁判员队伍，提高裁判员业务能力。

第二节　体育赛事运营模式的全球化

“十里不同风，百里不同俗”。不同国家、地区或者民族对体育赛事的理解、组织运作方法也各不相同。但是随着世界经济一体化的进程不断加快，诸多体育赛事资本、体育赛事人才甚至体育赛事文化等元素开始在全球各个国家、地区及民族中流动。对他们而言，举办体育赛事可以创造收益、促进经济发展、提升国家形象、展示民族风采、加强国际交流，因此争相举办。但是，如果他们没有具有现代体育赛事组织管理经验的组织者，如何将这些元素整合在一起发挥功能，最终成就一个具有高收益的、良好社会影响力的体育赛事则是一个难题。于是便催生了体育赛事运营模式的全球化普及。

一、体育赛事运营模式的概念和构成

（一）运营模式的概念及构成

运营模式是企业在发展过程中对一系列方法进行选择的范式。斯莱沃斯基认为运营模式包括四个战略要素：客户群选择、价值获取、战略控制、业务范围，四要素之间有机联系能够形成良性循环。美国学者加里·哈默尔（Gary Hamel）在其《领导企业变革》一书中将企业运营模式分为核心战略、战略资源、客户界面和价值网络四大组成部分。在国内，成文等人认为，运营模式是指企业在创造和传递价值过程中的各种业务流程及组织设计，以及企业对其他商业活动参与者关系的管理。

本教材认为，运营模式是对商业模式具化、延展化、落地化的表述，贯穿企业商业活动的各个方面，是对商业对象、商业过程、商业绩效等相关的价值增值活动的具体而持续的运作过程的概括。产业或企业的运营模式主要由组织运营模式、收入运营模式、产品运营模式、品牌运营模式、资源运营模式、管理运营模式等方面构成。

（二）体育赛事运营模式的概念及构成

体育赛事运营模式是产业或企业运营模式的子概念，一般是指与赛事相关的产业或企业的运营模式，其中具体包括：体育赛事组织运营模式，主要指体育赛事企业内部组织管理结构及对其运作；体育赛事收入运营模式，即体育赛事的盈利模式，主要指体育赛事通过哪些方式实现营收并转化为纯利润；体育赛事产品及服务运营模式，主要指对围绕体育竞技活动展开的产品设计、服务设计活动的运营；体育赛事品牌运营模式，是指把营销原理和过程专门运用到体育赛事产品和那些借助体育赛事营销的非体育产品上；体育赛事管理运营模式，体育赛事管理既可以指体育赛事内部的管理活动，如内部组织的管理活动，也可以指外界，诸如政府对体育赛事的管理。

二、体育赛事运营模式全球化的表现

（一）体育赛事管理模式全球化

体育赛事管理模式是体育管理的机构设置、权限划分、运行机制等方面的体系和制度的总称，是实现体育赛事总目标的组织保证。不同国家、地区的体育赛事运营模式也各有特色和差异。有的国家体育赛事的运营和管理有赖于政府主导和推动，属于社会公共事业或公益性事业，而有的国家的体育赛事运营得益于商业组织的推动，纯粹依照市场化逻辑推动赛事运转。目前，在全球一体化的现实情况下，体育赛事的管理模式通常可分为政府管理型、社会商业型和混合型三种类型。

1. 政府管理型

主要指由政府设立专门的机构管理体育赛事，政府的权力高度集中，并采用行政的方式进行从宏观到微观等各个层次的全面管理。这种类型主要存在于社会主义国家，如苏联、古巴、朝鲜等。据不完全统计，我国有 71. 28%的综合性体育赛事被城市政府运营，多采用单独承办或协办的形式。在赛事资源——效益转化上，有 70. 08%的城市政府优先考虑赛事的社会效益，兼顾赛事的经济效益；在赛事计划的管理阶段，有 43. 33%的城市政府比较注重赛事计划，加强赛事目标定位、赛事风险与信息管理；在赛事执行过程中，沟通管理与人力资源管理是城市政府考虑的重要因素；在赛事控制阶段，任务目标执行、部门之间协同是城市政府管理时主要考虑的因素；在赛事结束时，45. 62%的城市政府认同总结赛事得失是首要考虑因素。

2. 社会商业型

社会商业性管理模式是指由社会体育组织进行管理，政府一般不设立专门的体育赛事管理机构，政府对于体育事务的介入和干预，也常常采用立法或经济补贴等方式间接进行。最为典型的是美国体育赛事管理体制下的四大职业联赛。在我国有 71. 28%的国内单项赛事与 28. 36%的国际单项赛事多采用单独承办或协办的方式。72. 01%的商业性组织在赛事运营时，优先考虑赛事的经济效益，兼顾赛事的社会效益，赛事资源要素配置较为科学，有超过 80%的赛事运营是盈利的。在赛事执行中，商业性组织把赛事沟通管理、人力资源管理与时间管理当作主要考虑的内容。同时，在赛事控制阶段，商业性组织要求加强部门之间与部门内部信息沟通，加强彼此的协同与协助。

3. 混合型

由政府和社会体育组织共同管理体育赛事。政府设有专门的管理机构，或派几个有关的部门负责管理，政府对体育赛事实行宏观管理，即制订方针政策，发挥协调、监督的职能，而由社会体育组织负责具体的工作。世界上大多数国家都采用这种管理体制，如德、法、韩等国。自 1950 年以来，中国形成的体育管理体制被称为“举国体制”，这一体制一直延续了 40 余年。直到中国经济体制改革，特别是确立建设有中国特色的社会主义市场经济以来，才开始发生了一些本质的变化，但仍然不能完全适应时代的步伐，还需要不断的改革和完善，从而建立中国特色社会主义制度下的体育管理体制。中国的体育赛事管理系统是由政府管理系统和社会体育管理系统两个子系统组成的。

（二）体育赛事盈利模式全球化

在全球一体化、现代化的大潮之中，以 1984 年洛杉矶奥运会探索出来的一套以“赛事—赞助商—媒体—受众”为核心运营链条的体育赛事市场化运营模式开始在全球普及开来。在当时，奥运会正处于严重危机之中。“在 1984 年以前举办奥运会所需要的经济资源，以政府支持和社会无偿赞助为主，否则以小型分散无序的商业活动，这种模式易受外界因素干扰，效率低下，越来越难以满足奥运会对巨额款项的需要，1976 年奥运会的举办城市蒙特利尔负债累累，使各国举办奥运会的热情骤降”。到 1984 年，申办奥运会的城市就只有洛杉矶。

洛杉矶市也面临着重重困难，后来美国奥委会授权美国一家航空公司的老板尤伯罗斯承办。他将商业模式大胆地引入了奥运会，将正处于低谷期的奥运会从悬崖边拉了回来，并且在无政府财政帮助的困境下完全由私人和企业赞助，创造了 2. 5 亿美元的盈利。尤伯罗斯模式的成功让世人逐步认识到奥运会所蕴含的宝贵商业价值，由此开启了体育赛事市场化运营的先河（图 12-1），同时，他本人也被誉为“奥运商业之父”。

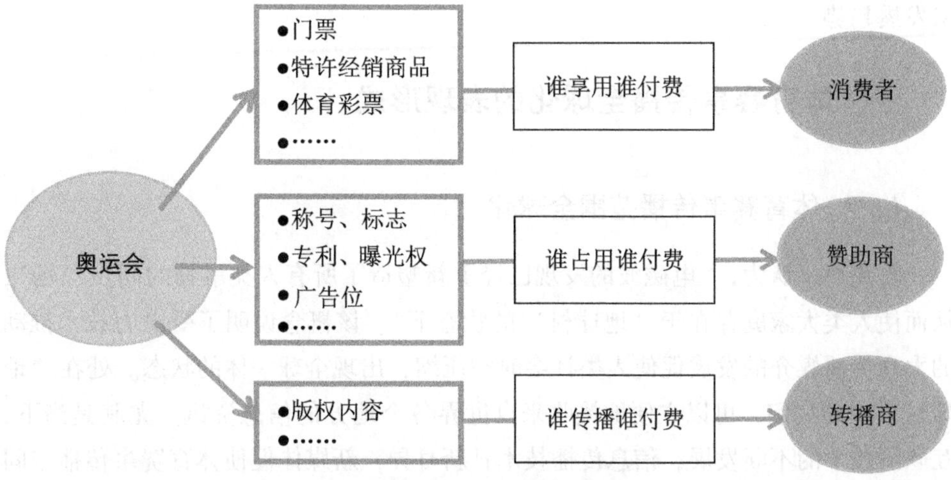

图 12-1　奥运会盈利模式简图

从此，以奥林匹克运动为代表的运营模式在全球各个国家传播开来，成为全球体育赛事运营的优秀典范，也成为很多国家和地区发展本国体育赛事的共识性路径。如在我国《武术产业发展规划（2019—2025 年）》中提到的“以武术套路、散打、短兵等观赏性强的武术项目为突破口，打造一批娱乐功能强、商业价值高、表现形式多样的武术表演节目”。就是尝试以市场化道路开拓中国武术赛事的运营。此外，伴随着全球体育赛事交往的进一步深化，体育赛事市场的进一步繁荣，体育爱好者日益多元，体育赛事运营模式指导下的诸多体育赛事实践也日益全球化，或者向国际看齐。

第三节　体育赛事传播的全球化

加拿大传播学家 M · 麦克卢汉 1967 年在他的《理解媒介：人的延伸》一书中首次提出地球村（global village）概念，也叫世界村。他认为，随着广播、电视和其他电子媒介的出现，人与人之间的时空距离骤然缩短，整个世界紧缩成一个“村落”。地球村的形成有赖于自 20 世纪下半叶迅速进步的媒介传播技术，如有线电视、卫星传播、互联网及社交媒体等。世界“地球村”给体育赛事的传播插上了腾飞的翅膀。体育赛事范围日渐扩大，传播国际化现象得到进一步加强。随着这种加强，今天世界上某一地点发生的体育赛事，顷刻之间便会传遍整个“村落”，即体育赛事全球化。本节主要学习体育赛事全球化的表现形式及未来发展趋势。

一、体育赛事传播全球化的表现形式

（一）体育赛事传播范围全球化

麦克卢汉认为，“电磁波的发现已经重新塑造了所有人类事物的同步‘场’，从而使人类大家庭存在于‘地球村’的状态下”。该概念说明了受电力技术推动的大众传播媒介的发展促使人类社会时空压缩，出现全球一体的状态。处在“地球村”中的我们，可以方便地接收来自世界各个地方的信息资讯。尤其是当下，互联网技术的不断发展，信息传播技术日新月异，新媒体促使体育赛事传播空间更加广泛，体育赛事的覆盖面趋向于全球化。

以奥运会、世界杯及世界一级方程式锦标赛这全球三大体育盛事为例，据有关数据统计，奥运会的观赛人数已经达到了 300 亿人次，近 200 多个国家和地区对其进行了报道转播。世界杯的观赛人数到达了 400 亿人次和地区的近 700 多个国家和地区进行了电视了转播。世界一级方程式锦标赛观赛人数达到了 600 亿人次，超过 200 多个国家和地区的 7 万家电视台进行了转播。国际体育赛事所带来的强大受众资源为媒体转播带来了显著收益，同样得益于媒体的传播效应，赛事的知名度、影响力均得到了大幅度提升。更多体育赛事也开始以赛事全球化传播为发展目标，如美国橄榄球联盟及其美国电视合作伙伴公开宣扬他们的愿望，即希望橄榄球赛事像奥运会、国际足球及板球赛事一样取得巨大的成功。

（二）体育赛事转播技术全球化

媒介科技与体育赛事始终是密不可分、相互促进的关系。如 2018 年平昌冬奥会曾被评为“最高科技的奥运会”。而素有“科技办奥运”传统的日本则表示 2020 东京奥运会绝对会赶超韩国，打造成最具科技感的奥运会。尤其是一些顶尖的体育赛事传播科技，以其强大的性能和作用，成为扩大赛事全球传播力、影响力的重要手段。

传播学有个著名理论叫“创新扩散理论”，在该理论中，创新扩散被定义为创新经过一段时间，经由特定渠道，在某一社会团体的成员中传播，逐渐为某些特定社群成员了解与采用的过程。体育赛事传播技术的应用总体来看也呈现这个规律，即早期在个别经济效益最好的全球顶级赛事 IP 中率先运用，并且逐步拓展到全球各个体育赛事IP中。

美国ESPN的体育赛事转播技术一直处于世界顶峰，2009年推出了针对橄榄球电视直播的“1st&Ten”技术，2001年推出了针对棒球直播的“K-Zone”技术，2015年推出了针对橄榄球直播的“Pylon Cam”技术，2016年1月28日推出了针对NBA三分球的最新转播技术“Virtual3”。腾讯体育作为NBA中国数字媒体独家合作伙伴，不断借鉴美国ESPN的创新的转播技术，引进ESPN的“上帝视角”，穿插进行3D科技战术分析，将“Virtual3”技术呈现给观众，从而以先进的传播技术提升国内的体育赛事转播品质。此外，2018赛季，中超首次从国际赛场全面引入了视频助理裁判系统（VAR），新技术的引入更好地保障了比赛的公平公正。更加令人瞩目的是，PP体育成为了全球第一个实现虚拟引擎技战术分析系统（UE4）的体育赛事转播平台，为用户带来了更加高质量的观赛体验。演播室的无限绿箱技术将以往无法完成的展示，利用虚拟动画投影的方式呈现给观众。

当下，数字化、网络化相关技术突飞猛进，使得传播科技的发展一日千里。这使得诸如英特尔True View、赛场激光墙、全息投影、VR直播赛事、运动员视角直播、8K频道、5G网络、AR、体育AI报道等一些智能传播技术越来越频繁地出现在全球顶级体育赛事的实践应用中，成为全球赛事未来版图中不可缺少的发展支点。它们作为新兴媒体技术正在重新定义“智媒”时代的体育赛事样貌，推动了体育赛事呈现与传播的重大变革，引领了未来体育赛事直播发展的方向。因此，体育赛事传播技术的全球化意义重大。

（三）体育赛事传播者全球化

传播者又称为传者，是整个传播活动的引发者，信息的主动发出者。从社会传播角度出发，传播者可以是个人也可以是群体组织。个人的传播者主要以人际传播活动为主；群体组织传播主要以大众传播、媒体传播为主。在媒介全球化的背景下，一个完整的传播活动需要传播者、传播内容、传播媒介、受传者、传播效果五个要素。其中，传播者是传播中的第一要素，既是信息产生的出发点亦是信息的发送者。

在体育赛事传播全球化过程中，赛事传播者即从事信息生产和传播的专业化媒体组织，在赛事传播中扮演着重要的角色，影响着整个体育赛事传播活动。在全球化的发展趋势下，体育赛事的转播团队趋于国际化发展，传播者彼此交流合作日益紧密。

如环太湖国际公路自行车赛与环法自行车赛的顶级赛事转播团队 IEC 的合作让其成为中国首个同时制作双路信号（国际与国内）标准向国内外提供电视信号的全程直播的自行车赛事，创造了国内自行车赛的历史。借助 IEC 的超高影响力，开发了海外市场，推动了环太湖国际公路自行车赛的国际化发展。

（四）体育赛事传播受众全球化

受众是指信息传播的接收者，报刊书籍的读者、广播听众、网民皆是受众。从宏观角度可以理解为集合体，微观上可以理解为丰富的社会多样性人群。微观角度的受众可以是个体，也可以是个体的复数，即组织或群体。体育赛事传播受众是指通过各种渠道观看、了解体育赛事的人群，通过媒介发布的体育信息认识体育赛事，感受体育赛事的魅力。

目前，体育赛事传播的受众也具有全球化的特征。一般而言，越是顶级的赛事其全球化水平就越高。以美国职业篮球联赛 NBA 为例，曾经 NBA 仅对美国本土观众开放，如今 NBA 通过先进的技术与传播途径将比赛呈现给世界人民，成为全球瞩目的赛事。依靠 ESPN 先进的转播技术，NBA 已经被译为 50 种语言在全球 215 个国家和地区间进行转播服务，受众人数达 10 亿。再如 2018 年俄罗斯世界杯，中国是世界杯最大的球迷市场，中国独家全媒体播出机构中央电视台精心组织融合直播报道，呈现全部 64 场比赛。仅开幕式的直播收看人数就达到 4509 万人。而根据国际足联的官方报告显示，全球观看本届世界杯的人数达到 35.72 亿，场均观众数达到 1.9 亿。其中，亚洲地区观看人数最多，将近 16 亿人次，占全球观众总数的 43.7%；欧洲占据第 2 位，贡献 20%的观众人次；非洲及中东地区的观众人数占全球总数的 16.6%，排在第 3 位。中国的观众数量占据全球首位，近 6.557 亿人观看本届世界杯。在法国对阵克罗地亚的决赛中，观众数量最多，达到 5.166 亿。

二、体育赛事传播全球化的未来趋势

（一）体育赛事传播的国际化发展

体育赛事本身就具备着强大的国际参与性与国际影响力，促使着体育赛事传播的国际化发展趋势。随着全球经济的日益发展，国家与国家之间的关系越来越密切，经济全球化已经成为必然趋势。媒体传播作为各国国际交流、沟通的重要桥梁，在经济全球化中承担的作用也越来越重要。在媒介全球化的影响下，参与性强的国际性赛事已经成为各国媒体竞争的对象，全球体育媒介竞争激烈。一些体育事业发达的国家已经具备了国际化的体育传媒机构，正在逐步实现体育赛事传播的国际化发展，在争夺赛事传播中已经拔得头筹。

未来，伴随着全球化节奏的不断加快，全球体育赛事传播将会实现一体化的营销策略，相互合作、相互竞争，共同促进体育赛事传播业务的国际化。在当前体育赛事传播全球化的背景下，发达国家要做好积极的引领作用，共享体育传媒的先进技术与市场资源；发展中与欠发达国家需要积极调整适应这种形式，积极参与国际竞争，加强与国际级体育媒介的合作，不断学习先进的理论知识与科学技术，推进体育赛事传播的国际化进程。

（二）体育赛事传播的跨媒体化发展

体育赛事传播的跨媒体化发展是指体育信息在不同媒体之间的流布与互动，包含两层含义：一是指信息在不同媒体之间的交叉传播与整合；二是指媒体之间的合作、共生、互动与协调。美国有线电视新闻广播公司（CNN）、英国广播公司（BBC）等都是世界上传媒领域的大型“航空母舰”。在跨媒体传播方面，它们是最早的实践者，更是最大的受益者。在经济、信息、媒介全球化的背景下，跨媒体化发展已经成为全球媒介新的传播形式，没有任何一个媒体机构能够仅仅依靠自身力量完成信息传播与整合的全过程。体育赛事传播的全球化意味着各国媒体之间的关系将从竞争走向合作，“媒体+媒体”的形式能够有效地促进信息的整合，拉近受众的距离，这将成为未来体育赛事传播的主要形式。跨媒体化传播不仅是鼓励新媒体在传播内容上追求个性，其核心更是为了促进媒体之间的资源共享，将不同媒体之间的体育信息进行传播与整合，以受众为核心，扩展数字电视的服务功能，遵循国际化的消费趋势。此外，跨媒体化发展最大限度地扩大了媒介受众的覆盖面，降低了传播成本，加快了传播效率，满足了受众需求，增加了媒介抗风险能力，必将成为未来体育赛事传播的主流趋势。

本章小结

本章从体育赛事全球化的相关概念入手，重点探究了体育赛事全球化的构成，即体育赛事资本全球化、体育赛事运营全球化和体育赛事传播全球化。此外，对于体育赛事全球化的表现形式也进行了较为详细的阐述。体育赛事资本全球化表现为：投资主体全球化、赛事赞助全球化和赛事人员全球化；体育赛事运营全球化表现为：体育赛事管理模式全球化和体育赛事盈利模式全球化；体育赛事传播全球化表现为：传播范围全球化、传播技术全球化、传播者全球化和传播受众全球化。

我们作为专业的体育后备人才力量，要努力学以致用，抓住当下体育赛事产业发展的黄金期，抓住全球化的浪潮，以开放包容的心态，积极吸取国际体育赛事产业优质资本，盘活体育赛事的国内外资源，以高质量赛事和投资打开国际体育产业市场。积极学习借鉴国际体育赛事发展中的先进模式，推动我国体育赛事的全球传播，提升我国在国际体坛的话语权及影响力。在体育赛事全球化中，我们既要打开国门迎接国际优秀赛事文化，又要积极大胆地走到国际舞台，唱响具有中国特色的国际化体育赛事。

同时，在国际体育赛事的舞台上，我们不能否认诸如霸权主义思想和霸权势力梗横在我国体育赛事“引进来”和“走出去”的过程中，故而，我们对此要保持清醒的认识，同时也要坚守住底线和原则，从而真正地屹立在国际体育赛事舞台中。

思考题

1. 体育赛事资本全球化的相关概念是什么？
2. 体育赛事资本全球化的构成是什么？
3. 体育赛事资本全球化的表现是什么？
4. 体育赛事运营模式全球化的概念是什么？
5. 体育赛事运营模式全球化的构成是什么？
6. 体育赛事运营模式全球化的表现是什么？
7. 体育赛事传播全球化的表现形式是什么？
8. 结合当下体育赛事传播实践，请探讨体育赛事传播全球化的表现及趋势。

延伸阅读：

体育赛事版权成为资本竞争焦点，如何打造自身 IP 是关键

361°突围——中国体育品牌的赞助生意经和国际化之路

CBA 国际化改革案例

REFERENCES
参考文献

[1] 周爱光，宋亨国．对体育文化内涵的思考［J］．体育与科学，2004（4）：10-12.
[2] 黄璐，付小春．论体育赛事的内涵［J］．首都体育学院学报，2005（6）：12-13.
[3] 王守恒，叶庆晖．体育赛事的界定及分类［J］．首都体育学院学报，2005（2）：1-3，21.
[4] 黄海燕，张林．体育赛事的基本理论研究——论体育赛事的历史沿革、定义、分类及特征［J］．武汉体育学院学报，2011，45（2）：22-27.
[5] 郝勤．论体育与体育文化［J］．上海体育学院学报，2012，36（3）：3-6.
[6] 李鸿江，王庆伟，苏如峰．中国体育赛事文化建设的理论与实践［J］．上海体育学院学报，2015，39（6）：34-38.
[7] 武胜奇．体育赛事文化对城市文化核心竞争力的影响及提升路径选择［J］．天津体育学院学报，2009，24（6）：480-483.
[8] 李鸿江，王庆伟，苏如峰，等．中国体育赛事文化建设的理论与实践［J］．上海体育学院学报，2015，39（6）：34-38.
[9] 李鸿江．中国传统体育导论［M］．北京：中国书籍出版社，2000.
[10] 郝勤．体育史［M］．北京：人民体育出版社，2006.
[11] 王俊奇．比较东西方祭祀活动与体育起源之异同［J］．体育文史，1996（1）：18-21.
[12] 于克勤，章惠．古代奥运会史话［M］．上海：上海人民出版社，1986.
[13] 张越，郭怡．奥林匹克文化教程［M］．杭州：浙江大学出版社，2013.
[14] 崔连仲．世界古代史［M］．北京：人民出版社，1981.
[15] 斯威布．希腊的神话和传说［M］．北京：人民文学出版社，1978.
[16] 赵岷，李翠霞．古希腊宗教神学对古奥运会产生的文化层面的影响［J］．体育文化导刊，2005（6）：26-29.
[17] 孙耀，江茹莉，余志琪．奥林匹克文化解析［M］．北京：中国商务出版社，2008.
[18] 成都体育学院体育史研究所．体育史［M］．成都：成都体育学院，1985.
[19] 仇军，李捷．现代奥林匹克与奥林匹克文化思潮［J］．体育科学，1997（6）：24-26.
[20] 韩丹．论斯泡茨（SPORTS）文化与现代奥林匹克文化［J］．体育与科学，2000（1）：17-22.

[21] 巴萨 instagram. 全球体育赛事价值榜：第 1 名毫无悬念 [EB/OL].（2019-05-13）. http：//k. sina. com. cn/article_2427613143_90b26fd704000gqz7. html.
[22] 李采丰，杨宗友．体育赛事文化价值初探 [J]. 广州体育学院学报，2016，36（5）：26-29.
[23] 刘文雄．探索我国篮球（职业）运动教练员队伍的建设 [R]. 大连：全国篮球教练员第十期中级岗位培训班，2012.
[24] 李耀辉，董建辉，杨云峰，等．建筑文化概论 [M]. 西安：西北大学出版社，2015.
[25] 陈林华，王跃．构建大型体育场馆文化体系的意义及思路 [J]. 浙江体育科学，2010，32（5）：19-22.
[26] 王惠岩．政治学原理 [M]. 北京：高等教育出版社，1999.
[27] 方曙光．大型体育赛事申办热潮的政治文化解读 [J]. 山东体育科技，2016，38（4）：1-4.
[28] 黄海燕．体育赛事管理 [M]. 北京：人民体育出版社，2012.
[29] 张业安，冉强辉．大型体育赛事媒介传播效果的分类及发生机制 [J]. 西安体育学院学报，2016，33（2）：179-185.
[30] 陈青．跨文化融合的城市体育文化 [J]. 上海体育学院学报，2008，32（5）：10-13，18.
[31] 孙大光．体育文化概论 [M]. 北京：高等教育出版社，2013.
[32] 荷马．伊利亚特：第二十三卷 [EB/OL]. [2020-05-02]. http：//ds. eywedu. com/yiliyate/ylyt024. htm.
[33] 荷马．奥德赛：第八卷 [EB/OL]. [2020-05-02]. http：//t. icesmall. cn/book/60/523/9. html.
[34] 贝林格．运动通史：从古希腊罗马到 21 世纪 [M]. 丁娜，译．北京：北京大学出版社，2015.
[35] KOKONI.《论人的尊严》皮科．德拉．米兰多拉 [EB/OL].（2012-01-01）. https：//www. douban. com/note/193337681/.
[36] 鲍德里亚．消费社会 [M]. 刘成富，全志钢，译．南京：南京大学出版社，2014.
[37] 布尔迪厄．男性统治 [M]. 刘晖，译．北京：中国人民大学出版社，2017.
[38] 凤凰网．【好广告片】德国女足反性别歧视短片，画风炫酷帅气 [EB/OL].（2019-07-04）. https：//v. ifeng. com/c/7o20NGyJSAD.
[39] 国家体育总局《乒乓长盛考》研究课题组．星光灿烂 40 年乒乓文萃选 [M]. 北京：人民体育出版社，2002.
[40] 姚珧．体操项目竞赛规则要点 [EB/OL].（2007-11-16）. http：//gymnastics. sport. org. cn/cga/information/rule/2007-11-16/463026. html.
[41] 李淮春．马克思主义哲学全书 [M]. 北京：中国人民大学出版社，1996.

[42] 张岱年．中国文化的基本精神［J］．齐鲁学刊，2003（5）：5.
[43] 卢元镇．奥林匹克运动与社会进步［J］．中国体育科技，2001（3）：2-3.
[44] 孙大光．体育文化概论［M］．北京：高等教育出版社，2013.
[45] 谢琼桓．中华体育精神是全民族的精神财富［J］．求是，2000（20）：11-13.
[46] 华欣雨，张舒．会见全国体育先进单位和先进个人代表等时强调习近平：发展体育运动增强人民体质 促进群众体育和竞技体育全面发展［EB/OL］．(2013-08-31)［2020-05-02］．http：//tv. people. com. cn/n/2013/0831/c141029-22762076. html.
[47] 顾拜旦．奥林匹克宣言［M］．北京：人民出版社，2008.
[48] 郭晴．贝克汉姆现象：消费社会背景下的偶像崇拜与媒介制造［J］．成都体育学院学报，2009（3）：8.
[49] 路云亭．中国足球偶像的文化扫掠［J］．青年学报，2014（2）：32.
[50] 马瑞，刘春华．我国青少年体育偶像选择特征研究［J］．哈尔滨体育学院学报，2013（1）：21-25.
[51] 鲁威人．体育文化学［M］．北京：清华大学出版社，2016.
[52] 张博．李惠堂：两次出征奥运会［J］．百年潮，2008（8）：62-64.
[53] 丁平，赵克湘．足球艺术欣赏［M］．长沙：湖南师范大学出版社，1996.
[54] 王士宇．中国体育的媒介镜像：叙事学视角下体育报道的话语变迁［M］．北京：世界知识出版社，2015.
[55] 水母网．国乒太火！门票 72 秒被抢光 队内选拔还是集体炫技［EB/OL］．（2017-03-05）．http：//www. shm. com. cn/ytwb/html/2017-03/05/content_3232396. htm.
[56] 张梅．姚明为何能够独具如此大影响［EB/OL］.(2011-07-25)．http：//phtv. ifeng. com/program/hqrwzk/detail_2011_07/25/7916728_0. shtml.
[57] 王瑞东．解读什么是真正的团队［J］．东方企业文化，2009（10）：60.
[58] 闪电新闻．CBA 球队 LOGO 升级引来吐槽，CBA 公司这样回应［EB/OL］.(2019-05-18)．https：//baijiahao. baidu. com/s？ id=1633850832579819540&wfr=spider&for=pc.
[59] 文红为，俞继，英陈晓．我国优秀运动队文化形成的影响因素及发展措施［J］．上海体育学院学报，2006（5）：25.
[60] 陈向．女排精神的当代价值与传承［J］．体育文化导刊，2017（6）：12.
[61] 罗．体育、文化与媒介：不羁的三位一体［M］．北京：清华大学出版社，2013.
[62] 小思瑶．篮球世界杯电视观众 3. 69 亿 买票看比赛体育人口不足 2%［EB/OL］．（2019-10-12）［2020-05-02］．http：//www. zgcdql. com/tiyu/40360. html.
[63] 熊晓正，王润斌．对北京奥运会“独特遗产”的理解——实现“跟着讲”向“接着讲”的跨越［J］．武汉体育学院学报，2006（10）：1-5，10.
[64] 郭红卫．古代奥运会遗址的发现和考古发掘［A］．中国体育科学学会（China Sport Science Society）．2015 第十届全国体育科学大会论文摘要汇编（二）［C］．北京：中国

体育科学学会，2015.
[65] 高侠，唐元，谢琼桓．奥运村诞生始末［J］．体育学刊，2008（10）：19-22.
[66] 汤起宇．大型体育场馆赛后经营利用探略［J］．体育科技文献通报，2005（2）：22-23.
[67] 孙娟．转变经营思路、实现奥运场馆赛后的综合利用［J］．广州体育学院学报，2007（2）：23-26.
[68] 曾庆贺，周祖宝，陈元欣，等．我国综合性大型体育场馆赛后利用研究［J］．体育文化导刊，2008（6）：78-80.
[69] 黄义军，任保国．我国城市体育场馆服务全民健身存在问题及发展策略研究［J］．西安体育学院学报，2015，32（5）：539-547，590.
[70] 豆丁网．南京奥体中心调研［EB/OL］．［2020-05-02］．http：//www. docin. com/p-1906965994. html.
[71] 赵刚，雷厉．体育场馆经营管理概论［M］．北京：北京体育大学出版社，2007.
[72] 刘碧波．体育场馆多功能化设计研究［D］．重庆：重庆大学，2005.
[73] 董杰．奥运会对举办城市经济的影响［M］．北京：经济科学出版社，2004.
[74] 戚永翎．北京奥运会经济遗产及后奥运经济策略研究［M］．北京：对外经济贸易大学出版社，2007.
[75] 王徽．阅读奥林匹克建筑卷［M］．江西：江西美术出版社，2007.
[76] 金磊．建筑师看奥林匹克［M］．北京：机械工业出版社，2004.
[77] 刘吉．我说体育——国际奥林匹克运动的发展趋势和潜在危机［J］．体育文史，1999（2）：4-10.
[78] 国际奥林匹克委员会．奥林匹克宪章［M］．北京：奥林匹克出版社，2001.
[79] 孙中山．孙中山先生选集［M］．北京：人民出版社，1981.
[80] 章茹，赵林萍．论“女排精神”弘扬与大学生价值观重塑［J］．中州体育·少林与太极，2012（12）：34-37.
[81] 周西宽．体育基本理论教程［M］．北京：人民体育出版社，2004.
[82] 萨马兰奇．奥林匹克回忆［M］．北京：世纪知识出版社，2003.
[83] 汪世林．奥林匹克运动的背后［M］．北京：世界知识出版社，2008.
[84] 谢亚龙．奥林匹克研究［M］．北京：北京体育大学出版社，1994.
[85] 孙葆丽．奥林匹克运动与中国［M］．北京：大众文艺出版社，2000.
[86] 周尤，李明平．新时代我国大型群众性体育赛事的发展困境与改革策略［J］．体育研究与教育，2019，34（3）：74-78，91.
[87] 中华人民共和国中央人民政府网．国务院印发《关于加快发展体育产业促进体育消费的若干意见》［EB/OL］．（2014-10-20）．http：//www. gov. cn/xinwen/2014-10/20/content_2767791. htm.
[88] 王凯．体育赛事媒体版权产业链的理论建构与基础路径［J］．成都体育学院学报，2019，

45 (2): 22-30, 127.
[89] 应虹霞，杨昕雨，汪涛．出手 80 亿，体奥动力背后“金主”有多阔？[EB/OL]．[2020-05-02]．https://sports.qq.com/original/boundary/bj375.html.
[90] 张玉峰，王跃．体育经济学 [M]．上海：华东理工大学出版社，2007.
[91] 李南筑，袁刚．体育赛事经济学 [M]．上海：复旦大学出版社，2006.
[92] 刘甲爽．体育经济与赛事管理 [M]．北京：中国政法大学出版社，2017.
[93] 伍兹．体育运动中的社会学问题 [M]．北京：人民体育出版社，2011.
[94] 李继军．性别逻辑对女性体育文化发展的影响 [J]．山西师大体育学院学报，2007 (2): 22-24.
[95] 仇军着．西方体育社会学理论、视点、方法 [M]．北京：清华大学出版社，2010.
[96] 张晓义，李勇勤．国际体坛种族歧视现象存在的根源分析 [J]．武汉体育学院学报，2009，43 (8): 26-30.
[97] ASHE A. A Hard Road to Glory [M]. 1988.
[98] 科克利，刘精明．体育社会学：议题与争议：第 6 版 [M]．北京：清华大学出版社，2003.
[99] 卢元镇．体育社会学 [M]．北京：高等教育出版社，2006.
[100] 徐孟洲．论市场机制与宏观调控的经济法耦合 [J]．法学家，1996，1 (2): 45-48.
[101] 任海．奥林匹克运动 [M]．北京：人民体育出版社，2005.
[102] 经济学人．中国开赛：崛起汇总的中国体育健身产业 [EB/OL]．(2017-07-26)．http://www.360doc.com/content/17/0726/01/38904221_674153294.shtml.
[103] 斯图尔特．怎样和媒体打交道？[M]．北京：中信出版社，2005.
[104] 哈金斯，罗维．新媒体与体育传播 [M]．张宏伟，译．北京：中国传媒大学出版社，2016.
[105] 陈力丹．新闻理论十讲 [M]．上海：复旦大学出版社，2008.
[106] 郭晴，郝勤．媒介体育：现代社会体育的拟态图景 [J]．体育科学，2006，26 (5): 21-24.
[107] 盖恩，比尔．新媒介：关键概念 [M]．刘君，译．上海：复旦大学出版社，2015.
[108] 王庆军．消费时代的电视体育研究 [D]．南京：南京师范大学，2015.
[109] 许正林．体育传播学 [M]．上海：上海交通大学出版社，2010.
[110] 王大中，杜志红，陈鹏．体育传播：运动、媒介与社会 [M]．北京：中国传媒大学出版社，2006.
[111] 威尔斯坦．美联社体育新闻报道手册 [M]．北京：中央编译出版社，2008.
[112] 张德胜，张钢花，李峰．媒体体育的传播模式研究 [J]．体育科学，2016，36 (5): 5-11.
[113] 施宾格勒．西方的没落：第二卷上册 [M]．北京：商务印书馆，1963.

[114] 武进 . 中国城市形态 [M]. 南京：江苏科学技术出版社，1990.
[115] 熊国平 . 90 年代以来城市形态演变研究 [D]. 南京：南京大学，2005.
[116] 沈玉麟 . 外国城市建设史 [M]. 北京：中国建筑工业出版社，2007.
[117] 黄越滔 . 广州将投资 20 亿建体育场馆 [N]. 广州日报，2005-11-11.
[118] 任磊 . 百年奥运建筑史 [D]. 上海：同济大学，2006.
[119] 孙冰 . 伦敦"轨道塔"：一个勇敢的艺术作品 [N]. 中国经济周刊，2012-07-16.
[120] 李冉冉 . 青奥传播与南京城市认同建构 [D]. 南京：南京师范大学，2016.
[121] 余阿荣 . 大型体育赛事对城市文化软实力影响研究 [J]. 体育文化导刊，2017 (12)：8-12.
[122] 张红卫 . 风景园林师与悉尼奥运会的场地建设 [J]. 中国园林，2003 (2)：4-7.
[123] 易剑东 . 百年奥运建筑史 [M]. 南昌：百花洲文艺出版社，2008.
[124] 阮伟 . 赛事：城市动态传播的灵魂 [M]. 北京：社会科学文献出版社，2014.
[125] 瓦诺耶克 . 奥林匹克运动会的起源及古希腊罗马的体育运动 [M]. 徐家顺，译 . 天津：百花文艺出版社，2006.
[126] 梁丽娟 . 纪实的力量 [M]. 杭州：浙江摄影出版社，2013.
[127] 王恩涌 . 人文地理学 [M]. 北京：高等教育出版社，2000.
[128] 郑宇 . 统筹城乡视野下的中国农村体育发展研究 [D]. 北京：北京体育大学，2012.
[129] 罗湘林 . 村落体育研究——以一个自然村落为个案 [D]. 北京：北京体育大学，2005.
[130] 周明星，齐书春 . 体育消费与全民健身 [J]. 浙江体育科学，2007 (12) .
[131] 曹帅 . 第七届全国农民运动会对南阳市乡镇群众体育的影响研究 [D]. 开封：河南大学，2016.
[132] 刘买如 . 关于构建体育环境学新学科的初步研究 [D]. 武汉：华中师范大学，2005.
[133] 田至美 . 体育文化的地理学解析 [J]. 人文地理，2002 (5)：60-64.
[134] 唐强 . 基于文化地理学的武陵山片区民族传统体育研究 [D]. 长沙：湖南大学，2018.
[135] 李仲轩 . 逝去的武林：1934 年的求武纪事 [M]. 北京：当代中国出版社，2006.
[136] 梁日忠 . 民族地区农村体育仪式化与农村社会整合 [M]. 北京：北京体育大学出版社，2017.
[137] 维加雷洛 . 体育神话是如何炼成的 [M]. 北京：中国人民大学出版社，2015.
[138] WENNER L A, BILLINGS A C. Sport, Media and Mega-Events [M]. London：Routledge, 2017.
[139] 钟秉枢，张建会，刘兰 . 断裂与重构——广西万村农民篮球赛研究 [M]. 北京：化学工业出版社，2016.
[140] 马克思，恩格斯 . 共产党宣言 [M] //马克思，恩格斯 . 马克思恩格斯选集：第 1 卷. 北京：人民出版社，1905.
[141] 阎孟伟，朱丽君 . 全球化的实质和进程与马克思的全球化理论 [J]. 南开学报（哲学社会科学版），2007 (1)：85-91.

[142] 张晓义．体育全球化：中国体育的态度与制度应对［J］．北京体育大学学报，2016（2）：1-5.
[143] 华奥星空．英超赞助商最全分析：最多1公司赞助4队［EB/OL］．（2017-07-14）．http：//industry. sports. cn/news/2017/0714/212013. html.
[144] 杨黎波．基于双边市场结构特征的云服务运营模式的选择［J］．现代管理科学，2013（9）：107-109.
[145] 刘立．我国电信业价值链与电信企业运营模式演进的实证研究［J］．管理世界，2006（6）：85-91.
[146] 成文，王迎军，高嘉勇．商业模式理论演化述评［J］．管理学报，2014，11（3）：462.
[147] 潘奇．世界，我们来了！——论体育赛事音频制作的国际化、专业化、精品化［J］．现代电视术，2017（5）：142-147.
[148] 邓星华，梁立启，宋宗佩．体育媒介事件与中国国家形象的构建［J］．体育学刊，2015，22（1）：14-18.
[149] 沈佳．体育赞助［M］．上海：复旦大学出版社，2012.
[150] 舒盛芳．体育全球化［M］．杭州：杭州出版社，2012.
[151] GIULIANOTTI R. Globalization and Sport［M］．NewYork：John Wiley and Sons Ltd，2007.
[152] 古特曼．从仪式到纪录：现代体育的本职［M］．北京：北京体育大学出版社，2012.
[153] 朱小明，张勇．体育营销［M］．北京：北京大学出版社，2006.
[154] 张业安．大型体育赛事媒介传播效果理论与实践［M］．上海：上海人民出版社，2017.
[155] 明安香．传媒全球化与中国崛起［M］．北京：社会科学文献出版社，2008.